KB002877

삶과 가치를 향한
도전과 성공

창업경영

홍성학

法 文 社

Preface

창업은 사업의 기초를 세워 시작하는 것이다. 그리고 사업(비즈니스)은 고객이 원하고 삶을 아름답게 만드는 가치를 제안하고 창출하여 그 대가로 수익을 창출하는 활동을 하는 것이다. 따라서 창업을 하여 성공하기 위해서는 삶을 위한 고객가치를 창출하여 고객에게 제공하는 것과 수익을 창출하는 것을 모두 달성해야 한다. 삶을 위한 고객가치 창출이 수익창출로 이어지고, 수익창출이 다시 삶을 위한 고객가치 창출로 이어지는 선순환을 이루어내야 한다.

비즈니스의 목적으로 수익창출을 먼저 떠올릴 수 있다. 이 경우 수익창출을 위해 삶을 위한 고객가치 창출이 수단이 된다. 반면에 비즈니스의 근본 목적을 삶을 위한 고객가치 창출에 두게 되면 수익창출이 수단이 된다. 수익창출이 이루어져야 지속가능한 삶을 위한 고객가치 창출이라는 목적 달성이 가능하기 때문이다. 이렇듯 삶을 위한 고객가치 창출과 수익창출은 서로 목적인 동시에 수단이 된다.

이러한 목적과 수단은 서로 전제조건이기도 하다. 즉, 수익창출은 삶을 위한 고객가치 창출을 전제조건으로 하고, 삶을 위한 고객가치 창출은 수익창출을 전제조건으로 해야 한다. 만일 수익창출을 목적으로 하면서 삶을 위한 고객가치 창출을 전제조건으로 하지 않는다면 윤리를 상실한 수익창출이 된다. 애덤 스미스는 『도덕감정론』에서 "윤리 없는 경제는 악이다"라고 하였다. 그런가 하면 삶을 위한 고객가치 창출을 목적으로 하면서 수익창출을 이루어내지 못하면 지속가능성을 상실하게 된다. 따라서 목적과 수단을 서로 전제조건으로 하여 함께 달성하는데 성공하는 것이 '진정한 성공 창업(진성 창업)'이다. 진성 창업은 궁극적으로 사회적 다수의 삶과 창업자 개인의 삶에 가치(정신적 가치, 물질적 가치)를 부여하고 삶을 변화시켜 가게 된다.

이런 의미에서 이번에 출간하는 책명을 '삶과 가치를 향한 도전과 성공, 창업경영'으로 정하였다.

책의 구성은 모두 5장으로 하였다. 제1장 창업의 기초, 제2장 창업의 절차, 제3장 창업아이디어와 창업아이템 선정, 제4장 비즈니스 모델, 제5장 사업타당성 분석과 사업계획서 작성 등으로 구성하였다.

제1장 창업의 기초에서는 창업의 의의, 비즈니스와 경영, 창업가와 기업가정신, 창업의 유형에 대해 설명하였다. 창업은 비즈니스의 기초를 세워 시작하는 것이고, 비즈니스는 이타(삶을 위한 가치제안과 가치창출)와 이기(수익창출)의 선순환을 이루어내는 활동을 한다는 내용을 소개하였다. 그리고 창업가에게는 도전과 열정의 기업가정신으로 성공(이타와 이기의 선순환을 이루어냄)을 향해 나아가는 자세와 능력이 필요하다는 점을 기술하였다.

제2장 창업의 절차에서는 창업의 일반적 절차를 먼저 살펴보고, 업종별 창업절차를 구체적으로 기술하였다. 창업을 체계적으로 진행하는 것이 성공 창업을 위해 중요하기 때문이다. 이어서 창업기업의 설립 방법을 개인기업과 법인기업으로 나누어 비교하며 설명하였다.

제3장 창업아이디어와 창업아이템 선정은 제2장 창업의 절차 중 제1단계에 해당하는 것이다. 사업아이디어와 창업아이템 선정에 있어서는 창업환경에 대한 분석과 검토가 필요하므로 먼저 창업환경을 거시와 미시로 나누어 살펴본 후 창업아이디어와 창업아이템을 선정하는 과정을 설명하였다.

제4장 비즈니스 모델에서는 비즈니스 모델의 의미, 비즈니스 모델의 구성과 수익창출에 대해서 기술하였다. 비즈니스 모델의 기본 구성 요소

로 가치제안, 가치창출, 수익창출을 소개하고, 각각의 내용을 설명하ᅟ
다. 제1장 창업의 기초에서 비즈니스 활동은 이타(삶을 위한 고객가치 ᅟ
공)와 이기(수익창출)의 지속적인 선순환 활동으로 이루어진다고 하였ᅟ
데, 제4장에서는 이타와 이기의 두 가지 활동을 핵심성공요인으로 제ᅟ
하였다. 그리고 가치제안, 가치창출, 수익창출 각각에 대해 구체적으ᅟ
소개하였다.

제5장 사업타당성 분석과 사업계획서 작성에서는 먼저 사업타당ᅟ
분석에 대해 설명하고, 이어서 사업타당성 분석을 바탕으로 하여 작성ᅟ
게 되는 사업계획서에 대해 소개하였다. 사업타당성 분석은 분석과 평ᅟ
를 통해서 사업추진 여부를 결정하는 것이 중심이고 제4장에서 소개ᅟ
수익 모델은 적극적으로 수익을 창출하기 위한 방안을 모색하는 것이ᅟ
심이어서 함께 고려하여 보완하는 것이 필요하다는 점을 설명하였다.ᅟ
업계획서의 작성에서는 작성의 필요성, 기본원칙, 순서, 구성 내용 등ᅟ
소개하였다.

창업을 성공으로 이어지게 하는 것은 결코 쉽지 않다. 이타(삶을ᅟ
한 고객가치 창출)와 이기(수익창출)의 선순환을 이루어내는 '진정한ᅟ
공 창업'을 실현하는 것은 더욱 어렵다. 하지만 역사는 업을 창출한 창ᅟ
의 역사였고, 창업가가 있었기에 업이 생겼다. 성공 창업은 사회적 다ᅟ
의 삶에 영향을 미치고, 창업자 개인의 삶에 보람을 준다.

본 저서는 '진정한 성공 창업'을 위해 도움을 주고자 집필하였다.ᅟ
직 미흡한 부분이 많지만 조금이나마 도움이 되기를 바란다. 전체 분ᅟ
이 많지 않도록 하면서 창업경영과 관련하여 반드시 필요하다고 판단ᅟ
내용들을 다루고자 하였다. 특히 적극적인 수익창출 방안을 찾아 적용ᅟ
는 것이 성공 창업을 위해 중요하다고 판단하여 제4장에서 비즈니스ᅟ

을 구체적으로 소개하였다.

　앞으로 끊임없이 변하는 창업환경을 추적·분석하고 새로운 창업경
관련 자료들을 계속 모으면서 '진성 창업(진정한 성공 창업)'에 도움이
는 더 좋은 내용을 담아내도록 노력할 것을 다짐하게 된다. 2016년부
창업경영 관련 과목을 강의하면서 창업경영 저서의 집필을 생각하고
었으면서도 선뜻 나서지 못하고 있었는데, 이번에 책이 나오도록 적극
간을 제안하고 정성을 다해 도움을 주신 출판사 관계자분들과 지지·
려해 주신 주변의 모든 분들께 감사의 마음을 전한다.

2022년 8월
푸르름이 가득한 내수 덕암골에서
홍성학 씀

Contents
차례

제1장 창업의 기초

제1절 창업의 의미 ··· 13

1. 창업의 정의 / 13
2. 창업의 의의 / 17
3. 창업의 특징 / 19
4. 창업의 기본요소 / 21

제2절 비즈니스와 경영 ··· 23

1. 비즈니스와 비즈니스 모델 / 23
2. 비즈니스와 경영 / 24
3. 비즈니스와 가치 / 26
4. 이타주의와 이기주의의 선순환 / 38

제3절 창업가와 기업가정신 ·· 45

1. 기업가의 정의 / 45
2. 기업가정신(창업의 특성과 연결) / 48
3. 창업가의 과업 / 53
4. 창업가의 능력 / 55

제4절 창업의 유형 ·· 58

1. 업태와 업종에 따른 분류 / 58
2. 생계형 창업과 혁신형 창업 / 62
3. 독립사업과 프랜차이즈 가맹사업 / 63
4. 법적인 창업조직 형태에 따른 분류 / 64
5. 온라인 창업과 오프라인 창업 / 65
6. 개인중심 창업과 팀중심 창업 / 66

제2장 창업의 절차

제1절 창업의 일반적 절차·· 71
　1. 창업의 일반적 절차 / 71
　2. 체계적 창업절차의 의미 / 77

제2절 업종별 창업절차·· 77
　1. 제조업의 창업절차 / 78
　2. 도·소매업의 창업절차 / 81
　3. 서비스업의 창업절차 / 84
　4. 외식업의 창업절차 / 86
　5. 프랜차이즈형 체인사업의 창업절차 / 88
　6. 인터넷 쇼핑몰의 창업절차 / 92

제3절 창업기업의 설립·· 97
　1. 개인기업의 설립 / 97
　2. 법인기업의 설립 / 99

제3장 창업아이디어와 창업아이템 선정

제1절 창업환경·· 115
　1. 창업환경의 의의와 분류 / 115
　2. 창업환경의 분석 / 116

제2절 창업아이디어와 창업아이템 선정························· 133
　1. 창업아이디어 / 133
　2. 창업아이템 선정 / 136

제4장 비즈니스 모델

제1절 비즈니스 모델의 의미 ························· 147

1. 비즈니스 모델의 개념 / 147
2. 비즈니스 모델의 구성 요소 / 151
3. 비즈니스 모델의 의미 / 153

제2절 비즈니스 모델의 구성과 수익창출 ············· 159

1. 가치제안 / 161
2. 가치창출(value creation) / 181
3. 수익창출 / 191

제5장 사업타당성 분석과 사업계획서 작성

제1절 사업타당성 분석 ························· 223

1. 사업타당성 분석의 개념 / 223
2. 사업타당성 분석의 필요성 / 224
3. 사업타당성 분석의 체계와 평가요소 / 225

제2절 사업계획서 작성 ························· 231

1. 사업계획서의 개념과 의의 / 231
2. 사업계획서의 필요성 / 232
3. 사업계획서 작성의 기본원칙과 유의사항 / 233
4. 사업계획서 작성 순서 / 236
5. 사업계획서의 구성과 내용 / 238

찾아보기 / 269

삶과 가치를 향한 도전과 성공
창업경영

제 장

창업의 기초

제1절　창업의 의의

제2절　비즈니스와 경영

제3절　창업가와 기업가정신

제4절　창업의 유형

창업의 기초

창업의 의의

1 창업의 정의

국어 사전에 따르면 창업은 두 가지 정의를 가지고 있다. 하나는 나라나 왕조 따위를 처음으로 세우는 것이고, 또 하나는 사업 따위를 처음으로 이루어 시작하는 것이다.[1]

먼저 나라나 왕조 따위를 처음으로 세우는 창업에 대해서는 맹자(孟子)의 양혜왕 하편에도 잘 나타나 있다. 춘추전국시대 등나라의 임금 등문공이 맹자에게 "지금 제나라가 우리나라(등나라)를 침공하려고 하는데, 어떻게 하면 좋겠습니까?"라고 묻자, 맹자는 "군자가 창업하여 계통을 전수하면 이어갈 수 있습니다(君子創業垂統 爲可繼也)."라고 대답한 바 있다. 이조실록에는 "태조께서 조선을 창업하시어… "라고 적혀 있다.[2]

다음으로 사업 따위를 처음으로 이루어 시작한다는 의미의 창업에 대해 살펴보자. 창업(創業)의 '창(創)'은 '시작하다. 만들다.'라는 뜻을 가지고 있으므로 창업은 '사업을 시작하다. 사업을 만들다'는 의미가 된다. 앞에서 살펴보았듯이 역사에서는 나라를 세우는 것이 사업이었지만 최

---

1) https://ko.dict.naver.com/#/entry/koko/2634aa2ea99d4e51a03d391082d26c64
2) 송경수 외, 창업경영론, 피앤씨미디어, 2014. 8. 30., pp.5-6.

근에는 비즈니스가 사업이 되었고, 비즈니스를 사업이라 번역한다. 그래서 창업을 영어로 'Business Foundation'이라 하여, '비즈니스의 기초를 세우는 것'을 의미로 담는다.[3] 시작하다는 의미를 담아 'Start Up'이라고도 한다.[4] 비즈니스는 고객의 욕구를 만족시킬 수 있는 아이템을 발견하고 구체화해서 고객에게 제공하여 수익을 창출하는 활동이다. 창업은 이러한 비즈니스의 기초를 세우고 시작하는 것이다.

비즈니스의 기초를 세워 시작하는 창업은 다시 좁은 의미와 넓은 의미로 나누어 볼 수 있다. 먼저 좁은 의미로서의 창업은 제품 또는 서비스를 생산하거나 판매하는 사업을 시작하기 위해서 새로운 기업조직을 설립하는 행위를 말한다. 넓은 의미로서의 창업은 새로운 기업조직을 설립하는 것은 물론 기존의 기업이 이제까지와 전혀 다른 새로운 종류의 제품을 생산하거나 판매하는 일을 시작하는 것까지를 포함한다.[5]

한편 「중소기업창업 지원법」 제2조(정의) 제1호에서는 "'창업'이란 중소기업을 새로 설립하는 것을 말한다. 이 경우 창업의 범위는 대통령령으로 정한다."라고 규정하고 있다. 그리고 「중소기업창업 지원법」 제2조(정의) 제3호에서는 "'중소기업'이란 「중소기업법」 제2조(중소기업자의 범위)에 따른 중소기업을 말한다."라고 명시하고 있다.[6]

「중소기업창업 지원법」은 1986년 5월 제정되었는데, 당시 제1조(목적)에서 "이 법은 제조업 등의 중소기업의 설립을 촉진하고, 중소기업을 창업한 자가 성장・발전할 수 있도록 적극 지원하며, 특히 농어촌지역에서의 중소기업설립을 촉진함으로써 중소기업의 발전과 지역간 균형있는 성장을 통하여 건실한 산업구조의 구축에 기여함을 목적으로 한다."고

---

3) 김희철, 실전창업경영론, 두남, 2021. 1. 15., p.17.
4) 박준기 외, 스타트업 레시피, 생각과 사람들, 2017. 2. 25., p.15. '스타트업'은 시작하다는 의미를 갖고 있어 '창업'을 나타내는 용어로 사용되기도 하지만, 원래 '스타트업'은 '스타트업 기업'의 줄인 말로 "새로운 제품과 서비스를 창조하는 신생조직"을 의미한다.
5) 송경수 외, 창업경영론, 피앤씨미디어, 2014. 8. 30., p.5.
6) https://www.law.go.kr/

규정하였다. 그리고 창업을 쉽게 할 수 있도록 절차를 간소화하고 금융·세제상 지원을 하도록 하고 있다. 따라서 창업자는 창업준비단계에서 업종 및 규모가 중소기업에 해당하는지, 기업의 설립 형태가 「중소기업창업 지원법 시행령」 상 창업으로 보는 유형에 해당하는지 여부를 사전에 파악하는 것이 필요하다. 예를 들어 「중소기업창업 지원법 시행령」 제2조(창업의 범위) 제1항 제1호에는 타인의 사업을 승계하여 승계 전의 사업과 같은 종류의 사업을 계속하는 경우는 창업의 범위에 포함시키지 않는다고 명시하고 있다.

 창업의 범위를 규정하는 법령

1. 「중소기업창업 지원법」
   1) 제1조(목적) 이 법은 국민 누구나 창의적인 아이디어와 혁신적인 기술을 바탕으로 기업가정신을 발휘하여 창업에 도전하고 글로벌 선도기업으로 성장할 수 있는 창업생태계를 조성하여, 디지털경제 시대에 새로운 국가경제의 성장동력과 일자리를 창출하는 창업국가 건설을 목적으로 한다. 〈개정 2021. 12. 28.〉
   2) 제2조(정의) 이 법에서 사용하는 용어의 뜻은 다음과 같다.
      1. "중소기업"이란 「중소기업기본법」 제2조에 따른 중소기업을 말한다.
      2. "창업"이란 대통령령으로 정하는 바에 따라 중소기업을 새로 설립하는 것을 말한다.
   3) 제5조(적용 범위) ① 이 법은 창업 및 창업기업등에 관하여 적용한다. 다만, 사행산업 등 경제질서 및 미풍양속에 현저히 어긋나는 업종의 창업 및 창업기업등에 관하여는 적용하지 아니한다.

2. 「중소기업창업 지원법 시행령」
   1) 제2조(창업의 범위) ① 「중소기업창업 지원법」 (이하 "법"이라 한다) 제2조제1호에 따른 창업은 중소기업을 새로 설립하여 사업을 개시하는 것으로서 다음 각 호의 어느 하나에 해당하지 않는 것을 말한다.
      1. 타인으로부터 사업을 상속 또는 증여 받아 해당 사업과 같은 종류의 사업을 계속하는 것. 다만, 법인인 중소기업을 새로 설립하여 해당

사업과 <u>같은 종류의 사업</u>을 계속하는 경우는 제외한다.

2. 개인인 중소기업자가 <u>기존 사업을 계속</u> 영위하면서 중소기업(법인인 중소기업은 제외한다)을 새로 설립하여 사업을 개시하는 것

3. 개인인 중소기업자가 기존 사업을 폐업한 후 중소기업을 새로 설립하여 <u>기존 사업과 같은 종류의 사업</u>을 개시하는 것. 다만, 사업을 폐업한 날부터 3년(부도 또는 파산으로 폐업한 경우에는 2년을 말한다) 이상이 지난 후에 기존 사업과 같은 종류의 사업을 개시하는 경우는 제외한다.

4. 개인인 중소기업자가 <u>기존 사업을 계속 영위</u>하면서 단독으로 또는 「중소기업기본법 시행령」 제2조 제5호에 따른 친족과 합하여 의결권 있는 발행주식(출자지분을 포함한다. 이하 같다) 총수의 100분의 30 이상을 소유하거나 의결권 있는 발행주식 총수를 기준으로 가장 많은 주식의 지분을 소유하는 법인인 중소기업을 설립하여 기존 사업과 같은 종류의 사업을 개시하는 것

5. 법인인 중소기업자가 의결권 있는 발행주식 총수의 100분의 30 이상(해당 법인과 그 임원이 소유하고 있는 주식을 합산한다)을 소유하는 경우로서 의결권 있는 발행주식 총수를 기준으로 <u>가장 많은 주식의 지분을 소유하는 다른 법인</u>인 중소기업을 새로 설립하여 사업을 개시하는 것

6. 법인인 중소기업자가 조직변경 등 기업형태를 변경하여 변경 전의 사업과 <u>같은 종류의 사업</u>을 계속하는 것

② 제1항 각 호에 따른 같은 종류의 사업의 범위는 「통계법」 제22조제1항에 따라 통계청장이 작성·고시하는 한국표준산업분류(이하 "한국표준산업분류"라 한다)상의 세 세분류를 기준으로 한다. 이 경우 기존 업종에 다른 업종을 추가하여 사업을 하는 경우에는 추가된 업종의 매출액이 총 매출액의 100분의 50 미만인 경우에만 같은 종류의 사업을 계속하는 것으로 본다.

③ 제2항 후단에 따른 추가된 업종의 매출액 또는 총 매출액은 추가된 날이 속하는 분기의 다음 2분기 동안의 매출액 또는 총 매출액을 말한다.

2) **제2조의2(재창업의 범위)** 법 제2조 제1호의2에 따른 재창업은 부도 또는 파산 등으로 중소기업을 폐업하고 중소기업을 새로 설립하는 것으로 한다.

> 3) **제4조(창업에서 제외되는 업종)** 법 제3조 제1항 단서에 따른 업종은 다음 각 호의 어느 하나에 해당하는 업종으로 한다. 이 경우 업종의 분류는 한국표준산업분류를 기준으로 한다.
> 1. 일반유흥주점업
> 2. 무도유흥주점업
> 3. 기타 사행시설 관리 및 운영업
> 4. 제1호부터 제3호까지의 규정에 준하는 업종으로서 중소벤처기업부령으로 정하는 업종

② 창업의 의의

앞에서 창업은 사업의 기초를 세워 시작하는 것이라고 하였다. 여기서 시작은 단순한 시작이 아니다. 지속가능성을 전제로 하여 시작하는 것이고, 실패했을 때의 두려움이 뒤따른다는 것을 염두에 두고 철저히 준비한 시작이다.

실패했을 때의 두려움만을 생각한다면 선뜻 창업에 나서지 못할 것이다. 창업에는 어려움이 뒤따르지만 어려움을 이겨냈을 때의 보람도 크다. 창업은 나의 나라, 곧 자기 세계를 창조하는 일이다. 자신의 일을 만들고 그 일에 뜻을 부여하는 것이다. 창업이란 이윤만을 추구하는 것이 아니라 일을 통해 자기를 완성하는 일이며, 나의 세계를 구축하는 것이다. 스스로가 경제적인 재생산 구조를 만들어 놓는 일이며, 자기 삶의 형태를 경제적으로 재생산하는 일이라고 볼 수 있다.[7]

이렇듯 창업은 창업자 자신의 꿈을 실현하게 하는 중요한 수단이 되는데, 여기에 그치지 않고 동시에 국가경제 발전의 원동력이 된다.[8] 즉 창업은 고객을 만족시키고 삶을 아름답게 만드는 가치를 제공하여 수익

---

7) 송경수 외, 창업경영론, 피앤씨미디어, 2014. 8. 30., p.6.
8) 차부근 외, 창업과 경영의 이해, 삼영사, 2014. 8. 20., p.23.

을 창출하는 자신의 비즈니스 활동을 통해서 개인적으로 경제적 동기, 자아실현 동기, 사업화 동기를 실현하고 사회적으로는 국가경제 발전에 기여하게 된다.[9]

일반적으로 창업에 대한 개인적 동기로 크게 경제적 동기, 자아실현 동기, 사업화 동기 등을 들 수 있다. 창업자에 따라 차이가 있겠지만 이러한 동기들이 함께 작용하여 창업을 하게 된다.

1) 경제적 동기

실직난이나 구직난, 직장의 장래 전망 불투명 등의 이유 때문에 이를 벗어나려는 목적으로 창업하는 경우이다. 창업을 위하여 투입되는 자원의 크기보다 미래에 대한 기대수익이 훨씬 더 크다고 생각하여 창업을 시작하는 경우가 여기에 속한다.

2) 자아실현 동기

자신에게 내재되어 있는 사업가적 능력을 최대한 발휘하여 고객을 만족시키고 삶을 아름답게 만드는 가치를 제공하여 수익을 창출하는 활동을 하는 경우이다. 이러한 활동을 통해 기업을 성장시키고, 일자리를 창출하며 국가경제 발전에 역할하고자 하는 자신의 꿈과 이상을 실현하여 보람을 얻으려고 한다.

3) 사업화 동기

자신이 가지고 있는 사업 아이디어를 활용하고 새롭게 포착한 사업성 기회를 살려 사업화하는 경우로 순수한 창업동기이다.

---

9) 김희철, 실전창업경영론, 두남, 2021. 1. 15., p.20.

한국개발원에서 발간하는 「나라경제」가 2014년 3월 20일 모바일 패널응답 방식으로 창업을 고려하고 있거나 관심을 가지고 있는 20대 성인 남녀 1,000명(남녀 각 500명)을 대상으로 창업에 대한 설문조사를 했다. 창업에 관심을 갖는 가장 큰 이유로 응답자의 37.0%가 '직장생활에 얽매이지 않고 자유로울 것 같아서'라고 응답했고, 뒤를 이어 29.1%가 '원하는 일을 하고 싶어서'라고 응답했다. '돈을 많이 벌 수 있을 것 같아서'는 18.9%, '취업하기가 너무 힘들어서'는 7.7%, '해고될 염려가 없어서'는 6.8% 응답하였다.10)

한국무역협회 국제무역연구원의 2015년 보고서에 따르면 한국 대학생이 창업에 관심을 갖는 이유로 '자유롭게 일하고 싶어서'가 30.2%로 가장 높았다. '취업이 어려워서'가 30.2%, '아이디어를 실현하고 싶어서'가 17.9%, '사회적으로 성공하고 싶어서'가 10.6%, '전문성을 발휘하고 싶어서'가 8.4%, '주변 사람의 권유와 기타'가 2.8%였다.11)

이 보고서에서 한국 대학생은 응답자 179명 중 6.1%만이 창업을 선호한 반면, 중국 대학생은 응답자 169명 중 40.8%가 창업에 대해 전향적인 태도를 보였다. 특히 한국 대학생은 취업 대안으로 창업을 고려하는 경향을 보였다.

③ 창업의 특징

창업의 동기는 창업의 특징과 상호 작용을 하게 된다. 앞에서 언급한 창업의 동기가 있다 하더라도 창업이 갖는 의사결정의 불확실성, 위험부담성, 모험성 등의 특징 등으로 인해 창업을 하는 것에 주저하거나 신중하게 된다.12) 반대로 이러한 창업의 특징에도 불구하고 창업의 동기가

---

10) 송경수 외, 창업경영론, 피앤씨미디어, 2014. 8. 30., p.9.
11) 한국무역협회 국제무역연구원 Trade Brief, 한 · 중 · 일 청년 창업, 2015. 12. 3.
12) 김희철, 실전창업경영론, 두남, 2021. 1. 15., p.21.

강한 경우에는 창업의 특징을 이겨내며 창업의 동기를 실현하게 된다.

1) 의사결정의 불확실성

창업 결정은 기본적으로 위험이 따르는 전형적인 불확실성 하에서 이루어지는 의사결정이라고 할 수 있다. 나름대로 빈틈없이 완벽하게 창업 준비를 하였다고 하더라도 실제 사업을 추진하다보면 예상하지 못한 일들이 발생하게 된다. 갑자기 코로나19와 같은 감염병의 발생, 구제역이나 AI(조류독감)의 발생, 전쟁 발생으로 원재료 공급 중단 등 예상하지 못한 우연변동이 사업 추진을 어렵게 만들 수 있다. 이러한 우연변동 외에도 다양한 예측하기 어려운 일들로 인해 사업 추진 과정에서의 의사결정에 불확실성을 갖게 된다.

2) 위험성

창업은 의사결정의 불확실성 하에서 다양한 신규 자원의 투입을 전제로 하여 시작되는 것이므로 처음부터 어느 정도 위험부담을 안고 출발할 수밖에 없다. 투자가 먼저 진행되고 그에 따른 결실은 미래에 이루어지는데, 결실이 이루어지는 미래 시점과 결실의 크기 등이 불확실하여 창업은 많은 위험이 수반된다. 이러한 위험에 대비하기 위해 결실이 이루어지는 시점까지 적정 현금보유능력을 갖추어 현금흐름을 원활히 할 필요가 있다.

3) 모험성

창업은 기본적으로 진취적이고, 창조적이며, 모험적인 성격을 갖고 있다. 창업의 모험성은 먼저 앞에서 언급한 창업의 불확실성과 위험성 때문이다. 또한 창업이 변화를 잘 감지할 줄 알며, 상상력과 창의력, 결단력을 갖춘 기업가정신(entrepreneurship)을 발휘하며 추진되기 때문이다.

한국무역협회 국제무역연구원의 2015년 보고서에 따르면 창업 장애요인에 대한 질문에 대해 한국 대학생은 '실패에 대한 위험 부담이 크다'가 38%로 가장 큰 응답을 보였다. 다음으로 '자금확보가 힘들 것이다'가 22.3%, '창업할 아이템이 없다'가 17.9%, '방법을 잘 모른다'가 11.7%, '창업과정이 어렵고 복잡하다'가 7.3%, '주변사람의 만류와 기타'가 2.8%를 보였다.13)

반면 중국 대학생은 '창업할 아이템이 없다'가 46.8%로 가장 응답이 컸고, '실패에 대한 위험 부담이 크다'는 17.8%에 불과했다.

4 창업의 기본요소

창업은 비즈니스의 기초를 세우고 시작하는 것이다. 그리고 비즈니스는 고객의 욕구를 만족시킬 수 있는 아이템을 발견하고 구체화해서 고객에게 제공하여 수익을 창출하는 활동이다.

이러한 창업을 하는 데는 여러 가지 기본요소가 필요한데, 그 중에서 가장 중요한 요소로 창업자, 사업아이템, 창업자본 및 사업장을 들 수 있다.14)15)16)

1) 창업자

창업자는 사업을 시작하여 이끌어가는 창업의 주체자이다. 사업아이템의 확보, 비즈니스 모델 결정, 사업타당성 분석, 사업계획서 작성, 계획의 실행을 위한 인적·물적 자원의 동원·구성 등을 주도하고 책임을 지게 된다. 따라서 창업자의 재능, 지식, 경험, 가치관 등은 창업 기업의

---

13) 한국무역협회 국제무역연구원 Trade Brief, 한·중·일 청년 창업, 2015. 12. 3.
14) 차부근 외, 창업과 경영의 이해, 삼영사, 2014. 8. 20., pp.24-26.
15) 강기찬 외, 기업가정신과 창업, 두남, 2014. 8. 25., pp.139-141.
16) 김희철, 실전창업경영론, 두남, 2021. 1. 15., p.18.

운영 효율성, 기업 환경의 적응력, 성장 등에 지대한 영향을 미치게 된다. 기본 요소 중 가장 중요한 요소이다.

2) 사업아이템

사업아이템은 업종이나 고객에게 제공할 제품과 서비스를 총칭하는 의미를 갖는다. 창업을 통하여 무엇을 할 것인가에 대한 사업 내용을 말하는 것으로 기업의 존재 이유와 목적을 담아내게 된다. 뿐만 아니라 시대 흐름, 기업 환경, 시장과 고객의 특성 등을 고려하게 된다. 따라서 창업자는 사업아이템이 갖는 가치를 분명히 하면서 충분한 정보와 자료를 수집하여 분석하고 사업타당성을 신중히 검토한 후에 결정해야 한다.

3) 창업자본

창업자본은 사업아이템의 가치를 구체적으로 만들어내는 데 필요한 인력, 건물, 설비, 기술, 원자재와 부품 등을 마련하기 위한 자금과 운전자본(working capital) 등에 필요로 하는 자금이다.

사업아이템을 선택하였다 하더라도 이를 구체화할 수 있는 자금이 충분하지 않다면 진입장벽으로 작용하게 된다. 창업자본은 창업자 자신이 출자할 수도 있지만 사업의 취지에 동감하며 직·간접적으로 참여하는 사람들이 제공할 수도 있다. 또한 여러 가지 창업지원 정책을 활용하며 조달할 수도 있다.

4) 사업장

사업장은 사업을 운영하는 근거지이다. 입지 선정은 업종의 특성에 따라 다양한 차이가 있어 입지 선정의 기준과 방법을 적절히 적용해야 한다. 예를 들어 제조업의 경우는 비용과 환경 측면을 고려하여 주거지에서 떨어진 곳을 주로 택하게 된다. 반면에 생활과 밀접한 소매업, 서비스업, 음식업 등은 고객의 접근성을 고려하게 된다.

최근에는 디지털 정보화가 발달하고 온라인상의 거래가 많아지면서 오프라인상의 접근성이 상대적으로 덜 중요해지는 경향이 있다.

제2절 비즈니스와 경영

1 비즈니스와 비즈니스 모델

창업은 비즈니스를 시작하고 만드는 것이다. 그리고 비즈니스에는 '비즈니스 활동을 하기 위한 방향과 방법, 조직 구성원의 역할을 담아낸 구체적 스토리(내용)'인 비즈니스 모델이 존재한다.[17] 따라서 창업은 다양한 비즈니스 모델 중에서 특정 비즈니스 모델을 선택하여 비즈니스를 하게 된다. 다양한 비즈니스에는 다양한 비즈니스 모델이 존재하지만 비즈니스라는 공통된 개념을 갖는다.

국어사전에 의하면 비즈니스는 "어떤 일을 일정한 목적과 계획을 가지고 짜임새 있게 지속적으로 경영함"이다. 그리고 많은 비즈니스 모델 연구가들의 비즈니스 모델에 대한 정의를 통해 비즈니스의 공통 기본 구성 요소를 뽑아 정리해서 비즈니스의 정의를 내리면 "가치를 제안하고, 제안한 가치를 창출하여 그 대가로 수익을 창출하는 활동"이라고 할 수 있다.[18]

국어사전의 비즈니스 개념의 내용과 비즈니스 모델에서 뽑아 낸 비즈니스 개념의 내용을 연결해 보면, 먼저 '일정한 목적과 계획'은 '고객이 원하고 삶을 아름답게 만드는 가치를 제안하고, 제안한 가치를 창출'하

---

17) 홍성학, 삶과 가치를 남기는 비즈니스 모델, 2020. 8. 10., p.25.
18) 홍성학, 삶과 가치를 남기는 비즈니스 모델, 2020. 8. 10., p.25.

는 것이 된다. 그리고 지속적인 비즈니스가 가능하기 위해서는 수익이 있어야 하므로 국어사전의 비즈니스 개념에 나오는 '지속적으로'는 '수익을 창출하는 모델을 갖는 것'과 관련된다.

창업은 "가치를 제안하고, 제안한 가치를 창출하여 그 대가로 수익을 창출하는 활동"에 대한 매우 구체적이고 종합적인 접근을 필요로 한다. 즉, 가치 제공의 대상자인 목표고객과 제안 할 가치 신정, 가치창출의 방법과 규모 결정, 수익창출의 방법 선택 등이 상호 정합성(整合性)을 갖고 선순환이 이루어지도록 하는 노력이 필요하다. 좀 더 구체적인 비즈니스 모델 내용에 대하여는 제4장에서 살펴본다.

2 비즈니스와 경영

앞에서 살펴보았듯이 "어떤 일을 일정한 목적과 계획을 가지고 짜임새 있게 지속적으로 경영함"이라고 한 국어사전의 비즈니스의 개념 뒷부분에 '경영'이라는 단어가 나온다.

경영(經營)은 '경(經)'과 '영(營)'이 합쳐진 것으로 글자 그대로 '경(經)을 영(營)하는 일', '경(經)에 따라 영(營)하는 일'이다. 여기서 '경(經)'은 '불변의 도리를 설명한 문서, 일정불변의 상도(常道), 사물과 세상의 이치, 불경이나 성경, 금강경, 화엄경 등과 같은 종교의 근본 이론을 쓴 책, 마음의 지주가 되는 책'을 의미한다. 직물의 씨실에 해당하여 세상의 기준이 되어 날실을 끼워 넣을 수 있게 하는 것이고, 인간에게 마음의 지주가 되는 길이 되는 것이다.[19]

이런 의미에서 비즈니스의 개념에 들어 있는 '일정한 목적'은 그 목적이 어떠한 것이든지 궁극적으로 '경영(經營)'의 '경(經)'에 근거한 것이

---

19) 스즈키 마츠오(鈴木三雄), 한국능률협회 옮김, 마음을 움직이는 4차원 경영 감동의 법칙, 한국능률협회, 1996. 7. 13., p.48.

표 1-1	경(經)의 의미
경(經)	• 자연의 법칙
	• 세상의 이치
	• 지혜로운 말씀: 성경, 불경, 금강경, 도덕경,……
	• 직물의 씨실, 세상의 기준

어야 한다. 그리고 비즈니스 개념에 들어 있는 '계획'은 경(經)을 체계적으로 실행하는 즉, '경(經)을 영(營)하는 일'의 출발이다.

영(營)을 데밍(W. Deming)의 관리사이클로 표현하면 계획(plan), 실행(do), 검토(check), 조처(action)로 이루어지는 활동이 된다.[20]

앞에서 다양한 비즈니스 모델은 '가치를 제안하고, 제안한 가치를 창출하여 수익을 창출한다.'는 공통의 비즈니스 구성 요소로 활동하게 되는데, 제안하는 가치의 궁극적인 지향성은 '경(經)'에 있다. 그래서 비즈니스는 본래 '경'을 지향하면서 '삶의 의미와 생활생명계의 아름다움을 지향하는 가치'를 고객에게 제안하고 제공하는 것이다. 그리고 '가치를 제안하고, 제안한 가치를 창출하여 수익을 창출한다.'는 일련의 활동은 계획(plan), 실행(do), 검토(check), 조처(action)로 이루어지는 활동으로 '영(營)'에 해당하게 된다.[21]

---

20) 강금식, 품질경영, 오래, 2016. 2. 25., p.214, p.216.
　　PDCA(Plan, Do, Check, Action)사이클은 1920년대 통계적 품질관리를 개척한 슈하트(W. A. Shewhart)가 먼저 제시하였으나, 1950년대 일본인들은 데밍사이클이라고 불렀다. 이는 데밍이 일본인들에게 품질관리를 전파하면서 많은 영향을 미쳤기 때문이다. 데밍은 1990년부터 PDSA(Plan, Do, Study(고찰), Action)사이클로 바꿔 불렀다.

21) 경영이나 관리에 해당하는 영어로 administration, management, control이 있다. administration은 정해진 규칙이나 방식에 따라 업무와 의식을 추진하는 것으로 '집행 또는 실시'의 의미로 사용된다. management는 '계획을 정하여 조직활동을 통해 실행으로 옮기고 새로운 방침과 계획을 설정하는 활동의 전체'이고, control은 설정된 기준이나 한계에 따라 제어 통제해 가는 것이다.
　　W. Deming의 관리사이클로 표현되는 계획, 실행, 검토, 조처의 활동에서 보면 administration은 계획(plan)에 따른 실행(do)이고, control은 계획(plan)에 따른 실행

그림 1-1 경영(經營): 경(經)+영(營)

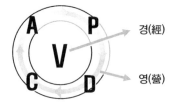

V	Value(가치)
P	Plan(계획)
D	Do(실행)
C	Check(검토)
A	Action(조처)

③ 비즈니스와 가치

앞에서 다양한 비즈니스 모델에 대한 정의를 통해 비즈니스의 공통 기본 구성 요소를 뽑아 정리한 비즈니스의 정의는 "가치를 제안하고, 제안한 가치를 창출하여 그 대가로 수익을 창출하는 활동"이라고 하였다. 따라서 비즈니스의 핵심 단어는 '가치'와 '고객가치'가 된다. 이런 점에서 가치와 고객가치, 그리고 이와 관련된 다양한 가치 개념(존재가치, 지향가치, 사용가치, 교환가치 등)에 대한 이해가 필요하다.

1) 가치

일상 생활에서 '가치(價値, value)'라는 용어는 다양하게 사용되고 있다. 그리고 인간들은 나름의 가치판단을 하며 살아가고 있다. 그래서 "…은 가치있고, …은 가치없다", "가치있는 …, 가치없는 …"라는 말을 하기도 한다. 그리고 상품(商品)에 적용하는 경제적 가치 외에 논리적 가치, 도덕적 가치, 미적(美的) 가치, 종교적 가치 등 삶의 다양한 분야와 관련하여 '가치'라는 용어를 부여하며 가치판단을 한다.

(do)과 검토(check)단계까지의 활동이라 할 수 있으며, management는 계획(plan), 실행(do), 검토(check), 조처(action)의 활동 전체이고 순환하는 활동이다.

이러한 가치에 대해 두산백과 사전에서는 "주관 및 자기의 욕구, 감정이나 의지의 욕구를 충족시키는 것"이라고 정의하였다. 우리의 일상생활에서 필요와 욕구를 충족시킬 수 있는 것은 모두 가치라는 것이다.[22) 이대희 엮음 「가치론의 문제와 역사」에서는 "주관의 의지나 감정의 욕구를 충족시켜주는 실재적 또는 관념적 대상의 위계(서열)"라고 한다.[23)

이렇듯 '가치'는 "인간의 의지와 욕구를 충족시키는 실재적이고 관념적인 모든 것"을 의미한다. 그리고 단순한 사실과 달리 언제나 일정한 주관의 평가가 개입되며, 각 개인마다 그리고 상황(시대와 지역 등)에 따라 가치의 위계 정도를 정하게 된다.[24)

앞의 정의에서도 알 수 있듯이 가치란 인간을 떠나 실재하는 것이 아니다. 가치를 감득하는 인간의 존재가 있어야 비로소 존재한다. 또한 가치가 생기기 위해서는 대상에 관계하는 자기의 일정한 태도, 즉 평가작용이 예상되며 그러한 평가작용의 주체인 자기성격에 따라 가치 자체에도 개인적·사회적·자연적·이상적이라는 구별이 생긴다.[25)

가치에 서열을 매기기도 한다. 셸러(Max Scheler)는 쾌적가치보다는 생명가치가, 생명가치보다는 정신가치가 높으며 그 중에서 종교적 가치를 최고로 한다는 가치 서열(序列)을 주장하였다. 또 칸트(Immanuel Kant)는 각 사람의 인간성은 무엇으로도 바꿀 수 없는 내적이며 절대적인 가치를 갖는다고 하여 이 가치를 '존엄(尊嚴)'이라 하고, 도덕적 가치를 최고의 가치로 보았다.[26)

셸러나 칸트뿐만 아니라 사람들 개개인은 개인마다 가치를 대하는 주관적 평가를 가지면서 동시에 시대(시간)와 지역(공간)에 따라 사회적으로 이루어지는 가치 지향성에 영향을 받게 된다. 즉 개개인은 개인의

---

22) http://terms.naver.com/entry.nhn?docId=1164996&cid=40942&categoryId=31433.
23) 이대희, 가치론의 문제와 역사, 정림사, 2001. 1. 29., pp.12.
24) 이대희, 가치론의 문제와 역사, 정림사, 2001. 1. 29., pp.12-13.
25) http://terms.naver.com/entry.nhn?docId=1164996&cid=40942&categoryId=31433.
26) http://terms.naver.com/entry.nhn?docId=1164996&cid=40942&categoryId=31433.

주관적 가치와 사회적 가치를 나름의 방식으로 결합시키게 된다고 할 수 있다.

2) 고객가치

(1) 고객가치의 의미

앞에서 '가치'를 "인간의 의지와 욕구를 충족시키는 실재적이고 관념적인 모든 것"을 의미한다고 하였다. 이와 관련하여 '고객가치(customer value)'를 정의하면 "고객의 의지와 욕구를 충족시키는 실재적이고 관념적인 모든 것"이라고 할 수 있다.

기업이 고객에게 유형적인 제품이나 무형적인 서비스를 제공할 때 고객은 제품이나 서비스 자체가 아니라 제품과 서비스에 담겨있는 가치, 즉 고객의 의지와 욕구를 충족시키는 것을 얻으려고 한다. 예를 들어, 고가의 캐딜락을 구매하는 고객은 단순한 차를 구매하는 것이 아니라 '고급차의 품위'를 진정한 가치로 구매한 것이다. 제록스 복사기의 고객은 '복사기'라는 기계를 구매하는 것이 아니라 '복사'라는 가치를 구매하는 것이다.

고객가치는 제품이나 서비스 자체가 아니라 그것을 통해 얻고자 하는 궁극적인 '만족의 주관적 내용'으로 이러한 고객가치를 올바르게 파악하고 만족시키는 것이 복잡하고 어렵지만 기업의 사명이자 목적을 설정하는데 중요시 하게 된다. 특히 고객의 인구통계 특성과 고객욕구 및 경제 환경이 변하므로 경영자는 항상 고객가치의 변화를 살펴서 늦지 않게 고객가치를 재정의하고 미래 사업을 다시 정의해야 한다.[27] 알프레드 슬론(Alfred Sloan)은 1920년대 고객가치를 재정의해서 부도직전의 GM을 위기에서 구한 바 있다.[28]

---

27) 정영복 외, 사업정의와 경영전략, 한스컨텐츠, 2006. 11. 30., p.66.
28) http://blog.naver.com/kmacsales/150642095.

고객가치, 즉 고객이 원하는 주관적 가치가 항상 옳은 것은 아니다. 고객이 원하는 가치 중에는 삶의 근본가치에 맞지 않는 경우도 있다. 예를 들어 어떤 고객이 술에 만취한 상태에서 계속 술을 요구하는 경우 술을 제공하는 것은 바람직하지 않을 것이다. 담배를 피우고 싶다고 하더라도 계속해서 담배를 권할 수는 없다. 마약을 원한다고 해서 마약을 제공할 수는 없다. 고객가치를 필요조건으로 하면서 동시에 삶의 근본가치를 충분조건으로 하는 가치를 고객에게 제공하여야 한다. 그리고 단지 물질적인 경제 성장이 아니라 인간이 함께 살아가는 생활생명계를 유지하고 아름답게 만들어가는 가치(정신적, 영적)도 제공할 수 있어야 한다.

(2) 고객가치와 가격

앞에서 고객가치는 제품이나 서비스 자체가 아니라 그것을 통해 얻고자 하는 궁극적인 '만족의 주관적 내용'이라고 했는데, 이를 가격과의 관계에서 보면 "제품·서비스 구입 시 고객이 지불하는 가격에 대해 고객이 사용을 통해 얻어지는 효익(효과·효용+이익)"이라고 표현할 수 있다.[29]

고객이 해당 제품과 서비스를 구매할 가치는 가격 이외에 여러 가지가 작용할 수 있다. 구체적으로 보면 다음과 같다.

가치
= 제품구입에 투자되는 금액
+ 구입 시 추가로 제공되는 요소(보완재 제공, 친절/서비스, 점포위치, 영업시간 등)
+ 제품·서비스의 가격 외적 요인(스타일, 모양, 색상, 편리성, 신속성 등)
+ 고객이 구매·사용을 통해서 얻을 수 있는 경험(자부심, 권위, 편안, 차별성 등)

---

29) 정영복 외, 사업정의와 경영전략, 한스컨텐츠, 2006. 11. 30., pp.66-68.

고객이 제품 사용을 통해 얻을 수 있는 효익(또는 혜택)을 <표 1-2>와 같이 기능적 혜택(functional benefit), 상징적 혜택(symbolic benefit), 경험적 혜택(experiential benefit), 이타적 혜택(altruistic benefit)의 네 가지 유형으로 정리해 볼 수도 있다.30)

기능적 혜택의 사례 중 베이비 모니터는 미국의 스타트업(startup) 기업 스프라우틀링(Sproutling)에서 개발한 제품이다. 의료용 실리콘으로 만든 밴드 모양의 이 제품은 아기의 다리에 채워두면 심박수를 체크해서 건강과 수면 상태에 대한 정보를 제공한다. 부모는 연동된 스마트폰을 통해 아기를 더 오래 재우기 위해 필요한 온도와 밝기, 아기가 깨어나는 시간까지 알 수 있어 불안해하지 않고 다른 일을 할 수 있다.

표 1-2   혜택의 유형과 사례

혜택의 유형	의미	구체적 사례
기능적 혜택	소비자가 현재 지각하는 기능적 문제를 해결해 주거나 미래에 예상되는 기능적 문제를 예방해 주는 혜택	페브리즈, 비트, 베이비 모니터
상징적 혜택	소비자의 자아 이미지, 사회적 지위, 소속감 등을 표현하려는 욕구를 실현시켜주는 혜택	게스(Guess) 청바지, 탐스슈즈, 페이스워치, 명품
경험적 혜택	소비자에게 오감의 즐거움을 제공하거나, 호기심을 자극하고 새롭고 참신한 지식에 대한 욕구를 만족시켜주는 혜택	브래들리 타임피스, 할리데이비슨
이타적 혜택	소비자가 순수하게 타인을 돕고자 하는 마음을 충족시켜주는 혜택	빅이슈, 도그TV

상징적 혜택의 사례 중 게스(Guess) 청바지는 처음에 허리 사이즈를 24인치 이하로 출시했다. 여성들이 자신들이 얼마나 날씬한지 표현하고,

---

30) 김지헌, 가치를 사는 소비자 공감을 파는 마케터, 갈매나무, 2016. 2. 25., pp.35-80.

입지 못하는 여성들의 부러움을 즐길 수 있게 해주었다.

탐스(TOMS)슈즈는 블레이크 마이코스키(Blake Mycoskie)가 아르헨티나 여행 중 신발이 없어서 상처 입고 감염되는 아이들을 목격하고 이를 돕기 위해 설립한 사회적 기업이다. 소비자가 신발을 한 켤레 구입하면 기업이 제3세계 아이들에게 한 켤레를 기부하는 공익 연계 마케팅(cause-related marketing), 즉 원포원 캠페인(one for one campaign)을 한다. 소비자가 탐스슈즈를 구입하는 이유는 신발 자체의 기능과 디자인 때문이기도 하지만 신발을 신음으로써 타인을 돕는 일에 동참하였음을 표현할 수 있는 상징적 혜택 때문이기도 하다.

페이스워치(facewatch) 시계 역시 공익 연계 마케팅을 한다. 2012년 9월 소셜펀딩을 통해 설립된 사회적 기업이 생산하는 시계로 수익의 일부를 사회적 문제를 해결하는 데 기부하고 있다. 흥미로운 것은 페이스워치의 색상은 일곱 가지인데, 이를 기부 영역과 연계시킨다는 점이다. 예를 들면, 흰색 시계 한 개가 판매되면 열여섯 명의 굶주린 사람에게 음식을 제공하며, 빨간 시계가 다섯 개 판매되면 에이즈 환자 한 명의 한 달치 치료약을 후원한다. 가격은 5만 원 대로 일반적으로 상징적 혜택을 제공하는 제품이 고가의 브랜드 제품이라는 점과 비교된다.

경험적 혜택의 사례로 브래들리 타임피스(Bradley Timepiece) 시계를 들 수 있다.[31] 이 시계는 MIT의 한국인 유학생 김형수 씨가 개발했다. 김형수 씨는 대학 강의실에서 옆자리에 앉은 시각장애인 학우가 자신에게 몇 시인지 물어본 것이 계기가 되었다. 당시 시각장애인들을 위한 시계는 소리로 시간을 알려주었는데, 수업 시간에 타인에게 피해를 주지 않는 만지는 시계를 개발하였다. 구슬을 만져서 구슬의 위치를 통해 시간을 확인하는 방식인데 일반인들이 사용하기에는 불편하였지만 이 시

---

31) '브래들리'라는 이름은 아프가니스탄 전쟁에서 두 눈을 잃고도 포기하지 않고 세계 장애인 올림픽 수영 종목에 참가해 우승한 '브래들리 스나이더'의 이름을 땄다. 그의 도전 정신은 이 시계에 긍정적 브랜드 연상들을 불어넣는 차별적 브랜드 개성(brand personality)이 될 수 있었다.

계가 추구하는 가치의 공감으로 인해 성공하였다.

　오토바이 브랜드인 할리데이비슨(Harley Davidson)을 타는 라이더들은 뚝 떨어져 있는 손잡이를 잡기 위해 다소 불편해 보일 만큼 팔을 벌리고 있으며, 두건을 쓰고 문신을 하는 등 자유롭게 자기표현을 하면서 오토바이를 타는 즐거움을 추구한다. 이들은 도심에서 말을 탄 듯한 즐거움 느끼는데, 심지어는 오토바이가 뿜어내는 굉음이 경쾌한 말발굽 소리로 들린다고 한다.

　이타적 혜택의 사례로는 빅이슈(Big Issue)라는 잡지를 들 수 있다. 노숙인들의 자립을 돕기 위해 발간되는 잡지로 1991년 영국에서 처음 발간되었다. 현재 10개국에서 14종이 발간되고 있으며 한국에서는 2010년 7월 5일 창간되었다. 잡지는 필진들의 재능 기부를 통해 만들어지고 빅판(빅이슈 판매원)이라 불리는 노숙인들에게 잡지 판매 가격 5,000원의 50%인 2,500원을 지급하여 자립을 돕는 것이 주된 목적이다. 6개월 이상 판매하여 번 돈을 꾸준히 저축하는 빅판에게는 임대주택 입주 자격이 주어지는데, 2014년 4월 기준으로 30명이 입주할 수 있었다.

　반려견을 돕고자 하는 이타적 혜택의 추구도 있다. 대표적으로 개를 위한 전문 채널인 '도그TV'가 있다. 2013년 12월 시작된 도그TV는 24시간 동안 광고 한 편 없이 반려견의 눈과 귀를 즐겁게 해 줄 콘텐츠만으로 구성되어 있다. 집에 반려견을 두고 출근해야 하는 애견가들의 죄책감을 자극함으로써 월 8,000원이 넘는 시청료에도 불구하고 가입 가구 수가 1만 5,000명을 넘었다고 한다.

　고객은 제품·서비스 구입 시 결정 방법의 하나로 고객이 바라는 가치와 가격을 비교하여, 가치가 가격보다 큰지 작은지를 가지고 판단하게 된다. 다른 하나는 고객이 자신의 소득 수준을 감안하여 지불 능력이 있는지를 가지고 판단하게 된다. 결국 가격보다 가치가 큰 제품·서비스들 중에서 자신의 소득 수준과 지불 능력에 맞는 가격의 것을 선택하게 될 것이다.

가격 〉가치: 가치가 낮다. 가격이 비싸다. 사용 만족도가 낮다. 해당 제
품/서비스의 재구매를 생각하지 않는다.

가격 〈 가치: 가치가 높다. 생각보다 좋다. 사용 만족도가 높다. 재구매
의견과 다른 사람에게 추천의견도 있다.

가격에는 소비자가 지불할 용의가 있는 최대가격(유보가격, reservation price)과 합당하다고 기대하는 가격(준거가격), 그리고 실제 지불한 가격(시장가격)이 있다. 고객은 자신이 바라는 가치보다 지불할 용의가 있는 최대가격이 더 작기를 기대하게 되는데, 실제 지불한 가격은 지불할 용의가 있는 최대가격보다 더 작을 수 있다. 소비자가 지불할 용의가 있는 최대가격과 실제 지불한 가격의 차이를 소비자잉여(consumer's surplus)라고 하며, 고객은 소비자잉여가 증가하기를 바라게 된다.[32]

대표적인 준거가격으로 권장소비자가격(suggested retail price)이 있다. 예를 들어 제약업체는 감기약 상자 겉면에 권장소비자가격 5,000원을 명시함으로서 소비자가 이를 준거가격으로 사용하도록 유도한다. 그러나 실제로 약국에서는 이 약을 3,000원에 판매함으로써 소비자로 하여금 2,000원의 할인을 받았다고 인식하게 한다. 준거가격과 실제로 지불한 가격의 차이에서 발생하는 효용을 거래효용(transaction utility)이라고 한다.[33]

할인 효과를 극대화하고 거래효용을 늘리기 위해 권장소비자가격을 정상가격보다 터무니없이 높게 책정하는 제조업체들이 있어 이런 폐단을 막고자 1999년 9월부터 텔레비전, VTR, 신사 숙녀 정장, 운동화 등 12개 품목에 대해 제조 업체가 권장소비자가격을 표시하는 것을 금하고 있다. 제조업체가 제품 겉포장에 권장(희망)소비자가격을 표시하는 것을 금지하고, 유통업체가 최종 판매가격(단위가격)을 정해 표시하도록 한

---

32) 김병도, 경영학 두뇌, 해냄, 2018. 3. 5., p.66, p.304.
33) 김병도, 경영학 두뇌, 해냄, 2018. 3, 5., pp.306-307.

제도를 오픈프라이스 제도(open price system)라고 한다. 권장가격을 실제 판매가격보다 부풀려 표시한 뒤 할인해서 팔거나, 대리점 등에 설정한 가격 이하로 재판매하는 것을 막아 가격경쟁을 제한하는 폐단을 근절하기 위해 1999년 첫 도입됐다.[34]

3) 존재가치와 지향가치, 사용가치와 교환가치

(1) 존재가치, 지향가치, 사용가치, 교환가치

고객이 원하는 고객가치는 존재가치(value of existence)에 고객의 지향가치(intended value)가 결합되어 나타난 사용가치(value in use)이고 교환가치(exchange value)이다.

존재가치는 생활생명계에 존재하는 모든 존재체가 갖는 가치이다. 즉, 존재하는 모든 것은 나름의 가치를 갖고 있다. 하나의 존재는 생활생명계의 한 개체인 동시에 망라적 관계 속에서 존재하면서 존재가치를 갖는다. 개체는 개체 나름의 절대적이고 독자적인 고유성질을 갖지만 타 존재와의 상대적이고 망라적인 관계 속에서 존재가치를 갖는다.[35]

지향가치는 정신적 혹은 영적으로 '삶의 가치', '가치있는 삶' 등으로 표현되는 것과 같이 인간이 지향하는 '의의, 의미, 보람'을 뜻한다. 그리고 어떤 대상에 향하여 부여된 인간의 가치체계로서 '부여가치'라고도 할 수 있다. 이것은 객관적 당위 혹은 정신적·영적 행위의 지향점이 된다.[36]

존재체가 갖고 있는 고유한 가치는 중립적인데 이러한 존재가치에 지향가치가 결합되어 사용가치가 된다. 사용가치는 확인 가능한 인간의

---

34) https://terms.naver.com/print.nhn?docId=2062105&cid=50305&categoryId=50305.
35) 홍성학, 산업의 가치계발력 향상과 윤리경영, 충북보건과학대학교 논문집 제21집, 2012., p.45, p. 47.
36) 홍성학, 산업의 가치계발력 향상과 윤리경영, 충북보건과학대학교 논문집 제21집, 2012., p.47.

필요나 욕망을 충족시키는 재화의 유용성(有用性) 또는 효용을 의미하는
데, 중립적으로 있던 존재가치에 고객(사용자)의 지향가치에 의해서 사
용가치 즉, 존재가 가진 유용성(有用性) 또는 효용이 달라진다. 예를 들
어 칼이라는 존재가치는 중립적인데, 사용자의 지향가치에 따라서 요리
하는 도구로 사용될 수도 있고 무기로 사용될 수도 있다. 스마트폰도 인
간의 지향가치에 따라서 유용한 의사소통의 도구로 사용되기도 하고 인
간관계를 단절시키는 도구로 사용되기도 한다.

고객은 자신이 원하는 사용가치를 갖는 제품·서비스를 일정 가격을
지불하고 구매하게 되는데, 그 상품은 다른 상품이나 화폐로 교환되는
값어치 즉, 교환가치를 갖게 된다.

사용가치와 교환가치 외에 희소가치, 원가가치 등을 경제적 가치에
포함한다.37)

1. **희소가치**(scarcity value): 보석과 같이 그 물건이 귀하다는 점에서 생
   긴 가치개념
2. **교환가치**(exchange value): 그 물품을 다른 것과 교환할 수 있도록
   하는 특성이나 품질에 따른 가치 개념
3. **원가가치**(cost value): 그 물품의 생산을 위해서 발생한 원가에 따른
   가치개념
4. **사용가치**(value in use): 그 물품이 지니고 있는 효용·작용·특성·
   서비스 등에 따른 가치 개념으로 흔히 품질이나 기능으로 표시

(2) 가치분석

가치분석(value analysis: VA)은 1947년 미국의 전자·전기기기 메
이커인 제너럴 일렉트릭(GE)사의 구매과정을 지내던 마일즈(Lawrence
D. Miles)에 의해서 비롯되었다.38)39)

---

37) 이순용, 생산관리론, 법문사, 1992. 1. 20., p.216.
38) 이시하라 가쓰요시(石原勝吉), 한국표준협회 역, 현장의 VE 텍스트, 1987. 9. 30.,

가치분석의 창시자인 마일즈는 "가치분석이란 제품·공정·서비스에 기여하지 않는 원가 내지 노력들을 식별하고 제거하는 시스템"이라고 정의하였다.[40] 이러한 마일즈의 가치의 이해에 기반을 두고 데이빗 (David De Marle)은 제품·서비스의 가치를 제품·서비스의 기능(또는 품질)과 비용(또는 가격)과의 관계로서 나타내는 간단한 식을 제시하였다. 즉, 제품·서비스의 기능(또는 품질)은 분자에, 비용(또는 가격)은 분모에 두었다.[41]

$$가치(value) = \frac{기능(function)}{비용(cost)}$$

$$V = \frac{F}{C} = \frac{F_B + F_S}{C}$$

F_B: 기본기능

F_S: 2차적 기능

이러한 가치분석 식은 제품·서비스의 가치는 분자인 기능을 높이고 분모인 비용을 낮춤으로써 향상시킬 수 있음을 보여준다. 비용을 들이게 되는 경우 기능을 더 높이든지, 기능을 일정하게 유지하면서 비용을 낮추든지 하여야 가치가 올라간다. 마일즈가 가치분석 식을 적용할 당시에는 분모인 비용을 줄이는 데 초점을 두었다.

가치분석 식의 분자인 기능은 기본기능과 2차적 기능으로 나누어진다. 가치분석 식을 고안한 마일즈는 사용가치를 실용가치(use value)와 귀중가치(esteem value)로 구분하고 기본기능을 실용가치, 2차적 기능을

p.10. 1947년 미국의 GE사에서 창고의 바닥에 까는 아스베스트를 구하기 어려워 애를 먹었다. 다른 값싼 불연재료가 있었음에도 불구하고, 소방법에 「아스베스트를 쓸 것」이라고 규정되어 있어 어쩔 수 없었다. 이를 계기로 GE의 마일즈가 중심이 되어 "기능을 유지하면서 비용을 낮추어 제품가치를 향상시키는 가장 효과적인 방법을 연구·개발하게 되었다.

39) 이순용, 생산관리론, 법문사, 1992. 1. 20., p.213, pp.216-217.
40) 이순용, 생산관리론, 법문사, 1992. 1. 20., p.214,
41) Robert B. Stewart, 임종권 외 2명 역, 가치공학의 원리, 2006. 4. 21., p.39.

귀중가치라고 하였다. 예를 들어, 라이터의 기본기능은 불을 제공하는 데 있는데, 불의 제공만을 추구한다면 대체재로 성냥도 사용할 수 있다. 라이터에는 성냥과 다른 기능이 있는데 이것이 귀중(매력)가치가 된다.

데이빗은 가치분석 식과 관련되어 있으면서 고객이 가치를 결정짓는 생각을 표현하는 간단한 식을 제안했다.[42]

$$\text{고객가치(customer value)} = \frac{\text{성능(performance)}}{\text{가격(price)}}$$

위의 고객가치 분석 식은 분자인 성능을 높이고, 분모인 가격을 낮춤으로써 향상시킬 수 있음을 보여준다. 가격이 올라가면 성능이 더 올라가든지, 성능을 일정하게 유지하는 경우에는 가격을 낮추어야 고객가치가 올라간다.

고객가치 분석 식은 고객의 소득수준과 고객가치 간의 관계를 설명하는 데 유용하다. 고객 소득 수준이 낮은 상태에서는 성능보다는 가격에 비중을 두고 가치판단을 하게 되고, 소득 수준이 높아지면 가격보다는 성능, 더욱이 기본성능 외에 2차적 혜택에 더 많은 비중을 두고 가치판단을 할 가능성이 많아진다. 마일즈는 "고객가치는 고객이 필요하고, 요구하고, 더 나은 성능을 위하여 기꺼이 비용을 지불할 용의가 있다면 성능을 증가함으로써 향상된다."라고 하였다.[43]

TIP 가치분석(VA)과 가치공학(VE) [44][45]

1950년대 중반 GE사로부터 VA를 도입한 미해군과 공군에서는 가치분석이라는 명칭 대신에 가치공학(value engineering: VE)이라는 명칭을 사용하였다.

---

42) Robert B. Stewart, 임종권 외 2명 역, 가치공학의 원리, 2006. 4. 21., p.39.
43) Robert B. Stewart, 임종권 외 2명 역, 가치공학의 원리, 2006. 4. 21., p.40.
44) 이순용, 생산관리론, 법문사, 1992, p.213.
45) https://terms.naver.com/entry.nhn?docId=12385&cid=43659&categoryId=43659.

마일즈가 가치분석을 처음 제시할 당시 GE사의 구매과장으로 활동하면서 구매과정에서의 비용 절감에 초점을 두었는데, 이러한 활동 영역에서 탈피하여 기술분석을 강조한 것이라 할 수 있다.

현재는 가치분석을 가치공학이라고 부르면서 동일시하고 "원가절감과 제품가치를 동시에 추구하기 위해 제품개발에서부터 설계, 생산, 유통, 서비스 등 모든 경영활동의 변화를 추구하는 경영기법"으로 소개하기도 한다.

VA와 VE를 구별하는 경우, 전자는 구매부서에서 행하는 구매품의 경제적 구매분석을 말하고, 후자는 설계나 연구개발부서에서 행하는 제품이나 부분품에 대한 설계분석이라고 말한다. 전자와 후자를 합쳐 VA/VE라고 부르기도 한다.

 ## 이타주의와 이기주의의 선순환

일반적으로 이타주의(利他主義)와 이기주의(利己主義)는 서로 반대되는 의미를 갖는 것으로 알려져 있는데, 비즈니스는 이타주의와 이기주의가 갖는 의미를 재발견하게 한다.

앞에서 다양한 비즈니스 모델의 공통 기본 구성 요소로 가치제안, 가치창출, 수익창출 등을 들었다. 이 세 가지 구성 요소 중 가치제안과 가치창출은 타인을 위한 이타적인 것이고, 수익창출은 자신을 위한 이기적인 것에 해당한다고 볼 수 있다. 여기서의 이타는 이기를 전제로 하고, 이기는 이타를 전제로 하게 된다. 즉 타인을 위한 것이 이기로 연결되고 이기가 되어야 다시 타인을 위한 이타를 할 수 있는 선순환이 이루어진다.

이러한 이타와 이기 간의 관계를 명확히 하기 위해서 해타(害他)와 해기(害己)를 함께 이해할 필요가 있다. 이타와 이기만을 두고 이해하게 되면 이타와 이기가 서로 반대되는 것으로 이해할 가능성이 높다. 그러나 해타와 해기까지 두고 이해하면, 타인에게 이로운 이타의 반대는 나에게 이로운 이기가 아니라 타인에게 해가 되는 해타이고, 나에게 이로운 이기의 반대는 타인에게 이로운 이타가 아니라 나에게 해가 되는 해기임을 알 수 있다.

좀 더 구체적으로 보면 이기 중에는 이타와 연결된 경우, 해타와 연결된 경우로 나누어볼 수 있다. 일상속에서 이타의 반대로 사용하는 이기는 해타와 연결된 이기, 즉 '이기 해타' 또는 '해타 이기'이다. 그러나 이기 중에는 이타와 연결된 경우, 즉 '이기 이타' 또는 '이타 이기'가 있어 이기 자체를 이타의 반대 개념으로 둘 수는 없다. 그리고 이타 중에는 이기와 연결된 '이타 이기'인 경우가 있는가 하면, 해기와 연결된 '이타 해기' 인 경우, 즉 자신을 희생하는 경우도 있다. 또한 이기의 반대인 해기와 이타의 반대인 해타가 연결된, 즉 나에게 해가 되고 타인에게 해가 되는 '해기 해타'인 경우가 있다. 이러한 관계를 <표 1-3>과 같이 정리할 수 있다.

표 1-3　이타, 이기, 해타, 해기

	이기(利己) ◀━━━━▶ 해기(害己)	
이타(利他)	이기 이타	해기 이타
해타(害他)	이기 해타	해기 해타

– 이기와 이타의 만남 → 상승작용
– 해기와 해타의 만남 → 상쇄작용

이타와 이기를 반대의 개념으로 보는 경우에는 이타와 이기를 상충관계로만 보게 된다. 하지만 [그림 1-2]와 같이 이타와 이기를 반대의 개념으로 보지 않는 경우, 이타가 이기를 만들 수 있고 이기가 이타를 만들 수 있는 즉, 상호 상승작용과 선순환을 만들어낼 수 있는 관계로 볼 수 있다. 이러한 상호 상승작용과 선순환을 매슬로(A. H. Maslow, 1908~1970)는 루스 베네딕트(Ruth Fulton Benedict, 1887~1948)가 사용한 '사회적 시너지(synergy)'를 빌어 표현하였다.[46]

---

46) A. H. Maslow, 왕수민 옮김, 인간 욕구를 경영하라, 리더스북, 2011. 6. 7., p.232.

"어떤 제도가 시너지를 갖고 있을 때는 한 사람이 자신의 이기적 목적을 위해 추구하는 행동이 자동적으로 다른 사람에게 도움을 주고, 이기심을 버리고 다른 사람을 위해 한 행동이 뜻하지 않게 그 자신에게도 이기적인 이득을 가져다준다."

매슬로는 이타적인 동시에 이기적이 될 수 있게 해주는 이기심을 '건강한 이기심'이라고 표현하였다.[47]

그림 1-2 이타와 이기의 관계

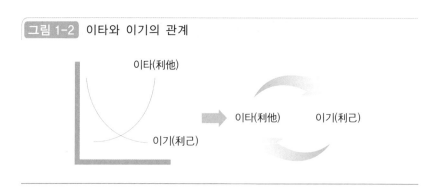

한편 애덤 스미스(Adam Smith, 1723~1790)는 <국부론>에서 이타와 이기의 상호 상승작용과 선순환 관계를 설명하면서도 인간의 기본 본성상 이기를 우선시하게 된다는 내용을 제시하였다.[48][49]

"우리가 고기와 술, 빵을 먹으며 저녁식사를 할 수 있는 것은 푸줏간 주인이나, 양조업자, 빵집 주인이 관용을 베풀어서가 아니다. 그들은 그저 자신의 이익을 중시했을 뿐이다. 때문에 우리는 그들과 거래

---

47) A. H. Maslow, 왕수민 옮김, 인간 욕구를 경영하라, 리더스북, 2011. 6. 7., p.413.
48) Russell Roberts, 이현주 옮김, 내 안에서 나를 만드는 것들, 세계사, 2015. 10. 27,, p.40.
49) 황광우, 철학 콘서트, 웅진지식하우스, 2006. 6. 28. p.201.
It is not from the benevolence of the butcher, the brewer, or the baker, that we expect our dinner, but from their regard to their own interest. Nobody but a beggar chooses to depend chiefly upon the benevolence of his fellow-citizens.

할 때 그들의 인간애가 아닌 자기애에 호소한다. 또한 우리가 필요한 것을 말하지 않고 그들에게 유리한 점을 말한다.”

그런가하면 애덤 스미스는 그의 다른 저서인 <도덕감정론>에서 인간의 본성에 이타심이 있음을 말하였다.50) 인간이 아무리 이기적인 존재라 할지라도, 다른 사람의 운명에 관심을 갖게 하는 어떤 원칙이 인간의 본성에는 분명히 있다는 것이다. 또 자신에게 아무런 이득이 없을지라도 다른 사람을 행복하게 만들어주고자 한다는 것이다.

이홍은 먼저 이기적 목적에서 시작되었지만 남을 돕게 되는 것을 ‘이기적 이타성’이라 하고, 의도적으로 남을 위한 이타적 행위를 함으로써 그 결과로 자신도 혜택을 받는 경우를 ‘이타적 이기성’이라고 하여 구별하였다. 그리고 ‘이기적 이타성’보다는 ‘이타적 이기성’이 중요시 되어야 함을 강조하였다.51)

인간의 본성 상 이기심이 우선한다고 하는 경우이든 이타심을 강조하는 경우이든 실제 현실에서는 이타와 이기가 상호 작용하고 선순환 관계를 가져야 지속가능성 있어 바람직하다. 이타와 이기 간에 상황에 따라 선후관계가 있을 수 있지만 상호 작용이 반복되어 선순환 관계를 이루고 있게 되면 선후관계가 무의미해지므로 매슬로의 표현대로 ‘동시에’ 작용하고 있다고 할 수 있다.

이타와 이기가 상호 작용하는 과정에서 살펴보아야 할 것들이 있다. 먼저 이타와 이기가 단지 물질적인 수익을 중심으로 한 상호 이익에 그치는 것이 아니라는 점이다. 고기와 술, 빵 등 다양한 제품과 서비스를 제공하는 것은 수익을 얻기 위함이지만 단지 수익을 얻는 행위에 그치는 것은 아니다. 타인에게 제품과 서비스의 가치를 제공하면서 보람, 자신의 존재 의미, 삶에서의 관계와 소속감, 자아실현 등 정신적이고 영적인

---

50) Russell Roberts, 이현주 옮김, 내 안에서 나를 만드는 것들, 세계사, 2015. 10. 27., p.14.
51) 이홍, 초월적 가치경영, 더숲, 2016. 11. 22., pp.31-32.

이익을 얻을 수 있다. 매슬로는 자기실현의 일, 즉 '해야만 하는' 가치있는 일을 하게 되면 자기를 초월하여 '이기적인' 것과 '이기적이지 않은' 것의 이분법이 사라진다고 하였다.52)

애덤 스미스를 비롯해서 여러 사람들이 이기가 이타로 이어지고, 이타가 이기를 만들어 상호 상승작용을 만들 수 있음을 말하고 있지만 현실에서는 '해타 이기'가 작동하여 시장의 실패를 만든 경우가 있다. 부패를 발생시키고, 똑똑하지만 악의적으로 루머를 만들고, 많이 가진 정보를 악용해 이익을 얻는 경우가 이에 해당한다.53)

그리고 이타적인 마음으로 한 행위가 이타로 받아들여지지 않고 이기로 이어지지 않는 경우가 있다. 특히 이타와 이기에 경쟁이 작용하여 경쟁에서 패한 패자의 이타가 이기로 이어지지 못하는 경우가 나타나게 된다. 경쟁은 더 나은 고객가치를 제공하도록 하여 이타적 행위를 촉진시키는 역할을 하기도 한다. 인간은 고유의 창의적 능력을 가지고 있고 경쟁을 하지 않더라도 창의적 능력을 발휘하려는 성향을 가지고 있는데, 경쟁이 창의적 능력 발휘를 촉진시키기도 한다. 고객가치를 발견하여 공감하게 하고, 창의적 능력을 발휘하여 제품과 기술, 서비스, 비즈니스 모델의 혁신과 개선을 추구하게 한다. 그러나 경쟁은 승자와 패자를 만들고 패자의 이타적 행위는 이기적 결과를 만들어내지 못하게 된다. 패자의 이타적 행위는 인정받지 못하고, 자신에게 해가 되는 해기적 결과를 낳는다. 고객으로부터 인정받기 위해 생산자 중심의 주관적 이타에서 벗어나 더욱 고객 중심의 이타로 전환하는 것이 필요하다. 자신의 이타적 행위를 필요로 하는 고객은 누구인지를 분명히 하는 것도 필요하다.

이어서 이타와 이기가 선순환 관계를 이룬다 하더라도 고객 중심에만 머물러서는 안 된다는 점도 살펴보아야 한다. 삶의 근본 의미와 생활 생명계의 아름다움을 지향하는 가치를 담아내기 위해서는 생명본위를

---

52) A. H. Maslow, 왕수민 옮김, 인간 욕구를 경영하라, 리더스북, 2011. 6. 7., pp.46-48.
53) 김민조, 착한 기업의 불편한 진실, 21세기북스, 2012. 10. 29., p.120

지향해야 한다.

일반적으로 이타와 이기는 인간관계에서 이루어진다. 고객이라는 인간이 추구하는 가치를 만족시키고 새로운 가치를 제공하는 행위를 이타적이라고 하고 이러한 이타적 행위가 수익이라는 이기적 결과로 이어지게 하는 과정은 '고객 중심 비즈니스 모델'과 인본주의의 범주에서 타당성을 갖는다. 수요와 공급 상에서 이루어지는 이타와 이기이다. 그러나 이러한 범주에서 이루어지는 이타와 이기는 삶의 근본 의미와 생활생명계의 아름다움의 지향성을 담아 내지 못하고, 삶의 단편적이고 부분적인 영역에서 이루어지는 협의적인 것이다. 더욱이 앞에서 언급한 경쟁이 이러한 협의적인 이타와 이기에 작용하면서 불평등, 환경오염, 인간소외 등 인간의 삶과 생활생명계에 나쁜 영향을 미친다.

이런 경우는 고객이 원하는 가치가 항상 옳은 것이 아님에도 고객가치를 위한 행위를 하는 것으로 고객을 위한 이타가 사실상 고객에게 해가 되는 해타가 되고, 그러한 해타를 통해 '이기'를 얻는 '이기 해타' 또는 '해타 이기'가 된다. 그리고 해타를 통한 이기가 나에게도 해가 되는 해기로 전환되어 '해기 해타'가 된다. 즉, 표면적이고 단기적으로는 이타·이기이고 개인 간 상호 사익(私益)을 얻을 수는 있겠지만 궁극적이고 장기적으로는 개인 간의 사익이 진정한 공익(公益)으로 이어지지 못하고 해타·해기가 된다.

따라서 개인 간 사익이 진정한 공익(公益)으로 이어지도록 하기 위해서는 단지 고객가치를 제공하는 이타가 아니라 고객가치에 삶의 의미를 부여하고 생활생명계의 아름다움을 지향하도록 하는 의미에서의 이타가 되어야 한다. 그리고 '물질중심 인본주의'와 '인간존중 인본주의'를 넘어서서 '생명본위'를 지향하는 이타가 되도록 해야 한다.[54] 이를 실현해 가

---

54) https://terms.naver.com/entry.nhn?docId=5912275&cid=43667&categoryId=43667
　　2019년 12월 중국 후베이성 우한시에서 처음 코로나바이러스에 의한 호흡기 감염 질환인 코로나19(COVID−19)가 발견된 후 전 세계로 급속히 확산되면서 산업과 경제발전 과정에서 환경을 파괴하였던 그동안의 인간의 삶을 근본적으로 성찰하는 계

는 과정에서 떳떳한 물질(경제), 흐뭇한 정신, 그윽한 영이 조화를 이루는 보상을 얻을 수 있다.[55]

좋은 아이디어는 타인을 행복하게 한다[56]

하드록공업의 와카바야시는 온리원 롱셀러 상품을 만들어낸 비결을 묻는 사람들에게 '이타(利他) 정신'을 강조한다. 자신과 자사의 이익만을 추구하는 것이 아니라 어떻게 하면 고객과 세상 사람들을 기쁘게 할 수 있는지 생각하다 보면 좋은 아이디어가 떠오르고, 이러한 마음이 상품에 담겨 있어야 진정한 온리원 롱셀러 상품이 탄생한다는 것이다. 이는 그의 어릴 적 체험에서 나온 믿음이다.

열 살이 되던 해, 어른들이 허리를 굽힌 채 힘들게 씨를 뿌리는 모습을 본 그는 궁리 끝에 바퀴에 일정한 구멍을 뚫어 손쉽게 씨를 뿌릴 수 있는 기계를 만들었다. 그 기계 덕분에 어른들은 편하게 일하게 되었고, 어른들 칭찬에 신이 난 그는 '송풍기가 달린 아궁이'를 발명하는 등 동네에서 꼬마 발명가로 이름을 날렸다. 오카바야시는 이러한 경험을 통해 "아이디어는 사람을 행복하게 만든다"는 사실을 깨달았다고 한다. 이 깨달음은 신념이 되었고 곧 하드록공업의 경영이념으로 자리하게 된다. 직원들에게도 이타 정신을 강조하여 매일 아침 하드록공업의 모든 직원은 다음과 같은 문구를 외친다고 한다.

아이디어 개발을 통해 사람과 회사, 사회발전에 공헌한다.

이처럼 와카바야시는 일생 동안 돈을 모으기 위해서가 아니라 좋은 물건을 만들기 위해 애써왔다. 이러한 신념의 대가는 설립 이후 40여 년 연속 흑자라는 대기록으로 되돌아왔다.

기를 부여하고 있다.

55) 이득희, 윤리경영수압과 개방체제실험(Ⅱ), 건국대학교 학술지 제14집, 1972.
56) 삼성경제연구소 엮음, 리더의 경영수업, 삼성경제연구소, 2015. 7. 3., pp.36-37.

돌고래를 죽이지 않은 참치 통조림[57]

생태계 보호라는 사회책임을 이행하려다가 미국참치잡이 회사들이 모두 망할 처지에 몰리자 미국 정부는 또 골머리를 앓게 됩니다.

1990년 8월 미국은 멕시코산 참치 통조림의 수입을 금지했습니다. 멕시코라고 가만히 있을 리는 없지요. 무역분쟁이 불붙었습니다. 멕시코는 '과세 및 무역에 관한 일반협정(GATT)'에 따라 국제기구에 "미국의 수입금지 조치가 부당하다"며 제소했습니다. 그런데 이때 GATT의 판결은 보통 사람들의 예상과 다른 것이었습니다. 미국이 아닌 멕시코의 손을 들어주게 됩니다.

그럼 이제 미국 정부는 어떻게 해야 할까요? 미국 참치 통조림 시장을 멕시코에 내어 주고, 참치잡이 어업의 괴멸을 수수방관할 수밖에 없을까요?

멕시코산 참치의 수입을 막거나, 미국 어선에 가한 어로 방법에 관한 규제를 철회하는 대신 미국 제품에는 측정한 표시를 붙이게 했습니다. '돌고래를 죽이지 않은 참치 통조림'이라는 마크 'dolphin safe' 라벨링입니다.

미국 소비자들에게 선택할 수 있는 정보를 준 것입니다. 돌고래에게 위해를 가하는 저렴한 멕시코산 참치 통조림을 사거나, 조금 돈을 더 주고 돌고래 보호 인증 마크가 붙은 미국산 통조림을 사거나 두 가지 중에서 구매 결정을 내리게 했습니다.

제3절 **창업가와 기업가정신**

 기업가의 정의

창업자는 앞에서 언급한 창업의 특징, 즉 의사결정의 불확실성, 위험성, 모험성에도 불구하고 강한 창업 동기를 가지고 사업을 시작하고 경영을 하여 가치와 수익을 창출시키고자 한다. 이러한 창업자는 기업가로

---

57) 안치용, 착한 경영 따뜻한 돈, 인물과 사상사, 2011. 12. 14., pp.153-155.

서의 자세를 필요로 하게 된다. 기업가의 의미는 기업가의 어원에서부터 시작하여 지금까지 시대와 연구자에 따라 조금씩 다르게 표현되었지만 전반적으로 공통적인 의미와 함께 현재 사용되는 의미를 살펴볼 수 있다.58)59)60)61)

기업가를 의미하는 'entrepreneur'는 프랑스어 'entreprendre'에서 유래되었다. 즉 13세기 프랑스어에서 기원되었는데, 그 의미는 'undertake'로 '책임을 맡다', '착수하다', '책임을 맡아서 착수하다'는 것이다.

그 후 'entrepreneur'는 18세기에 들어 아일랜드인 프랑스의 경제학자 칸티용(Richard Cantillon)의 저서를 통해 소개 되었다. 즉 1755년 발간된 그의 책 '상업의 본질에 관한 에세이'에서 칸티용은 '불확실성이 연루된 위험을 감당하는 자'라고 소개하였다.

1800년 세이(Jean Baptiste Say)는 그의 저서 '정치경제학 개론'에서 'entrepreneur'를 '경제적 자원을 낮은 생산성 영역에서 높은 생산성 영역으로 이동시켜 더 큰 수확을 창출하는 사람'이라고 했다.

1934년에는 오스트리아 출신 경제학자 슘페터(Joseph Schumpeter)가 '경제발전의 이론'에서 '새로운 제품과 서비스를 만들기 위해 기존의 제품과 서비스를 창조적으로 파괴하는 혁신가'라고 'entrepreneur'를 소개했다.

드러커(Peter Ferdinard Drucker)는 1985년에 '혁신과 기업가정신'에서 기업가를 '새롭고 이질적인 것에서 유용한 가치를 창출하고 변화에 대응하며 도전하여 변화를 기회로 삼는 사람'이라고 정의하였다.

현재 기업가의 정의는 슘페터와 드러커에 의한 정의에 가깝다고 할 수 있다. 현재는 기업가는 '위험을 감수하고 기존의 것을 창조적으로 파괴하는 혁신을 통해서 새로운 가치를 창조해냄으로서 수익을 실현해내

---

58) 이홍규 외, 뉴미디어 시대의 비즈니스 모델, 한울 아카데미, 2011. 5. 23., pp.25-27.
59) https://terms.naver.com/entry.naver?docId=5760962&cid=40942&categoryId=31910
60) 강기찬 외, 기업가정신과 창업, 두남, 2014. 8. 25., pp.39-40.
61) https://zoo6873.tistory.com/131, 앙트레프레너(entrepreneur): 용어의 기원

는 사람'이라는 뜻으로 정의된다.

이러한 기업가의 정의는 창업자가 단순히 모험가나 탐험가적 기질을 가진 사람을 의미하는 것이 아님을 말하고 있다. 실패의 위험이 존재한다는 것을 충분히 알고 있으면서도 기존의 것을 과감히 파괴하고 새로운 것을 창조해내는 추진력이 있는 기업가로서의 태도와 행동, 정신을 갖추어야 한다는 것이다.

앞의 기업가의 정의에서 혁신을 강조하였지만 경영관리적 자질도 필요하다. 티몬스(Jeffry Timmons)는 '창업자의 기업가적 특성'에서 기업가는 혁신과 함께 경영관리적 자질을 갖춘 사람이라고 하였다. 혁신을 통해서 새로운 가치를 창조해내어 수익을 창출하는 과정은 효과적이고 효율적인 경영관리능력을 필요로 하기 때문이다. 일상적인 기업 운영 능력은 부족하지만 번뜩이는 아이디어를 갖고 있다면 '발명가' 유형에, 반대로 발명적인 창의성은 떨어지지만 사업을 꾸려나가는 데 뛰어난 능력을 갖고 있다면 '경영관리자' 유형에 속한다. 혁신성과 경영관리능력이 모두

그림 1-3 창업가의 기업가적 특성

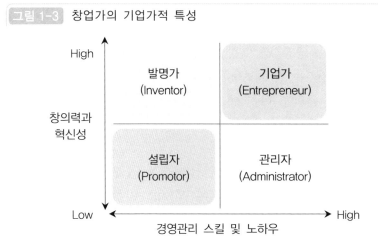

자료: Timmons, New Venture Creation.

다 낮은 경우라면 회사 발기인 정도의 수준에 그치는 '설립자' 유형에 속한다.62)63)

② 기업가정신(창업의 특성과 연결)

기업가정신(entrepreneurship)은 말 그대로 기업가(entrepreneur)가 갖는 정신 특성(ship)이다. 앞에서 기업가를 '위험을 감수하고 기존의 것을 창조적으로 파괴하는 혁신을 통해서 새로운 가치를 창조해냄으로써 수익을 실현해내는 사람'이라고 하였다. 기업가정신은 그러한 기업가의 본래적 기능을 수행하는 정신특성을 말한다. 마음가짐이고 의지이다.

리더십(leadership)은 '리더자의 역량'이라고 하고 이 때 'ship'을 역량이라고 한다. 마찬가지로 기업가정신(entrepreneurship)에서 'ship'을 '정신특성'이라고 하지만 '역량'의 의미도 담고 있다. 그리고 이러한 정신특성과 역량은 행동으로 나타나게 된다.

그래서 티몬스는 기업가정신을 '실질적으로 아무것도 아닌 것에서 가치있는 것을 이루어내는 인간적이고 창조적인 행동이며, 성공한 창업가에게 나타나는 공통적인 특징'이라고 하였다. 그리고 이러한 기업가정신을 가진 기업가는 현재 보유하고 있는 자원의 부족에 연연하지 않고 새로운 가치와 기회를 추구하며, 비전을 추구함에 있어 대중 혹은 직원을 이끌어갈 열정과 헌신을 발휘하고 위험을 감수하는 의지를 갖춘다고 보았다.64)

이런 점에서 티몬스는 기업가정신의 핵심요소로 '가치추구, 창의적 행동, 기회 추구, 헌신, 열정, 위험감수 의지'를 제시하였다. 그리고 이러한 기업가정신의 핵심요소를 구체적으로 담아낸 기업가정신 측정 문항

62) 김희철, 실전창업경영론, 두남, 2021. 1. 15., p.39.
63) https://dbr.donga.com/article/view/1203/article_no/5236
64) 박준기 외, 지식창업자, 쌤엔파커스, 2016. 5. 27., p.247.

을 개인적 특성 14문항과 전문적인 역량 8문항으로 만들어 기업가정신을 측정하는 데 사용할 수 있게 하였다.[65]

표 1-4	티몬스의 기업가정신 측정 문항
구분	설문 문항
개인적 특성 (14문항)	① 오랜 시간 일을 추진할 수 있는 열정과 에너지를 가지고 있는가? ② 자신이 세운 목표를 달성할 수 있는 자신감이 충만한가? ③ 일시적이 아니라 장기적으로 특정 사업에 참여하고 있는가? ④ 금전을 평가의 척도로 사용하는가? ⑤ 문제 해결에 끈기를 가지고 있는가? ⑥ 명확한 목표를 설정할 수 있는 능력과 결단력이 있는가? ⑦ 자신의 노력으로 성공 가능성을 높일 수 있는 일에 모험심을 가지고 있는가? ⑧ 실패한 경우 실망하지 않고 문제점을 밝혀내고 배우려고 노력하는가? ⑨ 피드백을 활용하여 개선하여야 할 문제를 파악하고 시정조치를 하는가? ⑩ 독립심이 강하고 책임감을 갖고 있는가? ⑪ 주변 자원의 활용을 위해 사내외의 상황을 적절히 이용할 수 있는가? ⑫ 자신이 세운 목표와 경쟁을 하는가? ⑬ 운명을 외적 요인으로 보지 않으며 스스로 개척할 수 있는 자신감을 갖고 있는가? ⑭ 불확실성을 불안하지 않게 극복할 수 있는가?
업무 역량 (8문항)	① 사업과 가정을 잘 조화시킬 수 있는가? ② 창업을 자기 인생의 모든 것으로 보는가? ③ 기업가로서의 창의성과 기술 혁신 능력이 있는가? ④ 업종에 대한 전문적인 지식은 갖추고 있는가? ⑤ 경영팀을 구성할 수 있는 능력이 있는가? ⑥ 기업가의 자유경제 체제에 대한 경제관이 확실한가? ⑦ 기업 윤리관이 확실한가? ⑧ 종합력을 갖추고 있으며 타인으로부터 신뢰를 얻고 있는가?

---

65) 한국벤처창업학회 창업진흥원 보고서, 「창업자 사업역량 및 사업아이템 자가진단 키트 개발 연구」, 2015. 5., pp.50-51.

중소벤처기업부와 한국청년기업가정신재단은 기업가정신을 '기업가적 특성, 기업가적 역량, 기업가적 태도 및 의도' 부문으로 나누어 조사하고 있다. <표 1-5>는 2017년 기업가정신 실태조사 결과 자료이다. 부문별로는 '기업가적 태도 및 의도'가 51.0점으로 가장 높고, 그 중에 창업 및 창업가에 대한 사회의 긍정적인 인식수준이 59.7점으로 높았다.[66]

2019년에는 일부 부문의 세부 지수가 달라졌다. '기업가적 특성' 부문의 '시장 도전성'이 '시장 선도성(또는 진취성)'으로 바뀌었고, '기업가적 태도와 인식' 부문에서는 '기업가적 태도'가 들어가고, '인식과 포부'와 '글로벌 마인드'가 빠졌다.[67]

표 1-5 2017년 기업가정신 실태조사(개인편)

기업가적 특성		기업가적 역량		기업가적 태도 및 의도	
혁신성	45.7	인지역량	44.3	인식과 포부	50.8
위험 감수성	43.1	대인관계역량	48.7	글로벌마인드	48.6
시장 도전성	45.1	사업화역량	44.9	사회적 가치	52.4
자율성	46.8			개인적 인식	46.6
경쟁추구성	44.2			사회적 인식	59.7
성취욕구	50.1				

2017년 실태조사 결과 자료에서 우리나라 기업가정신 활성화를 저해하는 요인으로는 <표 1-6>과 같이 안정된 직업에 대한 선호, 실패에 대한 두려움, 입시위주의 교육 등이 있는 것으로 나타났다.

한편, 미국 조지메이슨대 졸탄 액스(Z. J. Acs) 교수가 설립한 세계기업가정신발전기구(GEDI: Global Entrepreneurship and Development Institute)

---

66) 중소벤처기업부 보도자료, '국내 기업가정신 수준, '태도와 인식'에서 강점 보여', 2018. 1. 31.

67) 중소벤처기업부 · 한국청년기업가정신재단, 2019 기업가정신 실태조사 기술통계, 2019. 11. 27.

표 1-6	우리나라 기업가정신 활성화를 저해하는 요인

	점수	
	1순위	2순위
안정적 직업에 대한 선호	3,206	2,409
실패에 대한 두려움	2,453	2,539
입시위주의 교육	2,602	1,336
실패에 대한 주위의 부정적 인식	1,243	2,283
기업가에 대한 부정적 인식	496	1,196

* 전체 응답자수(N)=10,000명

는 졸탄 액스 교수와 헝가리 펙스대의 라슬로 체르브(L. Szerb) 교수가 창안한 기업가정신 지수, 즉 글로벌 기업가정신 지수(GEDI Index)를 활용하여 매년 각국의 기업가정신의 실태를 조사하여 발표하고 있다.[68][69]

글로벌 기업가정신 지수(GEDI Index)는 <표 1-7>과 같이 크게 열망, 능력, 태도로 구성되어 있다.[70]

GEDI가 발표한 '2018글로벌 기업가정신 지수 보고서'에서 우리나라는 54.2점으로 137개국 가운데 24위를 차지했다. 그러나 경제협력개발기구(OECD) 35개 회원국 중에서 20위로 중하위권에 속하고 OECD 평균 59점보다 4.8점 낮았다. 세부 항목 중에서 기업가정신에 대한 '직업적 선호도'는 주요 52개국 중 49위에 그쳤다. 기업의 국제화 수준도 OECD 평균 0.68의 절반도 안 되는 0.32를 기록했다.[71]

---

68) 최송목, 사장의 품격, 유노북스, 2019. 1. 28., p.35.
69) https://terms.naver.com/entry.naver?docId=2075373&cid=42107&categoryId=42107
70) 윤상호 외, 우리나라 기업가정신의 평가와 창조경제의 미래, 한국경제연구원(KERI) Insight, 2015. 4. 15., p.9.
71) 뉴스1 보도자료, "韓 기업가정신지수, 주요국보다 낮아… 재기 돕는 방안 필요", 2018. 5. 20.

표 1-7 GEDI 지수(Index)의 구성

구성목록	설명
1. 열망	창업하는 기업과 신사업의 질적 요소를 측정
제품 혁신	혁신적 제품의 개발을 가능케 하는 사업환경을 통해 신제품 도입 및 생산 역량을 측정
공정 혁신	새로운 기술을 적용하거나 개발하는 기업 비율과 GDP 대비 연구 개발비 비율을 고려해 측정
고도성장	향후 5년간 고성장을 계획하는 기업 비율과 혁신적 제품 및 생산 방식을 통한 차별화 전략 수립 여부를 고려해 측정
국제화	기업의 내수 탈피 정도 및 수출 능력과 국가의 경제적 세계화 정도를 고려해 측정
모험 자본	비공식 채널을 통한 투자의 규모 및 비율과 IPO 등 벤처자금의 규모 등 자본시장의 성숙정도를 고려해 측정
2. 능력	기업가와 영유하는 사업의 특징적 적합도를 측정
기회적 신사업	규제적 제약 및 효율성으로 부여되는 경제적 자유와 생계적 목적이 아닌 기술력 등 비교우위에 근거한 기회적 창업 정도를 통해 측정
성차별	여성 기업가가 차지하는 비율과 여성의 경제적 활동 참여율과 기회에 대한 제도적 요건을 통해 측정
기술 흡수	잠재적 성장 가능성이 높은 혁신적 기업에게 중요한 신기술 흡수력 및 확신도와 ICT산업에 속하는 기업의 비율을 통해 측정
인적 자본	국민의 교육 수준과 직원 연수 및 개발에 대한 투자 정도를 고려해 측정
경쟁	기존 기업들의 시장 지배력과 제품 및 시장의 독특성을 고려해 측정
3. 태도	기업가정신에 대한 국민적 태도를 측정
기회 인식	시장의 규모와 도시화를 고려해 거주 지역 내에서 인식할 수 있는 잠재적 창업 기회부여 정도를 측정
신사업 역량	직장 경험을 통한 현장실습과 대학 이상의 교육과정으로 습득한 신사업 추진 역량을 측정
위험 요인	신사업을 추진하며 사업 실패의 가능성이 잠재적 기업가에 주는 영향력과 회사의 재정정보 공급, 채권자 보호 등 제도적 지원 요건을 측정

| 인적망 형성 | 잠재적 기업가와 신사업을 지난 2년간 개척한 타 기업가 간의 인맥형성과 인터넷을 통해 타 지역과의 연결 정도를 고려해 측정 |
| 문화적 지원 | 국민이 기업가에 대해 갖고 있는 인식 및 친근감과 국가의 부정부패 수준을 고려해 측정 |

 ## 창업가의 과업

창업가는 기업가정신을 갖고 새로운 사업을 시작하여 경영하며 지속가능한 사업으로 성공시키는 일을 한다. 사업기회를 감지하고 필요한 인적·물적 자원을 동원하여 사업기회를 실제 사업으로 전환시켜 실행하는 것이다. 이 과정에서 그 기업의 특정한 목적과 사명을 설정하고 실행하며, 일의 생산성을 향상시키고 근로자에게는 성취의욕을 불러일으키며, 사회적 영향력을 관리하고 사회적 책임을 완수해야 하는 과제를 갖는다. 특히 슘페터는(J. A. Schumpeter)는 지속적인 혁신을 강조하였다.[72]

1) 사업기회의 포착과 사업구상

창업가는 남들이 인지하지 못하는 사업기회를 감지해내고 사업화하기 위한 아이디어를 창출해야 한다. 이러한 일을 하기 위해서는 창업가는 창조적 사고력과 통찰력이 많이 요구된다.

2) 사업의 실제 수행

창업가는 사업기회를 사업화하기 위해 목적을 설정하고, 그 목적에 따라 실제 사업을 수행하며 경영관리해야 한다. 새로운 사업 아이템을 실제 사업화하는 데는 많은 위험부담이 다르므로, 장래의 위험을 정확히 예측하고 판단하여 대안을 마련한 후 의사결정을 하는 전략적 의사결정

---

72) 김희철, 실전창업경영론, 두남, 2021. 1. 15., pp.36-37.

시스템과 능력을 갖추어야 한다. 이를 위하여 필요한 정보를 신속하고 확실하게 활용할 수 있어야 하며, 사업 실무에 관한 전문 지식과 활동 능력이 필요하다.

3) 이해관계자 집단과의 우호적인 관계 유지

사업은 가치를 창출하는 활동이고 다양한 외부 가치창출관계 구조를 형성하며 이해관계를 갖고 실행하게 된다. 원자재와 부품, 자금 조달, 유통, 판매, 연구 지원 등 다양한 사업 활동과 관련하여 외부 가치창출관계 구조를 형성하고 이해관계를 갖게 되므로 우호적인 관계 유지가 필요하다.

4) 리더십 발휘

창업가는 내부 조직 구성원의 능력을 충분히 발휘하도록 하고 통합시키는 조직화의 능력이 있어야 한다. 특히 조직 구성원들에게 비전을 제시해 주며, 사업목적에 적합한 일을 열정적으로 수행할 수 있도록 동기부여와 리더십을 발휘할 수 있어야 한다.

5) 사회적 영향력 관리 및 사회적 책임 완수

창업가는 조직과 사업을 사회환경 전체에 관련시켜 생각하고, 그 변화를 경영활동이나 의사결정에 반영시킬 수 있어야 한다. 그리고 경영환경의 변화와 흐름을 정확히 파악하고, 예측하여 전략적 사고로 기업경영에 반영시켜야 한다.

6) 혁신

창업가는 지속적인 혁신 활동을 해야 한다. 사업기회를 포착하여 사업을 시작하고 일정 기간 성공하였어도, 경영환경의 변화에 적극적으로 대응하고 변화를 이끌어 가기 위해서는 지속적인 혁신 활동이 필요하다.

슘페터(J. A. Schumpeter)는 혁신 활동의 주요 대상을 새로운 제품, 새로운 생산방식, 새로운 시장개척, 새로운 공급원 확보, 새로운 조직 구성 등 5가지로 분류하였다.

④ 창업가의 능력

창업가의 과업을 성공적으로 실행하기 위해서는 강한 의욕, 정신능력, 인간관계능력, 의사소통능력, 기술적 지식, 의사결정능력, 문제해결 대안제시능력(개념적 능력) 등 다양한 능력을 종합적으로 필요로 한다. 창업가의 세부 과업에 따른 필요능력을 <표 1-8>과 같이 정리할 수 있다.73)

표 1-8 창업가의 과업과 필요 능력

과업특성	필요능력
사업기회 포착과 사업구상	강한 의욕, 정신능력, 개념적 능력
사업의 실제 수행	강한 의욕, 정신능력, 기술적 지식, 의사결정능력
이해관계자 집단과의 관계	기술적 지식, 인간관계능력, 의사결정능력
리더십 발휘	인간관계능력, 의사결정능력

1) 강한 의욕

창업가에게 먼저 요구되는 능력은 강한 의욕이다. 창업가의 강한 의욕은 사업과 일에 열정적으로 몰입하는 데 도움을 준다. 특히 새로운 기업을 설립하고 운영하는 데는 많은 노력과 열정이 필요하기 때문에, 이러한 개인적 특성은 중요한 역할을 수행한다. 그러나 열심히 일만 한다

---

73) 김희철, 실전창업경영론, 두남, 2021. 1. 15., pp.33-35, p.37.

고 성공이 보장되지 않듯이, 강한 의욕만으로는 부족하며, 합리적인 계획과 판단이 추가적으로 필요하다.

2) 정신능력

창업가의 정신능력이란 지적 능력, 창조적 사고력, 분석적 사고력 등을 말한다. 창업가는 이러한 정신적 능력에 의하여 사업의 당면 문제를 체계적으로 분석하고, 창조적인 문제해결책을 제시하며, 일을 합리적으로 수행할 수 있다. 이러한 능력은 사업기회를 포착하여 사업화하는 데 중요한 역할을 수행한다.

3) 인간관계능력

창업가는 다양한 외부 가치창출관계 구조를 형성하며 이해관계를 갖고 사업을 실행하게 된다. 따라서 이해관계자들과 우호적인 관계를 유지해야 하고, 인간관계능력은 사업성공에 중요한 영향 요인이 된다. 인간관계능력은 주로 정서적 안정성, 대인관계의 기술, 사교성, 타인에 대한 배려, 감정이입 능력 등을 말한다. 인간관계능력은 타인의 입장에서 바라보고 생각하고 이해하게 함으로써 사업운영에 많은 도움을 줄 수 있다.

4) 의사소통능력

의사소통능력은 문서 또는 말 등을 사용하여 자신의 의사를 효과적으로 전달하고 타인의 의사를 제대로 이해하는능력을 의미한다. 창업가는 사업을 원활하게 운영하기 위하여 고객, 조직 구성원, 외부 이해관계자 등 다양한 관계자들과 효과적으로 의사소통을 하여야 하므로, 이러한 능력은 성공적 사업운영을 위해서 필요한 요소이다.

5) 기술적 지식

사업이 성공하기 위해서는 궁극적으로 시장에서 필요로 하는 제품과 서비스를 실제로 만들어 제공해야 한다. 이를 위한 기술적 지식으로는 제품 제조기술, 설비 가동 기술, 서비스 제공 기술, 판매 등 수익창출 기술, 재무분석 기법 등을 예로 들 수 있다.

6) 의사결정능력

사업의 경영활동은 의사결정 과정의 연속이다. 사업운영과 관련하여 정확한 의사결정을 시의 적절하게 내리는 것은 사업성공에 중요한 영향을 미친다. 따라서 창업가는 전략적 의사결정을 할 수 있는 능력을 갖추어야 한다. 또한 과학적인 방법에 의해 의사결정을 할 수 있도록 결정 과정에 합리성과 효율성을 추구해야 한다.

7) 개념적 능력(문제해결 대안 제시 능력)

개념적 능력(또는 문제해결 대안 제시 능력)은 복잡한 현상의 핵심을 간파하고 그것을 간결한 형태로 재구성하는 능력이다. 이러한 개념적 능력은 효과적으로 문제를 해결할 수 있도록 대안을 제시하는 출발이 되므로 문제해결 대안 제시 능력이라고도 부른다. 창업가는 이러한 문제해결 대안 제시 능력에 기초하여 사업기회를 포착하고 효과적인 전략적 대안을 제시할 수 있다. 또한 조직 내부의 문제의 문제점(해결할 수 있는 원인)을 정확히 파악하여 사업성공을 향해 조직의 각 부문들이 사업성공을 향해 함께 힘을 모을 수 있는 해결책을 강구할 수 있다.

제4절 창업의 유형

1 업태와 업종에 따른 분류

사전적 의미로 '업태(業態)'는 '영업이나 사업의 실태'이고, '업종(業種)'은 '직업이나 영업의 종류'이다. 업태는 사업의 형태, 고객에게 가치를 제공하는 방법(어떻게)이고, 제조업, 건설업, 도·소매업, 서비스업 등 한국산업표준분류표상 대분류에 속한다. 업종은 사업의 종목, 즉 고객에 제공하는 제품 및 서비스의 종류(무엇을)로서 업태 중에서 세분화된 사업의 분류에 해당한다. 예를 들어 S 커피숍의 경우, 업태는 '도매 및 소매업'이고, 업종은 '커피전문점'이 된다. 제조업의 경우 식료품 제조업, 음료 제조업 등 다양한 제조업으로 분류되고, 식료품 제조업의 경우 다시 빵, 커피 등 다양한 식료품으로 분류된다. 이 때 제조업은 업태이고, 빵, 커피는 업종이다. 음식 중에는 제조업을 통해서 제공하는 음식이 있는가 하면 음식점업을 통해 제공하는 음식이 있는데, 음식점업은 업태이고, 한식, 중식, 일식 등은 업종이다.

<표 1-9>는 한국표준산업분류표로 대분류, 중분류, 소분류, 세분류, 세세분류로 되어 있음을 보여준다. 그리고 <표 1-10>은 농업, 임업 및 어업의 분류를, <표 1-11>은 보건업 및 사회복지 서비스업의 분류를 예로 든 것이다. 다른 산업들에 대한 분류에 대해서는 '통계청 통계분류포털'74)에서 확인할 수 있다.

---

74) https://kssc.kostat.go.kr:8443/ksscNew_web/index.jsp.

| 표 1-9 | 한국표준산업분류표 | | | | |

대분류	중분류	소분류	세분류	세세분류
A 농업, 임업 및 어업	3	8	21	34
B 광업	4	7	10	11
C 제조업	25	85	183	477
D 전기, 가스, 증기 및 공기조절 공급업	2	3	5	9
E 수도, 하수 및 폐기물 처리, 원료 재생업	4	6	14	19
F 건설업	2	8	15	45
G 도매 및 소매업	3	20	61	184
H 운수 및 창고업	4	11	19	48
I 숙박 및 음식점업	2	4	9	29
J 정보통신업	6	11	24	42
K 금융 및 보험업	3	8	15	32
L 부동산업	1	2	4	11
M 전문, 과학 및 기술서비스업	4	14	20	51
N 사업시설 관리, 사업 지원 및 임대 서비스업	3	11	22	32
O 공공행정, 국방 및 사회보장 행정	1	5	8	25
P 교육서비스	1	7	17	33
Q 보건업 및 사회복지 서비스업	2	6	9	25
R 예술, 스포츠 및 여가관련 서비스업	2	4	17	43
S 협회 및 단체, 수리 및 기타 개인 서비스업	3	8	18	41
T 가구 내 고용활동, 자가소비생산활동	2	3	3	3
U 국제 및 외국기관	1	1	1	2
21	77	232	495	1196

표 1-10 농업, 임업 및 어업의 분류(01~03)

대분류	중분류	소분류	세분류	세세분류
A 농업, 임업 및 어업	01. 농업	011. 작물 재배업	0111. 곡물 및기타 식량작물 재 배업	01110. 곡물 및 기타 식량작물 재배업
			0112. 채소, 화훼작 물 및 종묘 재배업	01121. 채소작물 재배업
				01122. 화훼작물 재배업
				01123. 종자 및 묘목 생산업
			……	……
			0115 시설작물 재배업	……
		012. 축산업.	……	……
		……	……	……
		015. 수렵 및 관련 서 비스업	……	……
	02. 임업	……	……	……
	03. 어업	……	……	……

표 1-11 보건업 및 사회복지 서비스업의 분류(86~87)

대분류	중분류	소분류	세분류	세세분류
Q. 보건업 및 사회 복지 서비스업	86. 보건업	861. 병원	8610. 병원	86101. 종합병원
				……
		……	……	……
		869. 기타 보건업	8690. 기타 보건업	86901. 앰뷸런스 서비스업
				……
	87. 사회복지 서비스업	871. 거주 복지시설 운영업	8711. 노인 거주 복지시설 운영업	87111. 노인 요양 복지시설 운영업
				87112. 노인 양로 복지시설 운영업
			……	……
			8713. 기타 거주 복지시설 운영업	87131. 아동 및 부녀자 거주 복지시설 운영업
			……	……
		872. 비거주 복지시설 운영업	8721. 보육시설 운영업	87210. 보육시설 운영업
			8729. 기타 비거주 복지 서비스업	87291. 직업 재활원 운영업
				……
				87299. 그 외 기타 비거주 복지 서비스업

생계형 창업과 혁신형 창업

창업목적에 따라 창업유형을 '생계형 창업'과 '혁신형 창업'으로 구분할 수 있다. '생계형 창업'은 글자 그대로 창업자의 생계를 위한 창업으로 주로 총투자비가 1억원에서 2억 원대인 경우가 많다. 음식업, 숙박업 등 자영업이라고 일컬어지는 경우이다. 우리나라는 전체 취업자의 25% 정도가 자영업으로 OECD 평균의 두 배에 해당한다. 2020년 7월에는 554만 8,000명 정도에 이르렀고, 종업원을 고용한 경우는 134만 5,000명 정도였다.

이에 비해 '혁신형 창업'은 지식과 기술을 활용하여 새로운 사업기회를 포착하고 고부가가치를 창출하기 위한 창업이다. 기술집약형 중소기업(또는 벤처기업(venture business))으로 최근에는 정보통신기술(ICT)과 바이오 분야에서 많이 나타나고 있다.

특히 혁신적인 기술과 아이디어를 보유한 설립된 지 얼마 되지 않은 창업 기업을 '스타트업(start-up)'이라고 하는데, 미국 실리콘밸리에서 처음 사용하였다. 대규모 자금을 조달하기 이전 단계의 조직으로 급격한 성장을 기대할 수 있는 기업이다. 현재 스마트폰에서 사용하고 있는 대다수의 앱(App)은 스타트업들의 아이디어다. 소셜 네트워킹 서비스(SNS, Social Networking Service), 모바일 메신저(Mobile Messenger), 차량공유, 숙박 공유 서비스 등은 모두 대기업이 아니라 작은 스타트업에서 시작됐다. 카카오톡(KAKAO Talk), 쿠팡이나 위메프도 그렇게 시작했다.75)

---

75) 박준기 외, 스타트업 레시피, 생각과 사람들, 2017. 2. 25., p.15

3 독립사업과 프랜차이즈 가맹사업

독립사업은 개인이 아이템을 만들고 그에 맞춰 전 분야를 준비하고 운영하는 반면에, 프랜차이즈 가맹사업(franchisee)은 가맹점 본부인 프랜차이즈(franchiser)의 아이템을 바탕으로 운영된다는 점에서 차이가 있다.

프랜차이즈사업은 가맹본부가 가맹점에 조직, 교육, 상품 공급, 영업, 관리, 점포 개설 등의 노하우를 브랜드와 함께 제공하여 사업을 영위해 나가는 관계의 사업형태를 말한다. 가맹점은 본부에 가맹비, 로열티 등 일정한 대가를 지불하고 사업에 필요한 자금을 직접 투자해서 본부의 지도와 협조를 통해 사업을 하게 된다.

최근에 프랜차이즈 가맹점 형태의 사업이 확산되고 있는데, 그 이유는 여러 점포가 같은 물건을 취득함에 따라 규모의 경제 효과가 발생하며, 본부의 경영관리 노하우와 브랜드를 이용할 수 있기 때문이다. 반면에 본부와 체결한 계약 내용에 따라 제약을 받으며 독립된 의사결정을 할 수 없다는 단점도 있다.

일반적으로 체인점이라고 하면 프랜차이즈를 떠올리게 되는데, 체인점에는 가맹점 형태의 프랜차이즈 외에 직영점(regular), 임의 체인(voluntary chain), 조합형 체인 등이 있다. 이 중 독립사업과 비교되는 주요 형태는 프랜차이즈 가맹사업이다. 직영점 형태는 체인 본부가 주로 소매 점포를 직접 운영하면서 일부 가맹계약을 체결한 형태를 겸하는 경우가 있다. 임의 체인점은 온누리약국과 같이 기존 약국이 '온누리약국'이라는 공통의 브랜드를 사용하면서 결합하여 체인본부를 설립하고, 체인본부를 설립한 이후에는 가맹점을 늘려가게 된다. 조합형 체인사업은 같은 업종의 소매점들이 협동조합이나 협동조합연합회를 설립하여 공동구매·공동판매·공동시설활용 등의 사업을 수행하는 형태이다.76)

법적인 창업조직 형태에 따른 분류

창업조직의 법적인 형태에 따라 '법인 창업'과 '개인 창업'으로 분류할 수 있다. '법인 창업'은 말 그대로 법인을 설립해 창업하는 형태이다. 주식회사, 유한회사, 합자회사, 합명회사 등이 대표적이다. 법인을 설립하는 법적인 절차를 지켜 설립하고 설립 등기를 한 후 사업자 등록을 하는 등 개인 창업에 비해서 여러 단계의 절차를 거쳐야 한다. 법인 설립 과정에서부터 많은 사람이 참여하게 되어 큰 사업 자본을 마련하는데 개인 창업에 비해 유리하다. 따라서 법인 창업은 특히 일정 수준 이상의 자본투자가 필요하고 향후 투자전망이 양호한 경우 주로 활용되는 창업 형태이다. 해당 법인의 대표는 법인 기업 운영과 관련해 일정한 책임을 지게 된다. 법인의 주주는 자신이 납입한 주금을 한도로 유한책임만을 부담하게 된다.[77]

'개인 창업'은 창업에 소요되는 전체 자본을 개인이 모두 투자하고 그 투자에 따른 경영 책임을 전적으로 부담하는 형태이다. '개인 창업'은 소규모 자본을 투입해 적은 인원으로 운영하는 경우에 선택하는 창업 형태이다. 법인을 설립하는 절차가 필요 없어 바로 사업자 등록을 하게 되고 의사결정이 신속하다. '개인 창업'으로 시작하였다가 점차 자본투자의 필요성 등에 따라 법인으로 전환하게 된다.[78] <표 1-12>는 개인기업과 법인기업의 일반적인 특징을 비교한 것이다.

---

76) 「유통산업발전법」 제2조(정의) 제6호 가.~라.목
77) 정창화 외, 창업의 이해, 창민사, 2021. 2. 25., p.30.
78) 정창화 외, 창업의 이해, 창민사, 2021. 2. 25., pp.30-31.

표 1-12	개인기업과 법인기업의 일반적인 특징 비교	
구분	개인기업	법인기업
설립 절차	사업자 등록만으로 사업개시	정관 작성, 법인설립절차 등 이행
창업 자금	적게 소요됨	개인기업에 비해 많이 소요됨
세금	소득세법(6%~42%)	법인세법(10%~25%)
자금 사용	기업 자금의 개인적 사용	개인적인 사용 불가
책임 한계	무한 책임	유한 책임
영속성	대표자가 바뀌는 경우 단절	대표자가 바뀌어도 영속성 유지
의사결정	신속	지연
사업 규모	소규모	일정 규모 이상

 ## 온라인 창업과 오프라인 창업

창업활동을 인터넷 등 온라인 아니면 오프라인인지에 따라 창업유형을 온라인 창업과 오프라인 창업으로 구분할 수 있다. 온라인 창업은 인터넷과 모바일 기기를 활용하여 사업을 하는 것을 말한다. 온라인 창업은 다시 온라인 상에 쇼핑몰과 같은 점포를 두고 하는 사업과 점포를 두지 않고 하는 무점포 사업으로 나누어진다. 반면에 오프라인 창업은 오프라인에 점포를 개점해 사업을 하는 것을 말한다. 무점포 사업은 점포를 준비하는 과정이 생략되고, 점포를 마련하는데 소요되는 비용을 줄일 수 있다. 이런 이유로 무점포 창업은 특히 자금조달에 어려움이 있는 창업자들이 많이 고려하는 창업 유형이다.79)

최근 온라인을 활용한 사업이 늘어나면서 온라인 창업과 오프라인 사업의 경계가 상당히 모호해지고 있다. 오프라인 점포를 가지고 사업을 하던 사업자들이 온라인에 진출하고, 반대로 온라인에서 사업을 하던 사

---

79) 정창화 외, 창업의 이해, 창민사, 2021. 2. 25., p.31.

업자들이 오프라인으로 진출하는 경우도 늘어나고 있다. 아마존(Amazon)의 경우는 온라인 서점에서 출발하였는데, 오프라인 유기농 식료품 체인인 홀푸드(Whole Foods Market)를 인수한 후 오프라인 유통시장에 진출하였다.80)

6 개인중심 창업과 팀중심 창업

　개인이 창업과 사업을 주도하는지 아니면 2명 이상이 공동으로 창업과 사업을 수행하는지에 따라 '개인중심 창업'과 '팀중심 창업'으로 나누어진다.81)

　'개인중심 창업'은 책임과 권한의 소재가 분명하고, 의사결정이 신속하다는 장점이 있지만, 자본과 경영기술 등에 있어서 한 개인에게 의존할 수 없는 경우에 한계가 나타날 수 있다. '팀중심 창업'은 구성원의 견해차가 생길 때, 그리고 이로 인해 의사결정 속도가 지연되고 책임과 권한의 소재가 애매하게 되는 단점이 있지만, 자본과 경영기술 등에 있어서 협력할 수 있고 의사결정에 있어서 신중성 및 전문화 등의 장점을 살릴 수 있다.

---

80) 정창화 외, 창업의 이해, 창민사, 2021. 2. 25., p.31.
81) 김희철, 실전창업경영론, 두남, 2021. 1. 15., pp.25-26.

MEMO

제 장

창업의 절차

제1절　창업의 일반적 절차
제2절　업종별 창업절차
제3절　창업기업의 설립

제2장

창업의 절차

제1절 창업의 일반적 절차

① 창업의 일반적 절차

제조업 관련 업종은 공장입지 선정과 공장설립 절차를 필요로 하는 등 업종에 따라 창업 절차에 다소 차이가 있다.

기본적이고 일반적인 창업의 절차는 <표 2-1>과 같이 사업아이템 선정, 사업규모의 결정, 사업형태의 결정, 사업타당성 분석, 사업계획서 작성, 인·허가사항 검토, 개업 준비 순으로 이루어진다고 할 수 있다.[1][2]

표 2-1 창업의 일반적 절차

제1단계	사업아이템 선정	- 창업환경의 검토 - 창업자의 적성과 능력 파악 - 아이템 탐색 및 검토
제2단계	사업규모의 결정	- 투자규모의 결정 - 창업자의 자금조달능력

---

[1] 정창화 외, 창업의 이해, 창민사, 2021. 2. 25., pp.76-79.
[2] 강기찬 외, 기업가 정신과 창업, 두남, 2014. 8. 25., pp.155-156.

제3단계	사업형태의 결정	- 비즈니스 모델 검토 - 기업형태의 결정
제4단계	사업타당성 분석	- 적합성, 시장성, 기술성, 수익성
제5단계	사업계획서 작성	- 사업의 목적, 사업방법, 투자계획 및 자금 운영 등
제6단계	인·허가사항 검토	
제7단계	개업 준비	- 사업자등록, 취업규칙신고, 각종 사회보 험가입 등

1) 사업아이템 선정

사업이 성공적으로 운영될 것인지의 출발은 사업아이템의 선정에서부터 시작된다. 사업이 성공한다는 것은 이타와 이기의 지속적인 선순환을 이루는 것이다. 이것은 사회와 고객을 위한 가치를 창출하여 제공하고 수익을 창출할 수 있는 사업아이템을 통해 가능해진다.

이러한 사업아이템을 선정하기 위해서는 시장을 비롯한 창업환경의 검토와 창업자의 적성과 능력 파악, 아이템 탐색 및 검토 등이 필요하다.

(1) 창업환경의 검토

창업환경은 말 그대로 창업활동에 영향을 미치는 환경으로 고객의 규모, 고객가치의 변화, 경쟁 사업가 현황, 가치창출관계 구조 상황, 신제품 등 다양한 창업환경은 사업아이템 선정에 작용하게 된다.

창업환경은 거시적 환경과 미시적 산업환경으로 나누어진다. 거시적 환경으로는 국내·외 경제적 환경, 사회·문화적 환경, 기술적 환경, 인구통계적 환경, 정치적·법적 환경 등을 들 수 있고, 미시적 산업환경으로는 경쟁자, 수요자, 공급자, 대체재 등의 상황을 들 수 있다. 구체적인 것은 제3장에서 살펴본다.

(2) 창업자의 적성과 능력 파악

성공적인 창업을 위해서는 창업자가 창업에 앞서 자신의 자질과 적성 등을 파악하여 창업이 과연 자신에게 바람직한 것인지를 알아보아야 한다. 그리고 창업아이템이 창업자의 적성에 맞는 아이템인지 여부를 확인하는 과정이 필요하다.

또한 전문 지식이나 경험 등을 바탕으로 능력이 있는 분야와 관련된 아이템을 선정하는 것이 성공확률을 높여준다. 자신에게 전문적인 지식이나 경험이 없는 경우, 전문적인 업종에 종사하거나 적절히 도움을 줄 수 있는 주위 사람의 도움을 받는 것도 필요하다. 창업 자금 조달능력이 양호한지도 파악해야 한다.

<표 2-2>는 몇 가지 성격과 관련 업종을 예로 보여 주고 있다.

표 2-2 성격과 업종

성격	업종
외향적이고 활동적	- 대인접촉이 비교적 많은 업종 - 유통판매업, 세일즈업, 이벤트업
내향적이고 소극적	- 영업활동이 비교적 적고 고객이 일상적으로 찾아오는 업종 - 생활용품 관련 판매업(의류, 신발, 완구, 팬시 전문점, 꽃가게 등), 실내 장식업, 숙박업 등
침착하고 연구심이 강함	교육이나 컨설팅 등 지식 관련 업종
자존심이 강하고 원칙주의	금융, 수리업 등 공급 중심 업종

(3) 아이템 탐색 및 검토

아이템 탐색 및 검토를 위해서는 창업하고자 하는 희망 업종에 대한 정보수집이 필요하다. 정보수집을 하기 위한 방법으로 인터넷·전문잡지·신문 등을 활용하거나 기존 사업자, 체험자 또는 종사자와의 면담 등을 진행하는 것 등을 들 수 있다.

2) 사업규모의 결정

창업할 업종이나 사업아이템이 무엇인지에 따라 필요한 자금의 규모가 달라진다. 통상적으로 제조업 관련 업종이 도·소매업 관련 업종이나 서비스업 관련 업종에 비해 더 많은 자금을 필요로 한다. 도·소매업 관련 업종 가운데서도 사업상 취급하는 상품이나 점포의 규모 등에 따라 자금의 규모에 차이가 있을 수 있다. 서비스업 관련 업종 역시 사업 규모에 따라 자금의 규모가 차이가 난다. 따라서 창업자는 자금조달 능력을 충분히 고려하여 투자규모를 결정하여야 한다.

투자가 이루어진 후 운전자본을 위해 필요한 자금의 규모, 추정하는 투자 회수의 기간, 투자 회수기간 동안의 현금흐름, 손익분기점 등도 함께 검토해야 한다.

3) 사업형태의 결정

사업형태의 결정은 크게 비즈니스 모델과 기업의 형태로 나누어진다. 먼저 비즈니스 모델 결정이다. 비즈니스 모델은 고객에게 가치를 제공하여 수익을 창출하는 방법으로 같은 사업아이템에 대해 다양한 비즈니스 모델이 존재할 수 있고, 어떤 비즈니스 모델을 선택하느냐에 따라 고객에게 가치를 제공하고 수익을 창출하는 정도가 달라진다. 예를 들어, 웅진코웨이의 정수기의 경우, 처음에는 판매하였지만 1997년 외환위기 상황에서 고객들이 높은 정수기 가격에 부담을 느낀다는 것을 파악하고 렌탈로 전환하였다. 그 결과 고객들이 정수기를 사용하게 되어 정수기의 가치가 올라가고, 웅진코웨이는 수익을 창출할 수 있었다. 웅진코웨이는 고객의 지불형태를 판매 대금에서 임대료로 바꾸었고, 판매에 따른 매출 수입원을 버리고 렌탈에 따른 임대료 수입원을 선택하는 비즈니스 모델로 전환하였던 것이다.

다음으로 기업 형태의 결정이다. 즉, 개인기업의 형태로 창업을 할 것인지, 아니면 조직을 구성하여 전체를 총괄하는 법인기업의 형태로 창업을 할 것인지를 결정해야 한다. 개인기업과 법인기업의 장·단점에 대해서는 제1장 제4절 창업의 유형에서 살펴보았는데, 개인기업과 법인기업의 장·단점을 고려하여 기업 형태를 결정하기 위해서는 사업과 자금의 규모, 경영능력, 목적 등을 종합적으로 충분히 검토하여야 한다.

4) 사업타당성 분석

사업타당성 분석은 창업자가 추진하고자 하는 사업이 성공할 가능성이 얼마나 되는지 객관적이고 체계적으로 분석하는 과정이다. 따라서 사업타당성 분석은 창업 또는 신규 사업에 있어 필수적인 과정이다. 일반적으로 사업타당성 분석은 추진하고자 하는 사업의 적합성(창업자의 역량 평가), 시장성, 기술성, 수익성 측면에서 평가하고 분석하게 된다. 이러한 사업타당성 분석 결과를 토대로 추진하고자 하는 사업의 성공 가능성을 판단하여 사업의 추진 여부를 결정하게 된다.

사업타당성 분석은 앞의 '3) 사업형태의 결정'에서 말한 사업형태를 함께 고려하면서 진행하여야 한다. 사업타당성 분석은 시장성, 기술성, 수익성 측면에서 분석을 추진하게 되지만 사업형태에 따라 기술의 가치와 시장성, 수익성이 달라지기 때문이다. 사업타당성 분석은 평가와 분석이 중심이라면 사업형태 결정에서는 적극적인 방안 모색이 중심이라고 할 수 있다.

5) 사업계획서 작성

사업타당성 분석 등을 통해 추진하고자 하는 사업이 결정되면 구체적인 사업 내용과 방법, 일정계획 등을 문서화하여 체계적으로 정리하는 것이 필요하다. 사업타당성 분석을 통해서 추진하고자 하는 사업에 대한 평가와 분석이 이루어졌지만 사업계획서를 체계적으로 작성하는 과정에서 다시 검토할 수 있게 된다. 따라서 사업계획서를 작성하게 되면 사업의 성공 가능성을 높일 수 있다. 뿐만 아니라 외부에 사업의 신뢰성을 제공하게 되어 협력 관계를 키울 수 있다.

사업계획서에는 사업의 목적, 사업 방법, 투자 계획 및 자금 운영 등과 관련된 내용들이 포괄적으로 포함된다. 그러므로 사업아이템 선정, 사업규모의 결정, 사업형태의 결정, 사업타당성 분석 과정에서 수집한 다양한 정보와 자료들을 활용하게 된다.

6) 인·허가사항 검토

인·허가 과정은 사업을 하기 전에 각 업종과 관련된 관련 법령이 요구하는 규정에 따라 거쳐야 하는 행정절차이다. 창업자는 창업을 하기 전에 추진하는 사업 업종과 관련이 있는 인·허가사항은 무엇인지 반드시 확인하는 과정을 거쳐야 한다.

인가는 법률행위의 효력발생 요건을 갖추었을 때 승인하는 행정관청의 행정 행위로 행정관청은 당사자의 법률행위가 미흡하면 보충하여 법률상의 효력을 완성시키도록 한다. 허가는 질서유지를 위하여 금지된 행위를 해제하여 적법하게 행할 수 있도록 하는 행정처분을 말한다.3)

7) 개업 준비

앞의 단계를 모두 마무리했다면 사업계획서의 추진 일정에 따라 개업을 준비하게 된다. 사업자등록, 취업규칙 신고, 각종 사회보험가입 등의 추가적인 행정절차가 필요하다. 법인을 설립하는 경우에는 법인 등기 후 사업자등록을 하게 된다. 온라인 상의 사업인 경우 시청이나 구청, 군청, 특별자치도청 등에서 통신판매업신고증을 받은 후 사업자등록을 하게 된다.

---

3) https://terms.naver.com/entry.naver?docId=3657625&cid=42131&categoryId=42131.

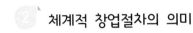 체계적 창업절차의 의미

창업절차를 체계적으로 진행하는 것은 시간과 자원의 낭비를 최소화하면서 창업의 성공 가능성을 높일 수 있기 때문이다. 창업은 고객에게 가치를 제공하는 새로운 비즈니스 기회를 포착한 후 가용 가능한 자원을 투입하여 가치를 창출하고 제공하게 된다. 그리고 수익을 창출하여 지속가능한 가치 제공활동을 하게 된다. 이러한 창업 활동을 효과적이고 효율적으로 진행하여 사업을 성공시키기 위해서는 창업절차를 체계화하고 체계화된 창업절차를 이행하는 과정이 필요하다.

제2절 업종별 창업절차

엄밀히 분류하면 업태와 업종은 다르다. 업태는 한국표준분류표상 대분류에 속하고 업종은 세세분류에 속한다. 업태는 사업의 형태 또는 고객에게 가치를 제공하는 방법(어떻게)에 해당하고, 업종은 사업의 구체적인 종목으로 고객에게 제공하는 제품 및 서비스의 종류(무엇을)에 해당한다.

대표적인 업태로 제조업, 도·소매업, 서비스업, 외식업 등이 있고, 그 업태의 세분화된 다양한 업종 즉, 제조업 관련 업종, 도소매업 관련 업종, 서비스업 관련 업종, 외식업 관련 업종이 있다. 업태마다 다양한 업종이 있고, 업태와 관련된 업종들의 창업절차는 그 업태의 창업절차를 공통적으로 갖게 되므로 본 절에서 살펴보는 업태들의 창업절차는 관련 업종의 창업절차이다. 예로 '제조업의 창업절차'는 '제조업 관련 업종의 창업절차(약칭, 제조업 업종)'인 것이다.

① 제조업의 창업절차

제조업은 생산 기술을 바탕으로 제품을 생산하여 판매한다. 따라서 도·소매업이나 서비스업 등과 달리 공장입지 선정과 공장설립 과정이 있고, 많은 자금과 상당한 시간, 복잡한 절차를 필요로 하게 된다. 제조업 업종 중에는 허가, 신고, 등록 등 인·허가가 필요한 업종이 있으므로 사전에 이를 확인한 후 공장설립을 추진해야 한다.[4)

공장입지의 선정 기준 중의 하나로 비용최소화가 있다. 이는 매출최대화를 기준으로 하는 상업 요지와 대비된다. 인건비를 줄이기 위해 해외에 공장을 설립한다든지, 시멘트 공장과 같이 원료산지에 설립하는 경우도 있다. 원료를 소비지 근처까지 가져와서 완성품을 만드는 것이 비용을 절감하는 경우도 있다.[5)

공장입지 선정 기준 중의 또 하나로 계획입지와 자유입지(또는 개별입지) 중에서 선정하는 것이 있다.[6) 계획입지는 국가산업단지 등 산업단지 내의 공장입지이고, 자유입지는 산업단지 외의 공장입지이다. 계획입지에 공장을 설립하는 경우에는 산업단지의 사용 목적에 맞춰 입주계약을 체결하면 별도의 설립 승인을 받을 필요가 없다. 또한 공장부지가 조성된 산업단지로 입주하는 것이므로 토지형질 변경 등 대지 조성과 관련된 인·허가 절차를 거칠 필요가 없다. 따라서 공장설립 절차가 간소하고 소요기간이 적다. 산업단지 주변의 기반시설을 공유할 수 있고, 집적경제의 효과를 얻게 된다. 반면에 분양가가 높고, 산업단지 사용 목적에 맞춰야 한다는 한계가 있다.

자유입지는 「국토의 계획 및 이용에 관한 법률」에서 허용하는 지역 중에서 선정하는 곳이다. 자유입지에 공장을 설립하는 경우에는 공장설

---

4) 정창화 외, 창업의 이해, 창민사, 2021. 2. 25., p.96.
5) 차부근 외, 창업과 경영의 이해, 삼영사, 2014. 8. 20., pp.73-74.
6) 김희철, 실전 창업경영론, 두남, 2021. 1. 15., pp.72-73.

립 승인을 받아야 하고, 토지형질변경 등 대지 조성 관련 인·허가 절차를 거쳐야 한다. 따라서 공장설립 절차가 복잡하고 소요기간이 많다. 환경 문제 등으로 주민과의 마찰이 있을 수 있다. 반면에 사업 목적과 관련하여 자유로운 입지 선택이 가능하고, 저렴한 토지를 확보할 수 있다.

표 2-3 자유입지와 계획입지의 장·단점 비교

구분	자유입지(개별입지)	계획입지
장점	- 적시·적소 입지 선정 가능 - 저렴한 토지 확보 가능	- 공장설립 절차 간소 - 공장설립시 소요기간 단축 - 기반시설 공유 및 집적경제 효과
단점	- 입지 및 개발 절차 복잡 - 용도 전용의 애로 - 주민과의 마찰 가능(장기간 소요)	- 적시·적소 입지 선정 불가능 - 높은 분양가

제조업의 창업절차는 [그림 2-1]과 같이 창업준비 절차, 회사설립 절차, 공장 및 자금조달 절차, 개업준비 절차 등으로 나누어 볼 수 있다.

먼저 창업준비 절차는 본격적인 창업절차 이전에 사업구상을 구체화하는 과정이다. 업종 및 사업아이템 선정, 사업규모 결정, 기업형태 결정 등 사업핵심요소와 관련된 결정 사항 등을 검토해야 한다. 또한 사업의 성공 가능성에 대한 사업타당성 분석과 사업계획서를 작성해야 한다.

회사설립 절차는 법률적으로 회사가 설립되는 과정으로 사업의 인·허가 및 신고에서부터 사업자등록 신청과 법인설립등기 및 법인설립신고절차를 이행하는 단계이다.

공장설립 및 자금조달 절차는 공장의 설립과 이에 따른 시설자금 등 조달자금과 관련된 절차이다. 회사가 설립되면 다음 단계로 공장을 설립하게 된다. 공장 설립시 고려할 사항으로는 공장입지의 선택, 공장설립과 관련 정책자금의 지원 혜택 등이 있다.

마지막으로 개업준비 절차는 창업 마무리 단계이다. 어떻게 운영할 것인가를 결정하고 이행하는 단계이다. 본격적인 영업을 개시하기 이전에 필요한 인력을 충원하고 교육하여 생산, 관리 영업 등 각 기능분야별로 조직을 구성하고 경영활동을 수행한다.

그림 2-1 제조업 창업 절차도

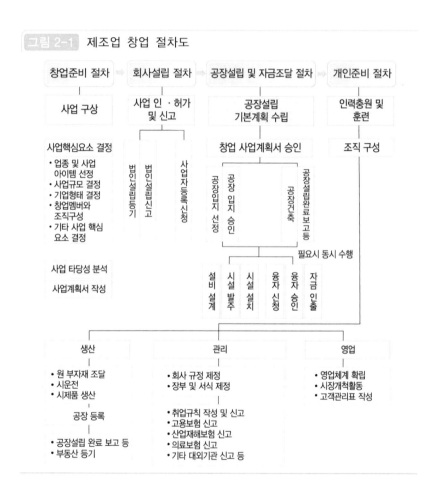

2 도·소매업의 창업절차

도·소매업은 제조업과 같이 공장입지를 선정하여 공장을 설립하는 과정이 없어 상대적으로 창업절차가 비교적 간단하다. 대부분 소규모로 시작하여 법인형태보다는 개인기업의 형태가 많다. 그리고 관련 업종의 특성상 인·허가 사항이 적다.7)

도·소매업은 유통산업의 한 종류로 1차 산업의 생산물, 즉 농·림·수산물과 2차 산업의 광·공업제품을 수요자에게 이전시키는 거래활동을 한다. 「유통산업발전법」에서 정의하는 유통산업은 "농산물·임산물·축산물·수산물 및 공산품의 도매·소매 및 이를 경영하기 위한 보관·배송·포장과 이와 관련된 정보·용역의 제공 등을 목적으로 하는 산업"을 말한다. 이 정의에서 생산물을 매매하고 그 소유권을 이전시키는 거래활동인 도매·소매를 상적 유통(商的 流通, commercial distribution) 또는 약칭으로 상류(商流)라고 한다. 그리고 수송, 보관, 하역, 포장, 유통가공, 통신 등 생산물이 최종 수요자에게 이전하기까지의 과정을 물적 유통(物的 流通, physical distribution, logistics) 또는 약칭으로 물류(物流)라고 한다.

도매업은 재판매 또는 사업을 목적으로 구입하는 자에게 재화나 서비스를 판매하는 활동으로 일반 도매업, 상품 중개업, 무역업 등으로 나누어진다. 일반 도매업은 판매하는 상품에 대해 소유권을 갖고 재판매하는 것이고, 상품 중개업은 상품에 대한 소유권을 갖지 않고 수수료 또는 계약에 의해 상품을 중하는 활동이다. 무역업은 대외 거래만을 전업으로 하는 사업체이다.

소매업은 구입한 신상품 또는 중고품을 변형하지 않고 일반소비자에게 재판매하는 활동으로 일반 소매업, 종합 소매업, 특수 소매업으로 나

---

7) 김희철, 실전 창업경영론, 두남, 2021. 1. 15., pp.94-95.

누어진다. 일반 소매업은 동일한 주된 품목을 계속적으로 취급하는 사업체이고, 종합 소매업은 백화점, 대형 슈퍼마켓, 대형 할인점 등과 같이 단일 경영체계를 갖고 각종 상품을 판매하는 사업체이다. 특수 소매업은 일반 구매자를 대상으로 직접 판매할 수 있는 매장을 개설하지 않고 특정 상품을 전문적으로 소매하는 업을 말한다. <표 2-4>는 다양한 관점에 따른 소매업의 분류를 보여주고 있다.8)

표 2-4 다양한 관점에 따른 소매업 분류

구분		분류내용
상품의 계열		종합소매점(백화점, 할인점, 슈퍼마켓 등), 한정구색소매점, 식생활용품소매점, 일상편의소매점, 서비스소매점
가격대별		저가소매점, 중가소매점, 고가소매점
점포 유무별	무점포 판매	주문판매업(홈쇼핑, 인터넷쇼핑몰, 카탈로그), 자동판매기, 방문판매업
	유점포 판매	백화점 등 전통적인 점포형 판매 방식
판매방법별		대면판매(Face to Face Sale), 셀프판매(Self Sale)
시스템 통제 방법별		직영점(Regular Chain), 임의체인(Voluntary Chain), 프랜차이즈(Franchise Chain), 조합형

　　최근에는 인터넷과 스마트폰 등을 활용한 모바일 거래가 늘어나고 택배 비중이 커지면서 상류와 물류가 분리되는 상·물 분리 현상이 늘어나고 있다. 전통적인 방식은 소비자가 직접 판매처에 가서 거래를 하고 상품을 가져오는 상·물 일치 중심이었는데, 점차 거래는 인터넷 상에서 이루어지고 상품은 별도로 택배를 통해서 전달되는 상·물 분리 비중이 커지고 있다.

　　그 동안 대형점포의 비중이 커지면서 전통시장을 지키려는 정책이

---

8) 윤원배 외, 창업실무론, 두남, 2018. 2. 25., p.161.

나오고, 대형점포도 온라인 상의 거래의 도전을 받는 변화를 보이고 있다. 2016년에는 아마존이 무인편의점 '아마존 고(Amazon Go)'를 시애틀에 오픈하였고, 우리나라에서는 2017년에 세븐일레븐이 무인편의점을 오픈 하는 등 편의점의 변화도 일어나고 있다.

이러한 유통산업의 변화는 기술의 변화가 많은 영향을 주었다. 더욱이 2019년 12월말 퍼진 코로나19 전염병의 영향으로 비대면 사회적 거리두기가 강화되면서 온라인 상의 거래와 택배가 늘어나고 디지털 기술의 변화를 더 활용하게 되었다.

도·소매업은 무점포 판매도 있기는 하지만 유점포 판매의 경우 일반적으로 점포의 상권과 입지 선정이 중요하다. 공장입지가 비용최소화를 주요 선정 기준으로 한다면 도·소매업의 점포의 입지는 매출을 통한 이윤극대화를 주요 선정 기준으로 하게 된다. 이윤극대화를 실현하기 위해서는 도·소매업의 업종에 맞는 상권과 입지를 선정해야 한다.

예를 들어, 구매 관습에 따른 소매업 분류 방법으로 편의품점 (convenions goods), 선매품점(shopping goods), 전문품점(speciallity goods) 이 있는데, 이러한 분류를 입지선정에 적용하는 것도 필요하다. 편의품점은 일상의 필수품을 판매하는 상점으로 주택가 근처가 적합하다. 선매품점은 가구나 의류 등과 같이 여러 상점들의 상품들을 직접보고 체험하면서 상호 비교한 후에 구매하게 되는 상품을 취급하는 상점이고, 전문품점은 고급의류, 귀금속 등 일반 상품과 달리 차별화된 특수한 매력을 추구할 수 있는 고가의 유명 상품을 취급하는 상점으로 이들 상점은 시내 중심 상권이 적합하다.

도·소매업의 기본적인 창업절차는 [그림 2-2]와 같이 창업준비 절차, 점포입지 선정 절차, 회사설립 절차, 개업준비 절차로 이루어진다.9)

---

9) 정창화 외, 창업의 이해, 창민사, 2021. 2. 25., pp.99-100.

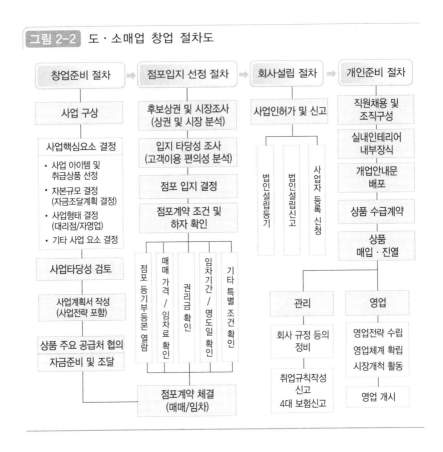

그림 2-2 도·소매업 창업 절차도

3 서비스업의 창업절차

서비스업은 무형의 서비스를 제공하고 대가를 얻게 되는 관련 업종이며 다양한 영역이 존재한다. 산업구조와 고용구조 측면에서 3차 산업에 해당하는 서비스업의 비중이 1차 산업과 2차 산업에 비해 더 높다. 디지털 기술혁신, 생활양식의 변화, 기대수명의 연장과 고령화, 돌봄 등 다양한 사회복지 서비스, 보건의료서비스의 필요성 등으로 서비스 산업의 영역이 확대되고 있다. 금융서비스, 정보서비스, 사업관련 서비스 등의 수요가 증가하고 있다. 앱(App)과 인공지능(AI) 등 새로운 정보통신 기술을 활용한 서비스가 생활화하고 있다.

서비스업 관련 업종의 창업에서는 창업준비와 함께 서비스업의 기본적 특징을 이해할 필요가 있다. 서비스업의 기본적 특징은 무형성, 비분리성, 이질성, 소멸성 등 네 가지이다.

먼저 무형성(intangibility)이다. 무형성으로 인해 실체를 보거나 만질 수 없다. 따라서 그 서비스가 어떤 것인가를 상상하거나 판단하기 어렵고 의사소통이 곤란하다. 이러한 무형성이 갖는 단점을 해결하기 위해 실체적인 단서를 강조하고 구전을 통한 이미지를 창출하고 가격 설정에 있어서 비용정보를 활용하고 서비스를 이용한 고객과 소통에 충실해야 한다.

둘째, 비분리성(inseparability)이다. 비분리성은 서비스의 생산과 소비가 동시에 일어난다는 것을 의미한다. 따라서 서비스 소비자가 서비스 공급에 참여하는 경우가 많다. 서비스 생산 과정에 소비자들이 참여하므로 고객들이 형성하는 분위기가 서비스 내용이 될 수 있다. 서비스의 비분리성으로 인해 서비스를 사전에 확인할 수 없고 품질 통제가 어렵다. 이러한 비분리성이 갖는 문제를 해결하기 위해 서비스 요원을 신중히 선발하고 철저히 교육해야 한다.

셋째, 이질성(heterogeneity)이다. 이질성은 품질이 고르지 않다는 의미이다. 서비스 제공자에 따라 서비스의 내용이나 질이 다를 수 있고, 동일한 서비스 제공자라 하더라도 고객에 따라 서비스의 내용이나 질이 다를 가능성이 있다. 따라서 서비스는 규격화, 표준화하기 어렵다. 이러한 서비스의 이질성이 갖는 문제를 해결하기 서비스의 내용과 질을 일정 수준 이상으로 유지하고 표준화하는 노력을 기울이게 된다. 반면에 고객에 따른 서비스 개별화의 기회를 제공한다. 즉, 고객마다 서비스의 내용과 질에 대해 주관적으로 평가하는 경우가 많으므로 서비스의 개별화를 통해 고객맞춤별 서비스를 제공하는 것이다.

넷째, 소멸성(perishability)이다. 소멸성은 사용되지 않은 서비스는 사라진다는 의미이다. 따라서 서비스는 재고로 보관할 수 없다. 이러한 서비스의 소멸성으로 인해 서비스의 과잉생산에 의한 손실과 과소 생산으로 인한 이익 기회의 상실이 발생한다. 이러한 문제를 해결하기 위해 서비스 수요와 공급 간의 조화를 이루도록 하는 방법이 필요하다. 임시직원의 채용을 통해 유연성을 확보하고, 서비스 제공자에게 여러 직무에 대한 교육을 통해 필요시에 서로 도울 수 있도록 하는 것도 방법이다. 은행의 번호표나 병원의 진료시간 예약 등과 같이 서비스 수요를 재고로 보관할 수 있도록 하는 것도 필요하다.

서비스업의 기본적인 창업절차는 도·소매업의 기본적인 창업절차와 유사하다. 다만 서비스업의 경우 무형의 서비스를 제공하므로 도·소매업과 같이 유형의 제품을 취급하는 '점포'가 아닌 '사무실'을 갖추게 된다. 따라서 창업준비 절차, 사무실입지 선정 절차, 회사설립 절차, 개업준비 절차로 이루어진다.[10]

4 외식업의 창업절차

외식업은 "인간의 외식행위에 대응하여 음식 등을 제공하는 사업군"이라고 정의할 수 있다. 패스트 푸드, 패밀리 레스토랑, 캐주얼 레스토랑 등의 업태를 갖춘 일반 외식업소, 호텔 식음료업장, 출장연회, 단체급식, 커피숍, 제과점 등을 통해서 다양하게 제공되고 있다. 한식, 중식, 일식, 양식 등과 같이 다양한 업종으로 나누어진다.[11]

종래의 음식점 영업이 외식산업으로 발전하였는데, 이것은 전체적인 시장 규모가 확대되었을 뿐만 아니라 음식과 더불어 서비스의 제공, 분

---

10) 정창화 외, 창업의 이해, 창민사, 2021. 2. 25., pp.99-101.
11) 차부근 외, 창업과 경영의 이해, 삼영사, 2014. 8. 20., pp.159-160.

위기의 연출, 가치의 창출 등을 함께 제공하는 방향으로 발전하였다는 것을 의미한다. 즉, 외식산업은 제조업과 서비스업을 함께 추구하는 복합산업이라는 특성을 갖는다.12)

따라서 먼저 외식업을 창업하는 경우 복합산업으로서의 외식산업의 특성을 이해하는 것이 필요하다. 복합산업으로서의 특성을 가지고 있는 외식산업은 입지 의존성이 높은 산업, 서비스 연출 산업, 노동집약적이고 QSC와 ATV가 강조되는 산업이라는 특성을 함께 갖고 있다.

첫째, 복합산업으로서의 특성이다. 외식산업은 생산과 판매가 동시에 이루어지는 서비스 산업이며, 시간과 장소의 제약이 존재하며 식품제조, 유통, 서비스산업의 성격을 띤 복합산업이다.

둘째, 입지 의존성이 높은 산업이다. 외식산업은 업소의 위치를 우선으로 하는 입지 산업의 특성을 가지고 있다. 즉, 입지전략과 상권분석을 중심으로 사업의 타당성조사가 이루어진다. 최근에는 온라인 상에서 주문이 이루어지고 택배로 배달하는 비중이 높아져 입지 의존성이 다소 낮아졌지만 기본적으로 입지 의존성이 높다.

셋째, 서비스 연출 산업이다. 외식산업은 고객, 직원, 경영자가 삼위일체가 되는 서비스 연출 산업이다. 즉, 인간관계를 중심으로 하는 고감도 연출이 필요한 인재산업이다.

넷째, 노동집약적이고 QSC와 ATV가 강조되는 산업이다. 외식산업의 기본적인 핵심요소로 QSC 즉, 품질(Quality), 서비스(Service), 청결(Cleanness)이 있다. 여기에 ATV 즉, 분위기(Atmosphere), 시간(Timing), 고객가치(Value)가 함께 강조된다.

외식업을 창업하는 경우 경영형태에 대한 이해도 필요하다. 외식업의 경영형태는 독립경영, 체인경영, 계약경영 등 크게 세 가지로 구분된다. 독립경영과 체인경영에 대해서는 제1장 창업의 기초 제4절 창업의 유형 중 '3. 독립사업과 프랜차이즈 가맹사업'에서 다루었다. 여기서는

---

12) 차부근 외, 창업과 경영의 이해, 삼영사, 2014. 8. 20., pp.160-161.

계약경영에 대해 다룬다.

계약경영은 부동산이나 자본은 있으나 경영능력이 부족한 경우 외식전문 기업으로 하여금 대리경영하도록 하는 방법이다. 소유주는 토지, 건물, 시설과 운영자금을 제공하고 외식기업은 경영에 필요한 모든 권한을 위임받아 경영한다. 이른바 소유와 경영의 분리가 일어나는 형태로 외식기업은 경영의 책임을 지지만 법적 책임의 당사자는 소유주가 된다. 계약경영은 전문가의 경영노하우와 시스템, 경영방침을 적용하여 운영됨으로써 안정성과 높은 수익을 기대할 수 있는 반면 소유주와 경영자의 갈등이 있을 수 있다. 영업부진에서 오는 손실을 소유주가 감수해야 한다.

이러한 외식업에 대한 이해를 바탕으로 하면서 외식업의 창업절차를 밟게 된다. 외식업의 기본적인 창업 절차는 도·소매업의 기본적인 창업절차와 같다.

5 프랜차이즈형 체인사업의 창업절차

프랜차이즈사업은 체인본부(franchisor)와 가맹계약을 맺고 가맹점(franchisee)을 개설하여 사업을 하게 되므로 기본적인 창업절차는 복잡하지 않다. 전반적인 창업절차 못지않게 가맹계약을 하기 전 프랜차이즈 체인사업에 대한 이해, 자기 자신에 대한 검토, 구체적인 업종 선정, 우수체인본사의 선정, 입지선정 등과 관련하여 꼼꼼히 점검하는 과정이 중요하다.[13][14][15]

---

13) 정창화 외, 창업의 이해, 창민사, 2021. 2. 25., pp.185-187.
14) 차부근 외, 창업과 경영의 이해, 삼영사, 2014. 8. 20., pp.173-176.
15) 김희철, 실전 창업경영론, 두남, 2021. 1. 15., pp.102-105.

1) 프랜차이즈와 프랜차이즈 체인사업

프랜차이즈(franchise)는 '자유를 주다'라는 의미의 고대 프랑스어인 'franc', 'francher'에서 유래했다. 일반적으로 중세 가톨릭교회가 세금을 징수하는 관리에게 일정한 몫은 관리 자신이 갖고 나머지를 교황에게 납부하도록 한데서 기인한 것으로 보고 있다.

중세기 경에 프랜차이즈는 특권 또는 권리를 뜻하는 단어였다. 특정 지역의 군주 또는 성주가 시장이 서도록 허락하거나, 나루터를 운영하도록 하고 자신들의 땅에서 사냥을 할 수 있도록 허락해 주는 것을 말하였다.

이러한 의미를 담은 프랜차이즈는 상호, 특허상품, 노하우(know-how)를 소유한 체인본부(franchisor)가 계약을 맺은 가맹자(franchisee)에게 상표의 사용권과 제품의 판매권, 기술 등을 제공하고 그 대가로 가맹비, 보증금, 로얄티 등을 받는 시스템이다. 그리고 프랜차이즈형 체인사업은 그러한 시스템을 활용한 체인사업인 것이다.

2) 프랜차이즈 체인사업의 장·단점

(1) 장점

첫째, 본부의 시스템과 노하우가 있는 제품이 개발되어 공급되기 때문에 본사에서 정해준 규정만 성실히 준수한다면 사업경험이나 특별한 능력이 없어도 가맹점 운영이 가능하고 실패 위험이 적다.

둘째, 본부차원의 가맹점 경영자 및 종업원을 대상으로 개업 전후 지속적인 프로그램에 의한 단계적인 교육훈련 실시와 경영지도로 제품 및 서비스의 표준화를 항시 일정하게 유지해 나갈 수 있다.

셋째, 본부에서 일괄적이면서 주기적으로 영업 및 촉진활동 등을 효과적으로 지원하므로 개별 광고활동보다 더 큰 공동 광고효과를 거둘 수 있다.

넷째, 점포설비와 집기비품, 재료 등을 본부에서 일괄적으로 대량 구매하여 설치하기 때문에 규모의 경제화에 의한 경비절감 효과를 거둘 수 있고, 단일 가맹점으로 성공하면 다른 가맹점을 경영할 수 있기 때문에 여러 개의 가맹점을 소유할 수 있다.

다섯째, 본부의 시스템과 노하우가 브랜드로 입증되어 있는 경우 개업 초기에 예상되는 재고 부담과 제품의 신빙성 정도를 걱정할 필요가 없다.

여섯째, 소비자 욕구 다양화와 경제 불황에 의한 시장 환경 변화에도 본부의 방대한 조직력을 이용하여 신제품을 개발하고 불황을 타개할 수 있는 효과적인 대처방안을 강구할 수 있다.

일곱째, 가맹점 개설 예정자가 요구할 때 본부의 자체 타당성 조사부로 하여금 입지선정 서비스와 자금이 부족할 때 본부의 신용과 신뢰도를 이용해 자금조달 서비스를 제공받을 수 있다.

(2) 단점

첫째, 독자적인 경영활동을 할 수 없다. 본부의 경영정책이나 방침에 따라 경영활동을 이행해야 함으로 독자적인 상품개발 및 판매, 광고활동, 재료 등의 직구매 등이 제한된다. 본부가 운영능력을 상실하거나 여러 가지 사유로 본부 브랜드 가치가 떨어지는 경우 가맹점도 더불어 타격을 받게 된다.

둘째, 가맹점 경영에 대한 문제 해결이나 경영 개선의 노력을 게을리할 수 있다. 독자적 경영활동에 제한이 있어 자체 문제 해결 방안과 좋은 아이디어가 있어도 반영하기 어려운 경우, 또는 본부에 대한 의존심이 강한 경우 게을리하게 된다.

셋째, 가맹점이 위치한 지역의 특성을 반영하기 어렵다. 본부에서 공동광고를 통해 주기적으로 영업 및 촉진활동을 하여 개별 가맹점의 부담이 적고 본부의 브랜드를 활용할 수 있지만 반대로 지역의 특성을 살린 개별 광고나 영업 활동을 할 수 없다.

넷째, 계약 내용을 바꾸기 어렵다. 계약서 내용대로 업무가 추진되기 때문에 계약 이후 가맹점주의 특별한 요구사항이나 조건이 잘 반영되지 않는다. 불리한 조건의 계약을 해지할 경우 크게 손해를 보는 경우도 있다.

다섯째, 타 가맹점의 영향을 받을 수 있다. 타 가맹점이 본부의 규정을 어겼거나 자체 운영상 실수로 치명적 사항이 발생하여 지속적인 영업이 불가능한 경우 신용이나 지명도 면에서 영향을 받을 수 있다.

3) 프랜차이즈 체인본부 선정시 주요 고려 사항

앞에서 가맹점 입장에서의 프랜차이즈 체인사업의 장·단점을 살펴보았다. 그러한 장점을 살리고 단점을 방지하기 위해서는 프랜차이즈 체인사업을 하기 전에 프랜차이즈 체인본부 선정을 체계적이고 꼼꼼히 진행하여야 한다. 체계적이고 꼼꼼한 체인본부 선정을 위해서는 체인본부 선정시 주요 고려해야 할 사항을 알아두는 것이 효과적이다.

체인본부 선정시 고려해야 할 사항으로 첫째, 업종의 장래성과 사업 타당성 파악이다. 현재 시장점유율이 높다 하더라도 업종의 수명주기가 짧은 유행업종인지, 수명주기상 성장기를 지났는지를 살펴보고 사업타당성이 충분하다고 판단될 때 시작하는 것이 바람직하다. 기존 브랜드보다 신규 브랜드를 늘리는 체인본부의 경우, 가맹점을 늘리는데 급급한 경우일 수 있으므로 신중해야 한다.

둘째, 체인본부의 신뢰성 여부를 파악한다. 먼저 대표자와 임직원의 전직 경력과 이력을 확인하고 과거 부실 체인본부에 관련이 있었는지 여부를 파악한다. 경영진과 임원진이 전직과 연결된 오랜 경험을 가졌는지, 최근 2~3년간 체임사업 운영경력과 영업방식은 어떠했는지를 철저하게 파악해야 한다. 재무제표를 수집하고, 관계하는 하청업체나 거래은

행을 방문하여 재무상태와 신용도를 확인하여 신뢰성 여부를 평가해야
한다.

셋째, 현재 영업 중에 있는 가맹점을 확인한다. 먼저 가맹점 수를 확
인한다. 가맹점 수가 많은 체인본부가 위험성이 적고 안정성을 보장받을
확률이 높으므로 가맹점이 20개 이상 되는지를 확인한다. 다음으로 직접
가맹점의 운영실태를 확인한다. 체인본부에서는 가맹점 중 가장 영업실
적이 우수한 곳을 선정하여 소개하고, 과장 광고나 판촉, 홍보 활동을 하
는 경우가 있다. 따라서 가급적 체인본부가 선정하지 않은 가맹점을 직
접 방문하여 객관적인 실태를 확인하는 것이 필요하다.

넷째, 가맹점에 대한 가맹조건을 검토 확인한다. 지역별 상권을 지속
적으로 보장받을 수 있는 제도적 장치를 명문화할 수 있는지의 여부, 설
비공사의 조건, 체인본부의 판매마진, 가맹비 등을 타사와 비교해서 그
적절성을 검토 확인한다. 또한 물품공급 외 직원 및 점주 교육, 판촉활동
에 대한 지원책, 판촉 프로그램 보유 여부 등을 확인한다.

⑥ 인터넷 쇼핑몰의 창업절차

인터넷 쇼핑몰(internet shopping mall)의 창업절차는 [그림 2-3]과 같
이 기획단계, 쇼핑몰준비 단계, 쇼핑몰 구축 단계, 쇼핑몰 홍보 및 운영
관리 단계로 이루어진다.

이러한 창업절차에 대한 이해도 중요하지만 먼저 인터넷 쇼핑몰의
의미와 특성, 인터넷 쇼핑몰 창업의 의의, 인터넷 쇼핑몰 창업 유형 등에
대한 이해가 필요하다.[16][17]

---

16) 차부근 외, 창업과 경영의 이해, 삼영사, 2014. 8. 20., pp.180-186.
17) 황정희 외, 창업경영의 이해, 범한, 2017. 1. 9., pp.88-89.

그림 2-3 인터넷 쇼핑몰 창업절차

1단계 기획	2단계 쇼핑몰 준비	3단계 쇼핑몰 구축	4단계 쇼핑몰 홍보 및 운영관리
아이템선정 시장조사 목표시장선정 사업계획서 작성	사업자등록 통신판매업신고 도메인등록 상품 및 배송업체선정	장비 및 프로그램 준비 홈페이지 구축 상품 사진 준비 · 등록	홍보 검색엔진등록 고객관리 등 운영관리

1) 인터넷 쇼핑몰의 의의

인터넷 쇼핑몰(internet shopping mall)이란 전자상거래의 한 형태로 판매자가 인터넷상의 공간에 개설한 상점이다. 판매자는 쇼핑몰에 상품과 상품에 대한 정보를 올리고, 고객들은 인터넷을 통해 쇼핑몰을 방문하여 원하는 상품을 찾아 주문과 결제를 하게 된다. 판매자는 결제가 이루어진 상품을 고객에게 배달하게 된다.

최근 온라인 쇼핑 거래액이 급격히 늘어나고 있어 인터넷 쇼핑몰에 대한 관심이 더욱 커지고 있음을 알 수 있다. <표 2-5>에서 보듯이 2017년 3월에는 온라인 쇼핑 거래액이 7조 4,820억 원이었고, 2018년 3월에는 8조 9,854억 원으로 늘었다. 코로나19 바이러스가 급격히 전파되기 시작한 2020년부터 더욱 인터넷상의 거래가 늘어 2020년 10월에는 13조9천억 원으로 늘었다. 2021년 10월에는 다시 16조 9천억 원으로 2020년 10월에 비해 21.7% 증가했다. 온라인 쇼핑 중 모바일로 이루어지는 쇼핑 거래액도 꾸준히 증가하고 있음을 알 수 있다.[18][19]

---

18) 서울신문, 쑥쑥 크는 모바일 쇼핑... 3월 거래액 5조 돌파, 2018. 5. 4.
19) 매일경제, 10월 온라인쇼핑 거래액 16.9조원 '역대 최대'... 모바일도 최대치, 2021. 12. 3.

표 2-5	온라인 쇼핑과 모바일 쇼핑 거래액 추이			
	2017년 3월	2018년 3월	2020년 10월	2021년 10월
온라인 쇼핑	7조 4820억	8조 9854억	13조 9천억	16조 9천억
모바일 쇼핑	4조 1166억	5조 4082억	9조 5천억	12조 2천억

2) 인터넷 쇼핑몰의 특성

(1) 소비자 측면

첫째, 소비자는 직접 상점을 방문하지 않고 인터넷이라는 가상의 상점에서 시간과 공간의 제약을 받지 않고 원하는 상품을 구매할 수 있다.

둘째, 인터넷 쇼핑몰을 통해 다양한 상품들에 대한 가격, 품질 등을 비교하면서 구매할 수 있다.

(2) 쇼핑몰 운영자 측면

첫째, 실제 매장을 갖추는 데 비해 인터넷 쇼핑몰 구축비용이 저렴하다.

둘째, 시간적, 공간적 제약이 없어서 전 세계 시장을 대상으로 영업이 가능하다.

셋째, 매장관리 비용과 건물임대료 등의 운영비도 크게 줄일 수 있다.

넷째, 웹을 이용한 광고는 TV나 대중매체를 이용하는 것보다 비용이 저렴하다.

다섯째, 특정 상권의 제약을 받지 않고 고객과의 양방향 의사소통이 가능하며 광고 효과를 즉시 알 수 있어 고객에 맞는 상품정보 제공 및 판매 활동이 가능하여 판로를 개척하기 쉽다.

여섯째, 고객 정보관리를 통하여 표적 시장 관리가 수월하다.

일곱째, 고객은 다양한 인터넷 쇼핑몰을 통해 가격, 품질을 비교하기 쉬우므로 더욱 고객관점에서 차별화된 가치를 제공할 수 있어야 한다.

3) 인터넷 쇼핑몰 창업 유형

인터넷 쇼핑몰은 사업 방식에 따라 대형 e-마켓 플레이스(market place)에 창업하는 방식과 홈페이지 제작 대행 및 관리업체의 도움을 받아 직접 개인 홈페이지를 개설하는 임대형 창업, 그리고 독립 인터넷 쇼핑몰 창업, 소셜커머스상의 거래 등이 있다.

(1) e-마켓플레이스상의 창업

e-마켓플레이스상의 인터넷 쇼핑몰에는 오픈 마켓(open market)과 종합몰이 있다. 오픈 마켓은 '옥션', 'G마켓', '이베이' 등 온라인 마켓플레이스에 회원으로 가입하면 누구나 상품을 사고 팔 수 있는 방식의 쇼핑몰이다.

이러한 오픈 마켓의 장점으로는 사업자 등록이나 통신판매사업 신고 등을 하지 않아도 되고 홈페이지를 구축할 필요도 없다. 판매 경력 없이도 누구나 쉽게 진입할 수 있고, 다양한 제품을 소량 판매 가능하다. e-마켓플레이스의 인지도를 활용할 수 있고 판매수수료가 6~12%로 종합몰에 비해 비교적 저렴하다.

그러나 단점으로 판매자 간 경쟁이 매우 치열하고, 구매자 문의 사항 등을 직접처리해야 한다. 아이템베끼기, 가격출혈 경쟁 등이 자주 일어난다. 자체 회원관리가 불가능하다.

종합몰은 '현대 H몰', '롯데닷컴', '신세계몰', 'GS몰', 'AK몰' 등 제품의 모든 종류를 취급하는 쇼핑몰이다. MD(Merchandiser, 상품기획자)의 승인을 거쳐 입점하게 되므로 입점 자체가 어렵고, 판매수수료가 10~30%로 오픈 마켓에 비해 다소 높다는 단점이 있다. 반면에 입점을 하게 되면 성공 가능성이 매우 높다.

(2) 임대형 쇼핑몰상의 창업

임대형 쇼핑몰은 '후이즈 몰', '메이크 샵', '고도 몰' 등이 대표적인데,

여기서는 무료 창업 교육, 쇼핑몰 구축을 위한 솔루션 제공, 또 일정액의 관리비를 받고 운영을 책임져주는 서비스를 제공하고 있다.

임대형 쇼핑몰의 장점으로는 판매 경력 없이도 구축할 수 있으며, 등록 및 수수료가 없으며, 원하는 물건만 골라 팔 수 있으며, 개성있는 디자인과 원하는 기능을 선택하여 꾸밀 수 있다는 점, 그리고 마켓 플레이스형에 비해 경쟁부담이 적다는 점을 들 수 있다.

반면 단점으로는 매달 관리비가 들어가며, 별도의 홍보가 필요하며, 창업자 스스로 고객에게 신용을 쌓아야 한다는 점, 사업자 등록, 통신 판매업 신고, 자체 결제 보안 시스템 구축 등을 해야 한다는 점이 있다.

(3) 독립 인터넷 쇼핑몰 창업

이 방법은 창업자 스스로 인터넷 쇼핑몰을 제작하여 창업하는 것이다. 이 경우에는 서버 구축, 홈페이지 제작 등의 기술적인 배경이 뒷받침되어야 한다. 임대형 쇼핑몰과 창업과 마찬가지로 사업자 등록, 통신판매업 신고, 자체 결제 보안 시스템 구축 등을 창업자가 해야 한다.

(4) 소셜커머스상의 거래

소셜 네트워크 서비스(SNS)를 통해 일정 기간 동안 상품의 가격을 원래의 가격보다 낮게 책정하여 한정 판매를 하는 전자상거래로서 '위메프', '쿠팡', '티몬' 등이 있다. 소셜커머스 거래는 단품의 형태로 일정 기간만 판매하기 때문에 재고에 대한 부담이 없고 경비가 절약되는 장점이 있다. 반면에 상품 판매가 연속적이지 않고 다수의 상품을 판매할 수 없다는 한계가 있다.

> ### 제3절 창업기업의 설립

제1장 창업의 기초의 제4절 창업의 유형 중 '4. 법적인 창업조직 형태에 따른 분류'에서 보았듯이 법적인 형태에 따라 '개인 창업'과 '법인 창업'으로 나누어진다.

앞의 창업절차 중에 기업형태의 결정 단계가 있는데, 본절에서는 개인 창업에 해당하는 '개인기업의 설립'의 과정과 법인 창업에 해당하는 '법인기업의 설립'의 과정에 대해 살펴본다. <표 2-6>에서 개인기업은 법인기업과 같이 법인설립등기가 없어 사업 인·허가 취득 후 바로 사업자등록을 하게 된다.

표 2-6 개인개업과 법인기업의 사업자등록 절차

기업형태	사업자등록 절차
개인기업	사업 인·허가 취득 → 사업자등록
법인기업	사업 인·허가 취득 → 법인설립등기 → 법인설립신고 또는 사업자등록

1 개인기업의 설립

개인기업은 개인이 독자적으로 출자하여 출자자인 동시에 경영자로서 직접 회사를 운영하는 형태의 기업을 말한다. 그러므로 사업활동에 대한 모든 권리와 의무의 법률 효과는 대표자 개인에게 모두 귀속된다. 개인기업은 소유와 경영이 일치하는 단독기업으로서 기업 내에 법률상의 기관이 분화되어 있지 않고 회사의 규칙이라 할 수 있는 정관도 없다.

개인기업을 설립하는 데는 「상법」에 따른 별도의 회사 설립 절차가

필요하지 않아서, 법인사업자와 달리 그 설립 절차가 간편하고 휴·폐업이 비교적 쉽다. 사업장을 갖추고 사업장 소재지 관활 세무서에 사업자등록 신청을 하여 영업을 시작하면 된다. 다만, 업종이 법령에 의한 허가사업일 경우는 사업자등록 신청 전에 관계 법령에 따라 행정관청으로부터 사업허가증을 발급 받아야만 한다.

1) 인·허가의 취득

사업 업종과 관련된 법령에 의하여 인·허가, 등록 및 신고를 획득하여야만 사업을 개시할 수 있는 업종은 미리 해당 업종을 주관하는 주무관청 또는 지방자치단체에서 인·허가를 취득하여야 한다.

인·허가 업종으로서 사업허가나 등록·신고 등을 하지 않으면 세무서에 사업자등록을 할 수 없다. 부가차치세법 제8조 세무서에 사업자등록을 신청할 때 사업허가증이나 사업등록증 또는 신고필증을 첨부해야 한다.

2) 사업자등록

사업자등록을 하려는 사업자는 「부가가치세법」 제8조(사업자등록) 제1항에 따라 사업장마다 사업개시일로부터 20일 이내에 관할 세무서나 신청인의 편의에 따라 선택한 세무서에 사업자등록 신청서를 제출해야 한다. 신규로 사업을 시작하려는 사업자는 사업 개시일 이전이라도 사업자등록을 신청할 수 있다. 「부가가치세법 시행령」 제11조(사업자등록 신청과 사업자등록증 발급) 제5항에 따라 사업자등록 신청을 받은 세무서장은 신청일로부터 2일 이내(토요일, 공휴일 또는 근로자의 날은 산정에서 제외)에 사업자등록증을 발급하도록 되어 있다.

사업의 허가·등록이나 신고 전에 사업자등록을 할 때에는 「부가가치세법 시행령」 제11조(사업자등록 신청과 사업자등록증 발급) 제4항에 따라 사업허가신청서 사본, 사업등록 신청서 사본, 사업신고서 사본 또는 사업계획서를 제출하면 된다.

사업개시일로부터 20일 이내에 사업자등록을 하지 않은 경우에는 「부가가치세법」 제60조(가산세) 제1항 제1호에 따라 사업 개시일부터 등록을 신청한 날의 직전일까지의 공급가액의 합계액에 1퍼센트를 곱한 금액을 더하도록 되어 있다.

3) 사업개시 및 기타 신고 사항

사업자등록이 끝나면 법적으로 사업을 시작할 수 있는 절차가 완료되지만, 근로자를 고용하는 경우에 필요한 행정절차로 근로자명부와 임금대장의 작성, 취업규칙 작성·신고, 국민연금·건강보험 산업재해보험 및 고용보험 등의 신고를 해야 한다.

2 법인기업의 설립

법인기업은 완전한 법인격을 가지고 스스로 권리와 의무의 주체가 되며 기업의 소유자로터 분리되어 영속성을 존재할 수 있는 기업이다. 개인기업과 비교해서 자본과 조직 위주의 경영이 용이하고, 조직을 갖추어서 회사업무의 대부분을 능력있는 종업원에게 분담시켜 전체를 통괄할 수 있다. 기업의 법적 공시성으로 인하여 대외 신용도가 비교적 높다. 반면에 의사결정의 지연, 창업절차의 복잡성 등의 단점도 가지고 있다.[20]

회사의 채무에 대한 사원의 책임을 기준으로 합명회사, 합자회사, 유한회사, 주식회사 등으로 구분된다.[21]

---

20) 차부근 외, 창업과 경영의 이해, 삼영사, 2014. 8. 20., p.110.
21) 김희철, 실전 창업경영론, 두남, 2021. 1. 15., pp.154-157.

합명회사(合名會社)는 2인 이상의 무한책임사원으로 구성되는 회사이다. 자본(소유)과 경영이 일치 되며, 사원은 회사의 업무집행권과 회사대표권을 동시에 갖는다. 지분을 다른 사원의 승인없이 자유로이 양도할 수 없다. 부자나 형제, 기타의 친척 사이에 성행되는 인적 회사이다.

합자회사(合資會社)는 무한책임사원과 유한책임사원으로 구성되는 복합적 조직의 회사이다. 사업의 경영은 무한책임사원이 하고, 유한책임사원은 자본을 제공하여 이익의 분배에 참여하고 업무감시권을 갖는다.

주식회사(株式會社)는 주주로 조직된 유한책임회사이다. 주식회사의 특징으로 자본의 증권화제도, 유한책임제도, 주주평등의 원칙, 소유와 경영의 분리 등을 들 수 있다.

첫째, 자본의 증권화제도이다. 이는 매매양도가 자유로운 주식인 유가증권을 발행하여 일반 대중으로부터 자본을 조달하는 제도이다.

둘째, 유한책임제도이다. 이는 주주유한책임의 원칙에 따른 것으로 출자자인 주주의 책임이 출자금의 한도 내에서 책임 이 있다는 것이다. 주식의 소유자인 주주는 모두 유한책임이기 때문에 출자자들은 안심하고 출자할 수 있으며, 회사는 널리 대중으로부터 소요자본을 용이하게 조달할 수 있게 된다.

셋째, 주주평등의 원칙이다. 주주는 주식의 수에 따라 평등한 취급을 받는다는 것이다. 이 원칙은 주주라는 사람의 평등대우를 의미하는 것이 아니라 주주가 가지고 있는 주식의 평등대우를 의미하는 것이므로 주식평등의 원칙이라고도 한다.

넷째, 소유와 경영의 분리이다. 자본과 경영의 분리라고도 한다. 주식은 소유하되 모든 주주들이 직접 기업경영에 참여하지 않지 않는 것을 말한다. 주식회사가 대규모화함에 따라 주식의 분산과 함께 경영자 직능의 전문화가 추진됨으로써 나타나는 형태이다. 초기 회사형태에서는 1인 또는 몇 명의 자본가가 회사의 전자본을 소유하며 직접 경영도 맡고 있었는데, 이 형태를 소유자지배(owner control)라고 한다.

유한회사(有限會社)는 2명 이상 50명 이하의 유한책임사원으로 조직한다. 다수의 균등 출자금으로 이루어지고, 그 출자액을 한도로 유한책임을 진다. 주식회사보다 설립절차가 간단하고 주식회사와는 달리 경영상태를 공개할 의무가 없다. 인적 공동기업의 장점과 주식회사의 유한책임제도 등의 장점을 모방하여 중소규모의 사업경영에 적합하다. 출자지분은 원칙적으로 양도할 수 없다.

여기서는 법인기업 중 주식회사의 설립에 대해 살펴본다.

1) 주식회사의 설립 절차

주식회사를 설립하려면 [그림 2-4]와 같이 ① 발기인 구성, ② 상호 및 목적사항 결정, ③ 정관 작성, ④ 주식발행 사항 결정, ⑤ 발기설립 또는 모집설립의 과정, ⑥ 법인설립등기, ⑦ 법인설립신고 및 사업자등록 등의 절차를 밟게 된다.

이러한 주식회사의 설립 방식은 ⑤ 발기설립 또는 모집설립의 과정에서 어떤 과정을 거치느냐에 따라 발기설립과 모집설립으로 나누어진다. 발기설립은 발기인이 발행주식 총수를 인수하는 방법으로 설립절차가 간단하다. 모집설립은 발기인이 주식의 일부를 인수하고, 나머지 주식은 발기인 외의 주주를 모집하여 인수하게 하는 방식으로 설립하는 방법이어서 발기설립보다 복잡하다. 모집설립은 다시 공개모집과 연고모집으로 나누어진다. 공개모집은 불특정 다수인을 대상으로 주주를 모집하는 방법이며, 연고모집은 발기인조합이 가까운 소수의 지인을 주주로 모집하는 방법이다.

그림 2-4 주식회사의 설립절차

2) 발기설립 절차

(1) 발기인과 발기인조합 구성

일반적으로 발기인(發起人, promoter)이라고 하면 '앞장서서 어떤 일을 할 것을 주장하고 그 방안을 마련하는 사람'이다. 이런 의미에서 주식회사 설립에서의 발기인은 주식회사를 설립하는데 앞장서서 주장하고 방안을 마련하는 사람, 즉 추진자라고 할 수 있다.

「상법」 제288조(발기인)에서 주식회사를 설립함에 있어서 발기인이 정관을 작성하도록 되어 있고, 「상법」 제289조(정관의 작성, 절대적 기재사항) 제1항에서 발기인은 정관을 작성한 후 기명날인하도록 하고 있다. 따라서 발기인은 정관을 작성하고 기명 날인 또는 서명한 자로서 실질적으로 주식회사의 설립을 기획하고 그 설립사무를 집행하는 사람을 말한다.

발기인은 1인이어도 무방하다. 발기인의 자격에는 특별한 제한이 없으므로 내국인은 물론 외국인이나 법인도 가능하며, 미성년자의 경우에도 법정대리인의 동의가 있으면 발기인이 될 수 있다.

발기인은 발기인조합(단체, 모임)을 구성하여 회사의 설립을 추진하게 된다. 발기인조합(단체, 모임)은 회사의 설립을 위한 업무를 추진한다는 합의를 하고 발기인 상호 간에 계약, 즉 발기인조합계약을 함으로써 이루어지는 조합이다. 또한 발기인조합은 「민법」 상의 조합으로서 「민법」 규정을 적용받으며, 정관작성, 기명날인, 주식인수 등 설립을 추진하는 주체이다. 이러한 발기인조합은 회사가 성립하면 자동소멸된다.

(2) 상호(商號) 및 목적 사항 결정

상호란 주식회사의 이름으로 주식회사의 상호에는 반드시 '주식회사'라는 문자를 사용해야 한다.

상호를 결정할 때 동일한 영업에는 단일한 상호를 사용해야 하며, 설립하려는 주식회사에 지점이 있는 경우 지점의 상호에는 본점과의 종속 관계를 표시해야 한다.

한편, 「부정경쟁 방지 및 영업비밀보호에 관한 법률」 제2조(정의)에서 "국내에 널리 인식된 타인의 성명, 상호, 상표, 상품의 용기·포장, 그 밖에 타인의 상품임을 표시한 표지(標識)와 동일하거나 유사한 것을 사용하거나 이러한 것을 사용한 상품을 판매·반포(頒布) 또는 수입·수출하여 타인의 상품과 혼동하게 하는 행위"를 부정경쟁행위라고 하여 금지하고 있다. 따라서 유사상호가 없는지 사전검토가 필요하다.

회사의 상호는 설립등기 사항이므로 설립등기를 하면 자동으로 상호가 등기되므로 별도로 상호등기를 할 필요는 없다.

회사의 설립목적은 회사의 존재이유 또는 수행하려는 사업에 관한 것으로 발기인이 정관을 작성할 때 정해야 한다.

(3) 정관(定款) 작성 및 인증

정관은 회사의 조직과 활동에 관한 기본규칙을 정해 놓은 서면을 말한다. 발기인은 정관을 작성하여 전원 기명날인 또는 서명을 하여야 하며, 작성된 정관은 「상법」 제292조(정관의 효력발생)에 따라 공증인의 인증을 받아야 그 효력이 발생한다. 다만, 자본금 총액이 10억 원 미만인 회사를 발기설립하는 경우에는 공증인의 공증을 받을 필요없이 각 발기인이 정관에 기명날인 또는 서명함으로써 효력이 발생한다.

정관의 기재사항에는 법률에 의하여 정관에 반드시 기재하지 않으면 정관 자체의 효력이 무효화되는 절대적 기재사항, 정관에 기재하지 않아도 정관 자체의 효력에는 영향을 주지 않지만 정관에 기재하지 않은 내용에 대해서는 효력이 발생하지 않는 상대적 기재사항, 정관에 기재하지 않아도 그 사항의 효력에는 관계없지만, 그 내용을 기재하면 그 기재대로 효력이 발생하는 임의적 기재사항이 있다.

표 2-7 정관의 기재사항

구분	내용	비고
절대적 기재사항	① 목적 ② 상호 ③ 회사가 발행할 주식의 총수 ④ 액면주식을 발행하는 경우 1주의 금액 ⑤ 회사의 설립 시에 발행하는 주식의 총수 ⑥ 본점의 소재지 ⑦ 회사가 공고를 하는 방법 ⑧ 발기인의 성명·주민등록번호 및 주소	- 목적: 구체적인 사업내용을 기재(여러 개의 목적 기재 가능) - 상호: 주식회사라는 문자를 사용하며, 유사상호 사전 검토 - 회사가 발행할 주식의 총수: 장래에 발행하기로 예정하고 있는 주식의 총수 1주의 금액은 균일하여야 하고, 1주의 금액은 1백 원 이상 가능 - 회사의 설립 시에 발행하는 주식의 총수: 납입자본으로서 동 주식의 인수와 납입이 이루어져야 회사가 성립됨 - 회사의 공고: 일간 신문에 의함
상대적 기재사항	① 발기인이 받을 특별이익과 이를 받을 자의 성명 ② 현물출자자의 성명과 그 목적인 재산의 종류, 수량, 가격과 이에 대하여 부여할 주식의 종류와 수 ③ 회사 설립 후 양수할 것을 약정한 재산의 종류·가격·수량 및 양도인의 성명 ④ 회사가 부담할 설립비용과 발기인이 받을 보수액	
임의적 기재사항	① 이사·감사의 수 ② 총회의 소집시기 ③ 영업연도 등	

(4) 주식발행 사항의 결정

회사설립 시에 발행하는 주식발행 사항은 정관의 절대적 기재사항 (④ 액면주식을 발행하는 경우 1주의 금액과 ⑤ 회사의 설립 시에 발행하는 주식의 총수) 외에 자본금에 관한 구체적인 사항을 결정하는 것이다.

정관으로 특별히 정하지 않은 경우에는 「상법」 제291조(설립 당시의 주식발행사항의 결정)에 따라 발기인 전원의 동의로 정한다. 발기인 전원의 동의로 정하는 사항으로는 주식의 종류와 수, 액면주식의 경우 액면 이상으로 발행할 때 그 수와 금액, 무액면주식을 발행하는 경우 주식의 발행가액과 주식의 발행가액 중 자본금으로 계상하는 금액 등이 있다.

주식발행 사항의 결정 이후에는 발행한 주식을 인수하는 절차로 들어가게 되는데, 인수 방법에 따라 발기설립과 모집설립으로 나누어진다. 발기설립은 발기인이 발행주식의 총수를 인수하는 방법이고, 모집설립은 발기인이 주식의 일부를 인수하고 나머지 주식은 발기인 외의 주주를 모집하여 인수하게 하는 방식이다.

먼저 발기설립과 관련한 절차를 살펴본 후 모집설립에 대해 살펴본다.

(5) 발기인의 주식인수

발기설립의 경우 「상법」 제293조(발기인의 주식인수)에 따라 발기인은 발행주식 총수를 서면에 의해 인수해야 하고, 각 발기인은 반드시 1주 이상을 인수해야 한다. 인수시기는 제한이 없으나 주식대금의 납입 전까지 인수하여야 한다.

(6) 납입과 출자의 이행

주식 인수 이후에는 납입과 출자 이행 절차를 거치게 된다. 「상법」 제295조(발기설립의 경우의 납입과 현물출자의 이행) 제1항에 따라 발기인은 지체없이 각 인수하는 주식에 대하여 인수가액의 전액을 납입하여야 한다. 이 경우 발기인은 납입을 맡을 은행 기타 금융기관과 납입장소를 지정하여야 한다.

현물출자를 하는 발기인이 있는 변태설립의 경우 「상법」 제295조(발기설립의 경우의 납입과 현물출자의 이행) 제2항에 해당 발기인은 납입기일에 지체없이 출자의 목적인 재산을 인도하고 등기, 등록 기타 권리의 설정 또는 이전을 요할 경우에는 이에 관한 서류를 완비하여 교부하여야 한다. 현물출자는 상대적 기재사항이다.

(7) 임원선임

납입과 현물출자의 이행이 완료되면 「상법」제296조(발기설립의 경우의 임원선임)에 따라 발기인은 지체없이 의결권의 과반수로 이사와 감사를 선임하여야 한다. 이 때 발기인의 의결권은 그 인수주식의 1주에 대하여 1개로 한다.

(8) 설립경과 조사

이사와 감사는 취임 후 「상법」제298조(이사·감사의 조사·보고와 검사인의 선임청구)에 따라 지체없이 회사의 설립에 관한 모든 사항이 법령 또는 정관의 규정에 위반되지 아니하는지 여부를 조사하여 발기인에게 보고하여야 한다. 단, 이사와 감사 중 발기인이었던 자, 현물출자자 또는 회사성립 후 양수할 재산의 계약당사자인 자는 동 조사·보고에 참가하지 못한다. 만일 이사와 감사 전원이 단서에 해당하는 경우 에는 이사는 공증인으로 하여금 조사를 하여 보고하게 하여야 한다.

또한 이사는 정관에 현물출자 등 「상법」제290조(변태설립사항)에 따른 내용이 규정되어 있는 경우에는 이에 관한 조사를 하도록 하기 위하여 관할소재지 법원에 검사인의 선임을 청구하여야 한다.

선임된 검사인은 「상법」제299조(검사인의 조사, 보고)에 따라 현물출자의 이행을 조사하여 서면으로 법원에 보고하여야 한다. 그리고 조사보고서를 작성한 후 지체없이 그 등본을 각 발기인에게 교부하여야 한다. 검사인의 조사보고서에 사실과 다른 사항이 있는 경우에는 발기인은 이에 대한 설명서를 법원에 제출할 수 있다.

만일 설립 중인 회사의 정관에 현물출자와 재산인수 등 변태설립사항이 기재되어 있지 않으면, 검사인의 선임과 조사를 받을 필요가 없으므로 이에 대한 절차를 생략하면 된다.

발기설립의 경우 발기인 총회에서 선임한 이사로서 구성되는 이사회에서 대표이사를 선임하다.

2) 모집설립 절차

모집설립 절차는 앞서 살펴본 발기설립 절차 중 (1) 발기인과 발기인 조합 구성, (2) 상호 및 목적 사항 결정, (3) 정관 작성 및 인증, (4) 주식 발행 사항의 결정까지는 절차상 동일하다. 이하에서는 모집설립과 관련한 절차에 대하여 살펴본다.

(1) 발기인의 주식인수와 주주 모집

발기인이 회사의 설립시에 발행하는 주식의 총수를 인수하지 않은 때에는 「상법」 제301조(모집설립의 경우의 주식모집)에 따라 주주를 모집하여야 한다.

한편, 발기인의 주식인수는 주주를 모집하기 전에 이루어져야 한다. 「상법」 제302조(주식인수의 청약, 주식청약서의 기재사항)에 따라 주주를 모집할 때의 주식청약서에 각 발기인이 인수한 주식의 종류와 수를 기재하도록 되어 있기 때문이다.

(2) 모집주주 청약

현행 「상법」은 주식청약서주의를 채택하고 있다. 발기인은 「상법」 제302조(주식인수의 청약, 주식청약서의 기재사항)에 따라 정관의 절대적 기재사항과 변태설립사항, 회사 조직의 대강과 청약조건 등 회사설립 개요 등을 응모주주가 알 수 있도록 기재한 주식청약서를 작성해야 한다.

그리고 주식인수의 청약을 하고자 하는 자는 주식청약서 2통에 인수할 주식의 종류 및 수와 주소를 기재하고 기명날인 또는 서명해야 한다.

(3) 주식배정과 인수

발기인은 응모한 주식청약인에 대하여 사전에 정한 방법에 따라 총 발행주식 수 중 인수하여야 할 주식을 배정하면 이것에 의하여 주식인수가 확정된다.

주식인수인 또는 주식청약인에 대한 통지나 최고는 「상법」 제304조 (주식인수인 등에 대한 통지, 최고)에 따라 주식인수증 또는 주식청약서에 기재한 주소 또는 주식청약인이 요구하는 주소로 하면 된다.

배정된 주식의 수가 청약한 주식의 수보다 적을 수 있는데, 이는 이의 제기의 대상은 아니다.

(4) 주식대금의 납입

회사설립 시 발행되는 주식의 총수가 인수된 때에는 「상법」 제305조 (주식에 대한 납입)에 따라 발기인은 지체없이 주식 인수가액을 납입하고, 주식인수인에 대하여 각 주식에 대한 인수가액의 전액을 납입시켜야 한다. 인수가액의 납입은 주식청약서에 기재된 납입장소에 해야 한다.

현물출자를 하는 발기인은 발기설립 시와 동일하게 납입기일에 출자의 목적인 재산을 인도하고 등기, 등록 기타 권리의 설정 또는 이전을 요할 경우 서류를 완비하여 제출하여야 한다. 변태설립에 대한 조사는 발기설립과 마찬가지로 검사인을 선임하여 진행하고, 검사인의 보고서를 창립총회에 제출하여야 한다.

(5) 창립총회 개최

납임과 현물출자의 이행이 완료된 때에는 「상법」 제308조(창립총회)에 따라 발기인은 지체없이 창립총회를 소집하여야 한다. 창립총회 결의는 「상법」 제309조(창립총회의 결의)에 따라 출석한 주식인수인의 3분의 2 이상이며 인수된 주식의 총수의 과반수에 해당하는 다수로 하여야 한다.

창립총회에서는 회사설립에 관한 모든 사항을 논의하거나 결정하지만 「상법」에서는 발기인의 보고, 임원의 선임, 설립경과에 대한 조사·보고, 정관의 변경이나 설립폐지의 결정을 하도록 규정하고 있다.

먼저 「상법」 제311조(발기인의 보고)에서는 발기인은 회사의 창립에 관한 사항을 서면에 의하여 창립총회에 보고하도록 하고 있다. 보고서에는 ① 주식인수와 납입에 관한 제반사항, ② 변태설립에 상하에 관한 실태를 명확히 기재해야 한다.

둘째, 「상법」 제312조(임원의 선임)에 따라 창립총회에서 이사와 감사를 선임하여야 한다.

셋째, 「상법」 제313조(이사, 감사의 조사, 보고)에 따라 이사와 감사는 취임 후 지체없이 회사의 설립에 관한 모든 사항이 법령 또는 정관의 규정에 위반되지 아니하는지의 여부를 조사하여 창립총회에 보고하여야 한다. 변태설립사항에 대해서는 「상법」 제310조(변태설립의 경우의 조사)에 따라 검사인을 선임하여 조사하도록 하고 창립총회에 보고서를 제출하여야 한다.

넷째, 「상법」 제316조(정관변경, 설립폐지의 결의)에 따라 창립총회에서는 정관의 변경 또는 설립의 폐지를 결의할 수 있다. 소집통지서에 이러한 뜻의 기재가 없는 경우에도 결의가 가능하다.

제 **3** 장

창업아이디어와
창업아이템 선정

 제1절   창업환경

제2절   창업아이디어와 창업아이템 선정

창업아이디어와 창업아이템 선정

창업환경

1 **창업환경의 의의와 분류**

창업은 비즈니스의 기초를 세워 시작하는 것인데, 이러한 창업은 창업환경 가운데서 하게 된다. 고객에 가치를 제공하면서 삶을 아름답게 만들고 수익을 창출하는 사업의 아이템과 아이디어는 창업환경에 대한 이해와 함께 한다.

창업자는 현재의 창업환경과 변화하는 창업환경을 함께 분석하면서 창업환경에 적합한 창업활동을 찾게 된다. 또한 적극적으로 창업환경을 만들어 간다. 즉, 창업가는 창업환경과 상호작용하면서 영향을 받기도 하지만 동시에 창업환경을 만들어가는 주체이기도 하다. 드러커(P. F. Drucker)가 "미래를 잘 예측하는 것은 미래를 창조하는 것이다."라고 했듯이, 창업을 함에 있어서 창업환경을 분석하고 예측하는 것도 필요하지만 창업환경을 적극적으로 창조한다는 자세를 갖는 것이 필요하다.

창업환경은 외부환경과 내부환경으로 나누어진다. 외부환경은 창업을 에워싸고 있는 다양하고 전반적인 환경요인으로, 다시 거시적 환경(macro-environment)과 미시적 환경(micro-environment)으로 구분해 볼 수 있다. 거시적 환경은 여러 산업과 경제 활동 전반에 영향을 미치는 환경으로 주요 거시적 환경요인으로 경제적, 기술적, 사회·문화적, 인구통계적, 정치적·법적 환경 등을 들 수 있다. 미시적 환경은 특정 산업(사업)에 직접적으로 영향을 미치는 요인들로 구성되어 산업환경이라고도 일컬으며, 주요 미시적 환경요인으로 경쟁자(기존 기업, 잠재적), 공급자, 수요자(고객), 대체재 등을 들 수 있다.[1]

내부환경은 조직내부에 존재하면서 창업자가 보유하고 있는 역량들의 강점 및 약점을 찾아내는데 영향을 주는 환경으로, 다시 주관적 환경과 객관적 환경으로 나눌 수 있다. 주관적 환경요인은 조직문화, 경영이념, 경영전략, 조직권력 등을 들 수 있고, 객관적 환경요인은 조직기술, 조직규모, 조직수명 등을 들 수 있다.[2]

표 3-1 창업환경의 분류

환경 분류		환경요인
외부환경	거시적 환경	경제적, 기술적, 사회·문화적, 인구통계적, 정치적·법적
	미시적 환경 (산업환경)	경쟁자(기존 기업, 잠재적), 공급자, 수요자(고객), 대체재
내부환경	주관적 환경	조직문화, 경영이념, 경영전략, 조직권력
	객관적 환경	조직기술, 조직규모, 조직수명

2 창업환경의 분석

1) SWOT 분석

창업환경의 분석을 위해 사용되는 분석방법 중의 하나로 SWOT 분

---

1) 김희철, 실전창업경영론, 두남, 2021. 1. 15., pp.44-45.
2) https://blog.naver.com/hyeonse77/222448253568

석이 있다. SWOT 분석은 내부 환경요인을 강점(Strengths)과 약점(Weakness)으로, 외부 환경요인을 기회(Opportunity)와 위협(Threats)으로 분류한 뒤 이들을 적절히 조합함으로써 창업환경에 대응해나갈 수 있는 방안을 수립하는 분석방법이다. <표 3-2>는 강점, 약점, 기회, 위협을 분석하여 정리한 일반적인 SWOT 분석 사례이다.3)

표 3-2 일반적인 SWOT 분석

강점(Strengths)	약점(Weakness)
- 우수한 제조기술이나 생산효율성 - 숙련된 노동력 - 높은 시장점유율과 강력한 마케팅 조직 - 원활한 자금조달의 루트의 확보 - 고객의 높은 로열티	- 무능한 관리자 - 경쟁력 없는 기획팀 - 낙후된 시설과 진부한 기술, 연구개발에 소극적 자세 - 높은 이직률
기회(Opportunity)	위협(Threats)
- 경제호황 - 신기술의 출현 - 시장의 지속적인 성장 - 약한 경쟁자 - 신시장의 발견이나 대두	- 자원의 고갈 - 공공부문의 규제 - 소비자 선호의 변화 - 경쟁력 있는 대체재의 등장 - 강력한 경쟁자의 출현

SWOT 분석이 <표 3-2>와 같이 강점, 약점, 기회, 위협을 정리하는데 그쳐서는 안 되고, 이를 토대로 <표 3-3>과 같이 4가지 요소들을 조합하여 방안을 마련하여야 한다.4)

SWOT 분석방법을 사용할 때는 몇 가지 주의점이 있다.5) 먼저, 목적과 목표를 명확히 정해 두어야 한다. 무엇을 위해 이 분석을 하는지, 목표는 무엇인지를 확실히 해두어야 정확한 분석을 할 수 있다.

---

3) 정창화 외, 창업의 이해, 창민사, 2021. 2. 25., p.52
4) 정창화 외, 창업의 이해, 창민사, 2021. 2. 25., pp.52-53
5) https://www.salesforce.com/kr/hub/marketing/swot/

| 표 3-3 | 바람직한 SWOT 분석 |

		내부 환경요인	
		강점(Strengths)	약점(Weakness)
		적정 수준의 강점요인을 제함	적정 수준의 약점요인을 제시함
외부 환경 요인	기회(Opportunity)	강점-기회	약점-기회
	적정 수준의 외적 기회를 제시함	강점을 활용해 기회의 이점을 추구	약점을 극복하면서 기회의 이점을 추구
	위협(Threats)	강점-위협	약점-위협
	적정 수준의 외적 위협을 제시함	위협을 회피하고 강점을 활용하는 방안을 추구	위협을 회피하고 약점을 최소화하는 방안을 추구

둘째, 외부 환경요인은 변한다는 점이다. SWOT 분석을 통해 정리한 기회와 위협이라는 외부 환경요인은 특정 환경 상황에서 분석·정리한 것으로 지속적으로 변화한다. 따라서 특정 외부 환경 상황에서의 기회와 위협에 대한 강점과 약점 역시 변화하는 외부 환경요인에 맞춰 다시 분석·정리해야 한다. 기회와 위협은 외부 환경요인으로 창업자가 통제할 수 없고, 강점과 약점은 창업자의 주체적인 특성이다.

예를 들어 <표 3-4> 포드사와 GM의 시장점유율 변화는 외부 환경요인의 변화에 따라 기존의 강점이 지속적으로 강점이 되지 않음을 보여준다. <표 3-4>에서 포드자동차사는 1925년까지 시장점유율에서 GM을 앞섰지만 1927년부터는 GM이 시장점유율에서 포드자동차사를 앞서는 것을 보여주고 있다. 포드자동차사는 1900년대 초반에 소득 수준이 낮은 고객을 위해 저가 자동차를 개발하여 대량생산·대량판매하며 높은 시장점유율을 기록했다. 당시 외부 환경 상황에서는 저가 자동차 생산이 강점이었다. 그러나 1927년 경에 이르러서는 고객의 소득 수준이 향상되어 고객은 더 이상 저가 자동차만을 선호하지 않았다. 고객의 선호도가 다양해졌고, 다양한 자동차를 생산하는 GM 방식이 강점으로 떠올랐다.

표 3-4 포드사와 GM의 시장 점유율

(단위: %)

연도	1919	1921	1923	1925	1927	1929	1931
포드	40.1	55.7	46.1	40.0	9.3	31.3	24.9
GM	20.8	12.7	20.2	20.0	43.5	32.3	43.9

뒤 늦게 포드자동차사는 저가 자동차만을 생산하던 방식을 버리고, GM 방식을 따라가기에 이르렀다.[6]

셋째, 내부 환경요인을 객관적으로 강점 또는 약점으로 분리하기 어렵다. 강점과 약점을 판단하는 주체에 따라 강점과 약점이 달리 판단될 수 있다. 따라서 특정 외부 환경 상황에 대응하는 경우에도 강점으로 판단한 것이 약점이, 약점으로 판단한 것이 강점이 되는 경우가 있다.

따라서 SWOT 분석방법에 한계가 있을 수 있다는 전제하에 창업환경을 분석하는 방법으로 활용해야 한다. 기업 자체보다는 기업을 둘러싸고 있는 외부환경을 강조한다는 점에서 위협·기회·약점·강점(TOWS)으로 부르기도 한다.[7]

2) 거시적 환경의 분석

외부 환경 중 거시적 환경은 여러 산업과 경제 활동 전반에 영향을 미치는 환경으로 주요 거시적 환경요인으로 경제적, 기술적, 사회·문화적, 인구통계적, 정치적·법적 환경 등을 들 수 있다. 외부 환경이므로 기회와 위협요인을 부여한다.[8][9][10][11][12]

---

6) 홍성학, 삶과 가치를 남기는 비즈니스 모델, 법문사, 2021. 8. 10., pp.199-200.
7) https://terms.naver.com/entry.naver?docId=1203458&cid=40942&categoryId=31915
8) 김희철, 실전창업경영론, 두남, 2021. 1. 15., pp.45-50.
9) 차부근 외, 창업과 경영의 이해, 삼영사, 2014. 8. 20., pp.14-21.
10) https://terms.naver.com/entry.naver?docId=3431569&cid=58438&categoryId=58438
11) https://terms.naver.com/entry.naver?docId=3379357&cid=47332&categoryId=47332
12) https://terms.naver.com/entry.naver?docId=3571895&cid=58780&categoryId=58780

(1) 경제적 환경

경제적 환경요인이란 경제의 전반적 성격과 방향을 말한다. 따라서 여러 산업에 영향을 미치게 되는데, 그 영향의 정도는 산업에 따라 다르게 나타난다. 경제적 환경은 주로 제품의 수요 크기나 성장률, 원료 및 중간재의 가격, 제품의 생산원가, 판매 가격, 자본의 조달 가능성 등에 영향을 미친다. 이러한 경제적 환경을 나타내는 주요 변수로는 경제 성장률, 금리, 환율, 인플레이션, 노사분규 등을 들 수 있다.

가) 경제 성장률

경제가 성장하게 되면 소비지출이 늘어나게 되고, 소비 성향의 질적 변화를 가져오게 된다. 가격에 민감하던 소비가 기능과 품질 중심으로 전환하게 된다. 반대로 경제적 불황은 소비지출을 줄이고, 가격에 민감하게 된다. 금리, 환율, 인플레이션, 노사분규, 우연 변동 요인 등 다양한 요인들이 작용한다.

예를 들어, 1988년 서울 올림픽을 기점으로 경제 호황을 맞이했다가 1990년대 중·후반에 접어들면서 잦은 노사분규와 환율상승 등의 영향으로 극심한 경제불황을 맞이했다. 급기야 1997년 말 국제통화기금(IMF)으로부터 구제금융을 지원 받으면서 국제통화기금(IMF)이 요구한대로 기업구조개혁을 단행하게 되었다. 금리가 급등하고 고용이 불안정해졌고, 당연히 소비가 위축되었다.

취업이 어려워지면서 '소자본 창업'에 관심을 갖게 되었다. 즉, 경제 불황기에 나타나는 무점포 창업, 재택 창업, 소호(SOHO) 창업 등이 많이 나타났다.

최근에는 2019년 12월부터 전파된 코로나19 등과 같이 예측하지 못하는 요인에 의한 변동(우연 변동)이 경제 위축과 창업에 영향을 미치는 경우가 늘어나고 있다.

나) 금리

금리 변화는 가계의 소비, 기업의 투자는 물론 물가나 국가 간 자본 이동 등 경제에 큰 영향을 준다. 먼저 가계 소비에 대한 영향인데 사람들의 소비는 소득수준에 큰 영향을 받지만 금리에도 영향을 받는다. 금리가 상승하면 소비보다는 저축을 늘리게 되고 반대로 금리가 하락하면 사람들의 소비는 늘고 저축은 줄어든다. 특히 주택이나 자동차 등 내구재 구입을 위해서는 큰 자금이 필요하기 때문에 금융회사로부터 돈을 빌려서 지불하는 경우가 많다. 이런 경우에는 금리는 소비지출 결정에 큰 영향을 미친다.

금리 변동에 민감하게 반응하는 것은 가계의 소비와 더불어 기업의 투자라 할 수 있다. 금리가 오르면 투자비용이 증가하기 때문에 기업은 투자를 줄이고 반대로 금리가 하락하면 투자가 증가한다.

금리 변동은 국가간 자본이동에도 영향을 준다. 자본이동이 자유롭게 허용되는 경우에 투자자들은 더 높은 수익률이 발생하는 국가에 투자를 하려 할 것이다. 본국과 외국의 금리 차이를 보고 상대적으로 외국의 금리가 높다면 자금은 해외로 이동하고 역의 경우에는 국내로 이동할 것이다.

이와 같이 금리는 물가, 고용, 생산, 환율 등 경제에 미치는 영향이 매우 크다.

다) 환율

환율은 자국 화폐와 외국 화폐의 교환 비율, 즉 외국 화폐와 비교한 자국 화폐의 값어치이다. 외환의 수요가 증가하면, 환율이 상승하고 원화 가치가 하락한다. 반대로 외환의 공급이 증가하면, 환율이 하락하고 원화 가치가 상승한다.

환율이 상승하면 원화 가치가 하락하여 수출가격이 낮아지고 수입가격은 높아져 수출은 증가하고, 수입과 자국민의 해외여행이 감소하여 경상 수지가 개선된다. 수출 증가에 따라 국내 기업의 생산과 고용이 증가하여 경기가 활성화된다. 반면에 수입 원자재의 가격이 올라 생산 비용이 증가하기 때문에 국내 물가가 상승한다. 그리고 원화 가치가 하락하여 외채 상환에 대한 부담이 증가한다.

반대로 환율이 하락하면 원화 가치가 상승하여 수출이 감소하고, 수입과 자국민의 해외여행이 증가하여 경상 수지가 악화된다. 그리고 환율이 하락하면 수입 증가에 따라 국내 기업의 생산과 고용이 위축되어 경제 성장을 저해한다. 반면에 수입 원자재의 가격이 하락하여 생산 비용이 감소하기 때문에 물가가 안정된다. 그리고 원화 가치가 상승하여 외채 상환에 대한 부담이 감소한다.

우리나라의 경우, 많은 곡물과 원자재, 그리고 부품을 외국에서 수입하고 있어 환율에 따른 가격 변화에 민감하게 된다.

라) 인플레이션(inflation)

인플레이션은 물가가 전반적·지속적으로 상승하는 현상이다. 물가가 전반적·지속적으로 상승하는 원인으로 먼저 수요견인 인플레이션(demand-pull inflation)을 들 수 있다. 수요는 크게 늘어나는데 그것에 맞추어 공급량이 늘어나지 않기 때문에 일어나는 인플레이션이다. 가계에 돈이 많아지면 소비가 늘어나는데 그만큼 물건 공급이 되지 않을 경우에 발생한다.

다음으로 비용인상 인플레이션(cost-push inflation)이다. 이것은 제품의 생산비용이 오르면 제품 가격도 함께 올라서 전반적인 물가가 모두 오르는 경우이다. 예를 들면 수입하는 석유 값이 오르면 석유와 관련된 제품은 모두 오르게 되는 것이다.

우리나라의 경우 외국에서 수입하는 곡물, 원자재, 부품들이 많은데 기후변화에 따른 갑작스런 홍수와 가뭄, 폭설과 산불, 코로나19 바이러스 전파, 전쟁 등으로 수입품의 공급은 줄어들면서 가격은 오르는 비용

인플레이션을 자주 맞이하고 있다. 2022년에 들어서는 우크라이나와 러시아 간에 전쟁을 하게 되면서 곡창지대인 우크라이나로부터 밀 등 곡물 수입이 어려워졌고, 인도네시아로부터는 팜유 수입이 어려워져 국내 물가가 올랐다.

이러한 물가 상승은 소비를 위축시키고, 창업에도 큰 영향을 미치게 된다.

(2) 기술적 환경

기술적 환경요인이란 과학 이론을 실제로 적용하여 사물을 인간 생활에 유용하도록 가공하는 수단으로서의 기술이 미치는 영향력이다. 구체적인 기술적 환경요인으로 기초과학뿐만 아니라 신제품의 개발, 새로운 제조기법의 발견 등을 모두 포함한다.

기술적 변화는 기존의 제품을 진부화시키는 동시에 새로운 제품을 출현시키고, 기존 제품의 수명주기를 단축시킬 수 있다. 사업방식의 변화에도 큰 영향을 미친다.

대표적으로 정보통신기술의 급속한 발전을 들 수 있다. 정보통신기술의 발전으로 인터넷을 중심으로 정보의 디지털화가 촉진되었고, 더욱이 스마트폰의 등장과 발전으로 모바일상의 거래의 비중이 커지고 있다. 디지털 비즈니스, 디지털 경제가 활성화되고 있다.

디지털 경제는 첫째, 정보·통신과 유통산업 분야의 활성화로 기업 경영에서 스피드와 유연성의 중요성이 증가하고 있다. 둘째, 디지털 플랫폼 비즈니스가 활성화되고 있다. 소비자들은 시·공간을 초월하여 자신이 원하는 상품이나 서비스를 선택할 수 있게 되었다. 셋째, 생산자와 소비자의 실시간 소통의 비중이 커지고 있다. 생산자와 소비자가 인터넷과 SNS의 확산, 스마트폰의 일반화로 실시간 소통이 가능해지면서 정보 공유의 영향력이 확대되고 있다. 그리고 상품 사용에 대한 평가 후기 등 소비자의 영향력이 증대되어 기업은 더욱 소비자를 중요시 여기게 되었다. 넷째, 고객소비형태에 대한 분석을 바탕으로 고객맞춤형 정보를 제공하는 비즈니스를 전개하고 있다.

2019년 12월 말부터 코로나19 바이러스 전파에 따른 사회적 거리두기가 진행되면서 비대면 생활방식이 늘어났고, 디지털 기술 사용과 디지털 경제를 더욱 촉진시켰다.

(3) 사회・문화적 환경

사회・문화적 환경요인이란 문화적, 심리적, 종교적 조건 등을 의미한다. 이러한 환경요인은 다양한 사회 구성원의 이념, 가치관, 태도 등에 의해서 이루어지며 다시 사회 구성원 개별 주체의 이념, 가치관, 태도 등에 영향을 미치게 된다. 이에 따라 소비자들의 소비경향과 구매행동, 조직 구성원들의 태도와 행동에 영향을 미치게 된다. 그리고 기업에게 소비경향과 구매행동은 기회나 위협으로 작용하고, 조직 구성원들의 태도와 행동은 강점이나 약점으로 작용하게 된다. 개인 신념과 가치를 소비에 투영하는 것을 '미닝아웃(Meaning Out)'이라고 한다.[13]

1970년대에는 대량생산・대량판매의 시대로 타인과 같아지고자 하는 의식이 강한 시기였다. 1980년대 이후부터는 이러한 의식이 변하기 시작하여 자신만의 생활 패턴을 중시하게 되었다. 최근에는 개별 고객에 대한 데이터 분석을 통해 맞춤형 정보를 제공하는 비즈니스가 늘어나고 있다.[14]

반려동물이 늘어나면서 '펫푸드' 산업이 발달하고 있다. 예를 들어, ㈜하림은 2017년 펫푸드 공장 '해피댄스 스튜디오'를 완공하고, 반려동물 사료 브랜드 '하림 펫푸드'를 출시했다.[15]

간단함과 편리함을 선호하면서 가정간편식(HMR: Home Meal Replace-

---

13) '신념(meaning)'과 '벽장에서 나오다(comming out)'의 합성어로 소비를 통해 개인의 가치관을 드러내는 것을 의미함.

14) 김희철, 실전창업경영론, 두남, 2021. 1. 15., p.27.

15) 매일경제신문, 식품산업 새바람 푸드테크 2.0, 2018. 3. 16.

ment)이 늘어나고 있다. 가정간편식에는 도시락, 김밥, 햄버거와 같은 즉석섭취식품, 가공밥, 국, 탕, 스프, 순대 등과 같은 즉석조리식품, 샐러드, 간편과일 등과 같은 신선편의식품 등이 있다. 이러한 가정간편식에 대한 소비가 대폭 늘어나 2011년에는 출하액 1조 1,067억 원이었지만 2015년에는 1조 6,720억 원으로 51.1% 증가하였다.[16]

외식문화도 많이 바뀌었다. 가족단위의 외식이 많아졌고, 자동차로 운전하여 경관이 좋은 야외식당을 찾는 경우도 늘었다. 편리한 외식 분위기를 위해 어린이를 위한 놀이시설을 갖추기도 한다. 최근에는 디지털 기기의 발달과 감염병(코로나19)에 따른 사회적 거리두기 등의 영향으로 배달문화가 급속히 증가하였다.[17]

맞벌이 부부가 늘어나고 여성들의 사회활동이 활발해짐에 따라 생활에서 변화가 많아졌다. 유아 도우미, 청소 대행업, 세탁 편의방, 쇼핑과 장보기 대행업, 욕실 리폼 등 각종 생활편의 아웃소싱 대행업종이 급성장하고 있다.[18]

플라스틱 사용이 증가하면서 폐플라스틱을 활용한 재생 섬유가 패션·의류업계 트렌드로 자리잡고 있고, 환경을 생각하는 '의식 있는 소비'와 결합하여 '컨셔스패션(Conscious Fashion, 의식 있는 패션) 시장'이 커지고 있다.[19] 대표적으로 효성은 2008년 플라스틱병에서 뽑은 원사로 만든 친환경 폴리에스터 리젠을 선보였다. 한편 이러한 변화와 함께 환경문제에 대한 시민운동도 확산되고 있다. 미국 최대 쇼핑축제 블랙프라이데이 기간 중인 2019년 11월 29일 미국 캘리포니아주 산타모니카에서는 시민들이 길거리에 길게 드러누워 "소비 부추기는 블랙프라이데이, 지구를 위해 멈춰라"라고 외치며 기후위기 대책을 촉구하는 시위를 벌

---

16) 매일경제신문, 식품산업 새바람 푸드테크 2.0, 2018. 3. 16.
17) 김희철, 실전창업경영론, 두남, 2021. 1. 15., p.29.
18) 차부근 외, 창업과 경영의 이해, 삼영사, 2014. 8. 20., p.48.
19) 매일경제신문, "우린 친환경 입어요"… 폐플라스틱이 의류 소재로 재탄생, 2022. 6. 10.

였다.[20)

사업체 조직에도 변화가 일고 있다. 핵심업무를 제외한 일상적인 관리업무를 외부용역으로 대체하는 아웃소싱이 일반화하면서 사업활동을 대행해 주거나 홍보, 회계, 인사업무를 대행해 주는 각종 사업지원업이 각광받고 있다.[21)

(4) 인구통계적 환경

인구통계적 환경요인으로는 연령 및 소득의 분포, 교육 수준, 인구이동, 인구증가율, 이혼율, 사망률, 출생률 등이 있다.[22)

인구통계적 환경은 다른 환경요인에 비해서 비교적 예측이 가능하다. 인구통계적 환경은 전쟁, 천재지변, 감염병 등 갑작스러운 상황의 변화와 달리 안정적인 변화를 보이며, 추세 변동의 형태를 보이기 때문이다. 따라서 시장의 규모를 결정짓는 가장 기초적인 요인이 된다. 예로 미국의 베이비 붐(baby boom) 세대를 들 수 있다. 제2차 세계대전 직후에 미국에서는 7천 5백만 명의 어린이들이 태어났고, 이들이 성장함에 따라 유아, 어린이, 청소년, 장년, 중년, 노년으로 연령이 높아지면서 새로운 수요를 형성하였다. 즉, 1950년대의 유아의류·유아용품·장난감 산업, 1960년대의 청바지·레코드·화장품 산업, 1970년대의 유흥·레저·패션산업, 1980년대의 건강산업·고급 주택산업이 거대한 수요를 창출하였다. 그리고 1990년 경에 예상하기를 2000년에는 이들이 노년기에 접어들어 노년층 시장을 대상으로 하는 산업에 수요가 형성될 것으로 보았다.

우리나라의 경우 노령 인구는 1995년 166백만 명, 2000년 337백만 명, 2010년 503백만 명, 2020년 690백만 명, 2030년 1,017백만 명으로, 총인구 중 노령인구 비율이 각각 5.9%, 7.1%, 10.0%, 13.2%, 19.3%로 급속히 증가가 예상되고 있다. 1990년대 중반부터 은퇴한 노인들을 위한 운

---

20) 경향신문, 소비 부추기는 블랙프라이데이, 지구를 위해 멈춰라, 2019. 12. 2.
21) 차부근 외, 창업과 경영의 이해, 삼영사, 2014. 8. 20., p.48.
22) 김희철, 실전창업경영론, 두남, 2021. 1. 15., p.49.

동시설 및 의료시설, 노동 시설 등을 갖춘 one-stop living 형태의 노인
전용 공동주택의 필요성이 강조되었다.

반면에 출생인구는 감소하고 있다. 자녀의 수는 적지만 유아용품의
고급화가 이뤄지고 교육비와 양육비의 지출은 늘어나고 있다.

(4) 정치적 및 법적 환경

정치적 또는 법적 이유로 인해 각종 규제 조치가 추가되거나 제거됨
에 따라 창업자는 전략적으로 새로운 위협과 기회를 맞이할 수 있다. 업
종 별 인·허가 사항에서 변화가 있을 수 있고, 유통산업발전법, 세법,
노동(관련)법, 공정거래법 등 사업과 관련된 각종 법규 내용이 변경되기
도 한다.

법이 개정된 사례로 2010년 11월에 전통시장 반경 500m 이내에 기
업형 슈퍼마켓(SSM, Super Supermarket)의 출점을 규제하도록 「유통산업
발전법」이 개정되었던 것을 들 수 있다.

최근에는 지구기후위기에 대응하여 탄소중립 실천과 ESG(Environ-
mental, Social and Governance) 정책 등이 강조되고 있다.

탄소중립이란 개인, 회사, 단체 등에서 배출한 이산화탄소를 다시 흡수
해 실질적인 배출량을 0(Zero)으로 만드는 것을 말한다. 즉, 배출되는 탄
소와 흡수되는 탄소량을 같게 해 탄소 '순배출이 0'이 되게 하는 것으로,
'넷-제로(Net-Zero)'라고도 부른다. 온실가스를 흡수하기 위해서는 배출
한 이산화탄소의 양을 계산하고 탄소의 양만큼 나무를 심거나, 풍력·태
양력 발전과 같은 청정에너지 분야에 투자해 오염을 상쇄한다.

탄소중립은 2016년 발효된 파리협정 이후 121개 국가가 '2050 탄소중
립 목표 기후동맹'에 가입하는 등 전 세계의 화두가 됐다. 여기에 2020년
코로나19 사태로 기후변화의 심각성에 대한 인식이 확대되고, '2050 장기
저탄소발전전략(LEDS)'의 유엔(UN) 제출 시한이 2020년 말이어서 이에
따라 주요국의 탄소중립 선언이 가속화되었다. 실제로 2019년 12월 유럽

연합을 시작으로 중국(2020년 9월 22일), 일본(2020년 10월 26일), 한국 (2020년 10월 28일) 등의 탄소중립 선언이 이어진 바 있다.

한편, 우리나라는 2021년 10월 18일, 2030년까지 온실가스 배출량을 2018년 대비 40% 감축하고 2050년에는 '순배출량 0(넷제로)'을 달성하겠다는 목표를 담은 2050 탄소중립시나리오와 2030 국가 온실가스감축목표(NDC) 상향안 등 2개 안건을 사실상 확정한 바 있다.[23]

ESG(Environmental, Social and Governance)는 기업의 비재무적 요소인 환경(Environment)·사회(Social)·지배구조(Governance)를 뜻하는 말이다.

지속가능한 발전을 위한 기업과 투자자의 사회적 책임이 중요해지면서 세계적으로 많은 금융기관이 ESG 평가 정보를 활용하고 있다. 영국(2000년)을 시작으로 스웨덴, 독일, 캐나다, 벨기에, 프랑스 등 여러 나라에서 연기금을 중심으로 ESG 정보 공시 의무 제도를 도입했다. UN은 2006년 출범한 유엔책임투자원칙(UNPRI)을 통해 ESG 이슈를 고려한 사회책임투자를 장려하고 있다.

2021년 1월 14일 금융위원회는 우리나라도 오는 2025년부터 자산 총액 2조원 이상의 유가증권시장 상장사의 ESG 공시 의무화가 도입되며, 2030년부터는 모든 코스피 상장사로 확대된다고 발표하였다. 이로써 비재무적 친환경 사회적 책임 활동이 기업 가치를 평가하는 주요 지표로 자리매김하게 되었다.[24]

3) 미시적 환경의 분석

외부 환경 중 미시적 환경은 특정 산업에 직접적으로 영향을 미치는 요인들로 구성되어 산업환경이라고도 한다. 대표적인 주요 미시적 환경 요인으로 마이클 포터(M. E. Porter)가 분류한 5가지 요인을 들 수 있다.

23) https://terms.naver.com/entry.naver?docId=931985&cid=43667&categoryId=43667
24) https://terms.naver.com/entry.naver?docId=5703698&cid=40942&categoryId=31821

이 5가지 요인은 산업의 경쟁질서를 좌우하는 요인으로서, 잠재적 경쟁자의 진입 위협, 기존 기업간의 경쟁, 수요자의 교섭력, 공급자의 교섭력, 대체재의 위협 등이다.25)

5가지 요인이 강하게 작용하는 경우 창업자는 수익성을 확보할 수 있는 능력에 제약을 받게 되고, 반대로 5가지 요인이 약하게 작용할 때는 높은 수익성을 확보할 수 있는 가능성이 커진다.

(1) 잠재적 경쟁자의 진입 위협

잠재적 경쟁자는 현재 산업 내에서 경쟁하고 있지 않지만 언제든지 진입할 가능성이 높은 사업자를 말한다. 잠재적 경쟁자의 진입 위협이 크면 클수록 경쟁자가 늘어날 가능성이 크므로 기존의 기업들은 수익성과 시장점유율, 시장성장율 측면에서 위협을 느끼게 된다.

잠재적 경쟁자가 될 수 있는 사업자들에는 다음과 같은 여러 종류가 있다.

첫째, 시장 확대를 노리는 사업자이다. 다른 지역에서 활동하고 있는 사업자는 지역 이동을 통해 쉽게 경쟁이 될 수 있다.

둘째, 제품 영역을 확대하고자 하는 사업자이다. 유사한 제조기술과 유통망을 토대로 산업에 쉽게 진입할 수 있는 경우이다.

셋째, 후방 통합의 가능성이 있는 사업이다. 부품으로 구매하고 있는 사업들의 경우 자체 생산의 필요성이 있을 때 부품 산업에 진입할 수 있다.

넷째, 전방 통합의 가능성이 있는 사업이다. 부품을 공급하고 있는 사업을 하고 있는 경우, 완제품의 가치가 크다고 판단되면 완제품 산업에 진입할 수 있다.

잠재적 경쟁자의 진입 위협은 진입장벽(barriers to entry)에 따라 그 크기가 달라진다. 진입장벽이란 잠재적 경쟁자가 특정 산업에 진입하는 것을 어렵게 하는 요인으로 산업 진입에 수반되는 비용을 의미한다. 잠

---

25) 김희철, 실전창업경영론, 두남, 2021. 1. 15., pp.50-56.

재적 경쟁자가 부담해야 할 비용이 크면 클수록 진입장벽은 그만큼 높아진다.

베인(Joe S. Bain)은 기존 기업들이 잠재적 경쟁자들이 진입하기 어렵도록 산업의 진입장벽을 형성하는 주요 원천으로 상표충성도, 절대적 비용우위, 규모의 경제 등을 들고 있다.

첫째, 상표충성도이다. 기존 사업자의 제품에 대한 구매자의 선호도를 말한다. 지속적인 광고, 특허, 제품 혁신, 고품질, 애프터서비스 등을 통하여 상표충성도를 창출할 수 있게 된다.

둘째, 절대적 비용우위이다. 기존 사업자가 신규 진입자가 따라올 수 없는 월등한 제조기법, 특허, 값싸게 원자재를 확보할 수 있는 능력 등으로 비용 측면에서 절대적 우위를 점하는 경우이다.

셋째, 규모의 경제이다. 규모의 경제란 사업규모에 따른 원가상 이점을 말한다. 대량생산 및 대량 구매로 인한 원가절감, 대규모 매출에 의한 고정비용 부담률의 감소, 광고에서의 규모의 효과 등을 들 수 있다.

(2) 기존 경쟁자 간의 경쟁

기존 경쟁자 간의 경쟁 정도는 대표적으로 경쟁자들의 수와 활동 특성, 제품 차별화 정도, 원가 구성과 퇴출 장벽 등의 요인에 의해 결정된다.

가) 경쟁사업체의 수와 활동 특성

경쟁사업체의 수가 많고 유사한 목표, 동일한 비용구조, 유사한 전략으로 사업을 하는 사업체가 많을수록 경쟁이 더욱 치열해진다.

나) 제품 차별화

제품 차별화는 기본적인 제품의 용도는 본질적으로 동일하나 제품의 구조, 성능, 디자인 등 제품의 물리적 특성 차이, 특정 브랜드와 관련된 신분의식 등과 같이 주관적 인식의 차이 등에 의해 만들어지는 차별화이다.

시장 특성에 있어 제품 차별화의 여지가 적을수록 기업들은 가격경쟁에 의존하게 되고, 기업간의 가격경쟁이 심하다.

다) 원가 구성

원가 구성에 있어서 고정비의 비중이 높은 경우 가동률을 높이려는 압력을 받게 된다. 그리고 경쟁사업체들 사이에 수익성 증가 이전에 시장점유율 증가를 위한 경쟁을 하게 된다. 따라서 무리한 물량경쟁이 촉발될 수 있으며, 지나친 가격 인하 경쟁으로 치닫는 수가 있다.

라) 퇴출장벽

퇴출장벽이란 특정 산업에 참여하고 있는 사업체가 해당 산업으로부터 떠나고자 할 때 이를 제한하는 장애요인이나 비용을 의미한다. 퇴출장벽에는 크게 경제적 요인과 심리적 요인이 있다. 경제적 요인에는 예를 들어, 보유자산이 특수목적에 전문화된 것일수록 청산 시 시장가치가 적어 그만큼 회수하지 못하고 경제적으로 손실을 보게 된다. 심리적 요인으로 사업에 대한 자부심과 자존심 등을 들 수 있다.

이러한 퇴출장벽이 높은 경우 퇴출하지 못하여 남아 있게 되고, 배수의 진을 치고 경쟁에 임하게 된다. 따라서 사업체 간 경쟁이 심해진다.

(3) 수요자의 교섭력

교섭력(bargaining power)이란 상대편과 의논하고 절충할 수 있는 능력이다. 수요자의 교섭력은 수요자의 힘이다. 다음과 같은 상황에서 수요자는 높은 교섭력을 갖게 된다.

첫째, 수요자의 구매량이 판매자(사업자)의 전체 매출액에서 큰 비중을 차지하는 경우이다. 이런 경우에는 자연히 수요자의 영향력이 커지고 사업체 입장에서는 수요자의 요구를 수용하게 된다.

둘째, 수요자가 제품을 대량으로 구매하는 경우이다. 이 경우 수요자는 강력한 구매력을 활용하여 가격 인하를 요구하기 쉬워진다.

셋째, 제품이 차별화되어 있지 않은 경우이다. 이 경우 수요자들은 언제라도 다른 공급회사들로부터 제품을 구입할 수 있기 때문에 수요자에게 보다 유리한 조건을 요구할 수 있다.

넷째, 수요자(사업자)가 용이하게 후방 통합을 할 수 있는 경우이다. 이 경우 수요자는 후방 통합의 위협을 통하여 거래상 양보를 끌어내기 쉽다.

다섯째, 수요자들이 자세한 정보를 확보하고 있을 때이다. 수요자들이 수요 상황, 시작 가격동향, 공급자들의 구체적인 원가 구조 등을 파악하고 있다면 수요자의 협상능력이 보다 커질 수 있다.

(4) 공급자의 교섭력

공급자의 교섭력은 다음과 같은 상황에서 커진다.

첫째, 대체품이 없는 경우이다. 공급자의 제품을 대체할만한 다른 제품이 없다면 그만큼 공급자에 의존도가 높아지고 공급업자의 요구를 수용하게 된다.

둘째, 공급자의 제품이 기업의 생산 및 경영활동에 중요한 요인이 되는 경우이다. 이 경우 경영활동에 차질을 일으키지 않기 위하여 어쩔 수 없이 공급자의 요구를 수용하게 되는 경우가 많다.

셋째, 제품이 차별화되어 있는 경우이다. 제품이 차별화되어 있어 다른 공급업자로 쉽게 전환할 수 없는 경우 공급업자에 대한 의존도가 높아진다.

넷째, 공급자들이 쉽게 전방 통합을 할 수 있는 경우이다. 이 경우 공급자들은 전방 통합의 위협을 통하여 보다 유리한 조건으로 거래를 할 수 있다.

(5) 대체재의 위협

대체재란 서로 대신 쓸 수 있는 관계에 있는 두 가지의 재화이다. 쌀과 밀가루, 만년필과 연필, 버터와 마가린, 성냥과 라이터, 플라스틱과

철강재, 햄버거와 도시락 따위이다.

대체재의 존재 여부는 기업의 가격 책정에 영향을 준다. 대체재가 가격 결정에 위협을 주는 정도는 고객의 대체 성향과 가격 대비 성능 비율에 의해서 결정된다.

편의점에서 도시락을 팔기 시작하면서 햄버거의 판매량이 줄어들었던 때가 있었다. 햄버거를 제공하는 사업체 중에서는 일시적인 이벤트 행사를 통하여 햄버거를 두 개 사는 고객에게 좀 더 낮은 가격으로 제공하거나 다른 제품(보완재)을 추가로 제공하기도 하였다.

제2절 　창업아이디어와 창업아이템 선정

① 창업아이디어

1) 창업아이디어의 대상

아이디어란 어떤 일에 대한 구상이고, 창업아이디어는 창업활동에 대한 구상이다. 창업은 비즈니스의 기초를 세워 시작하는 것으로 고객에 가치를 제공하면서 삶을 아름답게 만들고 수익을 창출하는 활동이다. 따라서 창업아이디어는 이러한 창업활동 전반에 걸쳐 필요하게 된다. 즉 고객가치를 담아내는 제품과 서비스에 대한 아이디어로서 창업아이템 선정, 제공할 고객가치의 창출 방법, 수익을 창출하는 방법 등과 관련하여 아이디어가 필요하게 된다.

이러한 창업아이디어는 창업활동 전반에 걸쳐 필요한 만큼 앞에서 살펴본 창업환경에 대한 이해와 함께 한다.

2) 창업아이디어 발견 방법

창업아이디어는 창업활동 전반에 걸쳐 존재하는 문제의 해결방안을 모색하면서 발견하게 된다. 고객가치를 담아내는 제품과 서비스로서의 창업아이템, 고객가치를 창출하는 방법, 수익을 창출하는 방법에 대한 아이디어는 모두 문제해결을 위한 것이다.

첫째, 창업아이템과 관련된 아이디어는 '필요성의 발견'과 그에 따라 제공되는 '제품이나 서비스의 활용'이라는 두 가지 측면에서 탐색되어야 한다. 이때 '필요성의 발견'이란 '필요한데도 존재하지 않거나 이미 존재하지만 불만족스러운 욕구를 발견하는 것'을 의미한다. '제품이나 서비스의 활용'이란 활용되지 못하고 있는 제품이나 서비스를 발견해 이를 필요로 하는 수요자 또는 수요시장을 발견하는 것을 말한다.

'필요성의 발견'의 사례로 스팀청소기를 개발하여 창업을 한 한경희 대표를 들 수 있다. 한경희 생활과학 대표는 맞벌이 주부로 공무원이었는데, 손걸레질 도중 허리와 무릎을 구부려 연신 방바닥을 훔쳐야 하는 걸레질을 해결하기 위해 떠올린 아이디어로 스팀청소기를 만들었다. 2003년 40억 원대 매출을 기록했고, 2005년에는 1,000억 원을 넘어섰다. 2008년 미국 월스트리트저널이 선정하는 '주목할 만한 여성 기업인 50인'에 오르기도 했다.[26]

'제품이나 서비스의 활용'의 사례로 2008년 8월 창립한 세계 최대의 숙박 공유 플랫폼 업체 '에어비앤비(Airbnb, Inc.)'를 들 수 있다. 에어비앤비는 빈 집과 방을 소개하여 필요로 하는 사람이 사용하도록 연결하는 플랫폼 스타트업으로 시작하였다. 2016년 기준 191개 이상의 국가 3만 4천 개 이상의 도시에 진출했고, 그 당시까지 에어비앤비를 이용한 사람은 6천만 명이 넘었다.[27]

---

26) 중앙일보, '스팀청소기' 신화 쓴 한경희 대표 "선택과 집중으로 재도약", 2018. 3. 20.
27) https://terms.naver.com/entry.naver?docId=3580835&cid=59088&categoryId=59096

창업아이템에 대한 아이디어에 의해 창업을 시작하여 성공했어도 제품에 따라서는 제품수명주기(PLC: Product Life Cycle)가 존재하여 지속적인 아이디어가 필요하게 된다.

둘째, 제공할 고객가치의 창출 방법과 관련된 아이디어이다. 창업아이템을 통해 고객가치를 제공하려면 고객가치를 창출할 수 있는 능력을 갖추어야 하므로 어떻게 능력을 갖출 것인지와 관련된 아이디어를 발견해야 한다. 고객가치를 창출할 수 있는 능력을 갖추기 위해서는 먼저 고객가치를 창출하는데 필요한 자원 및 역량을 결정하고, 이어서 자원 및 역량을 갖추기 위해 필요한 투자규모를 결정함과 함께 자원 및 역량을 체계화하기 위한 조직을 설계해야 한다. 이러한 활동과정 가운데 아이디어가 필요하게 된다. 예를 들어, 고객가치를 창출하는데 필요한 자원 및 역량을 사업체 내부에서 모두 갖출 수도 있지만 일부 갖추고 나머지를 외부에 아웃소싱하여 투자규모를 줄일 수도 있는데, 이에 따라 투자규모와 조직 설계가 달라진다.

셋째, 수익을 창출하는 방법에 대한 아이디어이다. 동일한 창업아이템이라 하더라도 수익을 창출하는 방법에 따라 수익은 달라질 수 있다. 예를 들어, 판매방식을 택할 것인가 렌탈방식을 택할 것인가에 따라 수익창출이 달라진다. 웅진코웨이는 1997년 정수기를 초기에는 판매했지만 판매가 부진하자 렌탈방식으로 바꾸어 수익을 창출할 수 있었다.

이러한 고객가치를 담아내는 창업아이템, 제공할 고객가치의 창출 방법, 수익을 창출하는 방법 등은 사업하는 방법인 비즈니스 모델 구성과 관련되는 것이어서 제4장 비즈니스 모델에서 구체적으로 살펴보고자 한다.

② 창업아이템 선정

1) 창업아이템 선정의 중요성

창업아이템이란 "고객가치 제공을 위해 구상한 아이디어를 비즈니스 차원으로 체계화한 제품과 서비스"라고 할 수 있다. 창업자는 아이디어 단계를 넘어서서 고객가치를 담은 구체적으로 체계화된 창업아이템을 선정함으로써 사업자의 길을 걷게 된다. 그리고 창업아이템이 선정됨에 따라 관련된 사업절차가 이루어지게 된다.

창업아이템 선정은 사업의 단순한 시작이 아니다. 사업이 성공적으로 운영될 것인지의 출발이면서 사업의 성패를 결정하는 데 있어 무엇보다 중요한 사항이다. 그래서 창업을 준비하는 많은 사람들은 사업을 성공으로 이끄는 매력적이고 유망한 창업아이템을 발견하기 위해 신중을 기하게 된다. 여기서 성공이란 수익성만을 의미하는 것이 아니다. 사업의 목적인 삶을 아름답게 하고 고객이 원하는 가치를 제공하면서 사업의 지속가능성을 위한 수단으로서 수익창출이 가능한 상태를 이루어내는 것을 성공이라고 할 수 있다.

2) 창업아이템 선정의 기본원칙

사업의 목적인 삶을 아름답게 하는 고객가치를 제공하면서 사업의 지속가능성을 위한 수단으로서 수익창출이 가능한 상태를 이루는 것이 성공이다. 따라서 창업아이템 선정의 주요 기본원칙으로 삶을 아름답게 하는 고객가치 제공을 전제조건으로 창업환경의 변화 반영, 자신과의 적합한 업종선택, 사업타당성 분석 등을 들 수 있다.[28]

---

28) 차부근 외, 창업과 경영의 이해, 삼영사, 2014. 8. 20., pp.34-37.

(1) 창업환경의 변화 반영

창업환경은 변하고, 업종은 시대 변화를 반영한다. 따라서 앞에서 살펴본 환경요인, 즉 거시 환경요인(경제적 환경, 기술적 환경, 사회·문화적 환경, 인구통계적 환경, 정치적·법적 환경)과 미시 환경요인(잠재적 경쟁자의 위협, 기존 경장자의 위협, 수요자, 공급자, 대체재)들의 분석을 통해 창업환경의 변화를 파악해야 한다.

특히 최근 거시 환경요인으로 전쟁, 기후변화, 감염병 등은 원자재, 부품 등의 공급을 원활하지 않게 하고, 가격을 올려 소비를 위축시키고 있다.

기존 점포수의 증가나 업종 수명주기의 단축, 소비자의 소득 수준 변화, 디지털 비즈니스 시대로의 변화 등도 아이템 선정에 영향을 미치고 있다.

창업환경의 변화는 지속적인 아이템 선정과 개선을 요구하고 있다. 성공 아이템을 선정했다 하더라도 경쟁자가 등장하고 새로운 시대적 변화가 나타나 업종 수명주기를 변화시키기 때문이다. 따라서 사업가는 창업 시점뿐만 아니라 사업이 번창하고 있는 시점에도 새로운 아이템 개발과 개선에 소홀함이 없어야 한다. 시대적 변화에 둔감한 업종이나 자신들의 독특한 아이템, 새로운 기술, 신흥상권 등 다양한 블루오션 아이템을 택하는 것도 필요하다.

(2) 창업자와의 적합한 업종선택

창업자 자신과 적합한 업종을 선택하는 것 역시 창업아이템 선정에 있어서 매우 중요한 일이다. 창업자의 적합성과 관련된 내용으로 적성과 경험, 지식과 능력 등을 들 수 있다.

창업자의 사업가적 적성과 사업분야에 대한 적성과 경험, 지식 여부를 우선 고려하여 창업자 자신이 예전에 다녔던 직장과 관련된 업종이나 평소에 관심이 있었던 사업아이템을 찾는 지혜가 필요하다. 사업분야에 대한 경험이 없다면 창업을 하기에 앞서 충분하게 경험을 하고, 지식이 부족하다면 희망 분야에 대한 정보수집을 통해 아이템 탐색 및 검토(제2장)를 하는 것이 필요하다. 정보수집 방법으로 인터넷·전문잡지·신문 등을 활용하거나 기존 사업자, 체험자 또는 종사자와의 면담 등을 진행하는 것 등을 들 수 있다. 성격과 관련된 업종은 제2장 <표 2-2> 성격과 업종을 참고할 수 있다.

갖추어야 할 능력 사항으로 추진하고자 하는 업종의 인·허가, 등록, 면허사항과 관련하여 자격증 취득이 필요한지를 확인해야 한다. 또한 최소 필요자금의 조달 능력과 운용 능력도 필요하다.

부부 창업인 경우에는 자신뿐만 아니라 배우자의 선호나 적성 그리고 집까지의 거리, 자녀 문제 등을 염두에 두어야 한다.

(3) 사업타당성 분석

제2장에서도 살펴보았듯이 사업타당성 분석은 창업자가 추진하고자 하는 사업아이템이 앞으로 성공할 가능성이 얼마나 되는지 사전에 객관적이고 체계적으로 분석하는 과정이다.

일반적으로 사업타당성 분석은 추진하고자 하는 사업의 적합성(창업자의 역량 평가), 시장성, 기술성, 수익성 측면에서 평가하고 분석하게 된다. 이러한 사업타당성 분석 결과를 토대로 추진하고자 하는 사업아이템의 성공 가능성을 판단하고 추진 여부를 결정하게 된다.

사업타당성 분석은 제2장과 제4장에서 살펴본 사업형태(비즈니스 모델)를 함께 고려하면서 진행하여야 한다. 사업타당성 분석은 평가와 분석을 바탕으로 추진여부를 결정하는 것이 중심이라면 사업형태 결정에서는 적극적인 수익창출 방안을 모색하는 것이 중심이라고 할 수 있다.

3) 창업아이템 선정의 기본순서

계획적이고 체계적인 아이템 선정은 시간과 비용을 효율화 시킨다.

그러나 절대적으로 정해진 창업아이템 선정절차가 존재하는 것은 아니다. 일반적으로 인정받고 있는 창업아이템 선정절차는 존재한다. 이러한 창업아이템 선정절차는 앞에서 살펴본 '창업아이템 선정의 중요성'과 '창업아이템 선정의 기본원칙'의 내용을 담아내면서 체계적으로 절차화한 것이다. 일반적으로 인정받고 있는 창업아이템 선정의 기본순서는 [그림 3-1]과 같다.

그림 3-1 일반적인 창업아이템 선정의 기본순서

1. 창업 희망업종의 정보수집과 분석	5. 사업타당성 분석
2. 이용자, 체험자 또는 종사자의 면담	6. 업종 및 최종 아이템 선정
3. 후보창업 아이템에 대한 구체적 정보수집	7. 경영수업
4. 후보 아이템에 대한 정밀 분석과 검토	8. 구체적 창업준비

이러한 창업아이템 선정의 기본순서는 '창업아이템 선정의 중요성'과 '창업아이템 선정의 기본원칙'의 내용을 담아내어 체계화한 것이어서 사업타당성 분석 등 중복되는 내용이 들어 있다. 여기서는 사업타당성 분석 등 중복되는 일부 내용을 제외하고 살펴보고자 한다.29)30)

(1) 창업 희망업종의 정보수집과 분석

먼저 창업자 자신이 경험과 지식, 특히 동 업계 및 관련 업계의 근무경력을 갖고 있는 분야, 평소 관심이나 흥미를 가지고 있던 분야에서 창

---

29) 차부근 외, 창업과 경영의 이해, 삼영사, 2014. 8. 20., pp.37-39.
30) 정창화 외, 창업의 이해, 창민사, 2021. 2. 25., pp.61-62.

업 희망 업종을 찾아 정보수집을 한다.

친구와 지인, 희망업종 관련 서적이나 전문가, 아이템별 전문잡지, 신문 등으로부터 정보를 수집하고 분석한다.

(2) 이용체험자 또는 종사자의 면담

희망업종 경영회사의 고객이 되어 직접 구매활동을 체험하거나 관련 업종 근무 종업원과 면담을 통한 업계 전반적 상황 및 전망에 관한 실제 적인 정보를 수집한다.

(3) 후보 아이템에 대한 구체적 정보수집

후보 창업아이템에 대한 구체적이고 전문적인 정보수집을 위해서 각 종 상담기관(창업상담회사, 업종별 전문 컨설팅회사, 시·구·군 창업민원 실, 중소벤처기업부 창업상담실 등)이나 관련 업계나 단체(협회 및 조합 등), 업계에 정통한 전문가(경영지도사, 동 업계 다년간 근무경력자)로부 터 정보를 수집한다.

(4) 후보 아이템에 대한 정밀 분석과 검토

후보 창업아이템에 관련하여 수집된 정보를 정밀 분석하고 검토하기 위해 아이템의 성장성 및 창업자의 적성부합 여부 등에 대해 가족, 지인, 전문가의 의견을 청취한 후 2~3개 정도의 예비 창업 아이템을 선별하고 우선 순위를 결정한다.

부록

1 창업아이템의 라이프 사이클

1) 제품수명주기와 창업아이템 라이프 사이클

제품수명주기(PLC: Product Life Cycle)는 도입기, 성장기, 성숙기, 쇠퇴기로 이루어진다. 제품인 창업아이템의 경우에 제품수명주기를 적용하여 '창업아이템의 라이프 사이클'이라고 할 수 있다.

2) 라이프 사이클의 단계별 특성

라이프 사이클에 따른 단계별 특성은 <표 3-5>와 같이 정리할 수 있다.

표 3-5 라이프 사이클에 따른 단계별 특성

구분	도입기	성장기	성숙기	쇠퇴기
소비자	소비준비	소비증가	소비절정	소비위축
경쟁업소	미약	증대	극대	감소
매출	조금씩 증가	급속히 증가	최고	하락
이익	적음(마이너스이기도 함)	최고	줄어듦	계속 줄어듦
진행기간	1년차	2년차	3년차	4년차

(1) 도입기

아이템이 도입되는 초기로 성장률이 저조한 단계이다. 아이템에 대한 소비경험 부족으로 신빙성 있는 정보를 얻기 쉽지 않고 아직 넓은 유통망이 확보되지 못한 것이 판매량 성장을 가로막는 중요한 요소가 된다. 경쟁자는 없지만 초기의 촉진 및 유통망 확보와 관련된 비용, 판매량 저조로 매출은 있어도 이익이 마이너스 상태인 경우가 많이 있다. 자칫 성장기로 이어지지 못하고 도입기에서 멈출 수도 있다.

(2) 성장기

도입기가 끝나고 성장기에 이르게 되면 무엇보다도 시장이 최대로 확대되면서 제품의 판매량이 급격하게 증가하고 경쟁업체의 진입이 증대된다. 판매량 증대에 따라 규모의 경제가 나타나고, 경쟁업체의 진입으로 가격을 낮추게 된다. 도입기의 비가격 경쟁 중심에서 가격 경쟁 중심으로 전환이 이루어진다. 이익은 절정에 이른다.

(3) 성숙기

성숙기에 이르면 시장이 빠르게 확대됨과 동시에 후발 업체의 진입이 늘어나 경쟁이 더욱 심해지고, 시장은 포화상태가 된다. 가격 경쟁이 더욱 심해져 매출은 늘지만 이익은 점차 줄어들게 된다. 가격 경쟁력을 갖추고 서비스 등 질적 차별화 전략을 마련하는 등 기존 수요를 유지하면서 쇠퇴기 전환으로의 대비책을 강구해야 한다.

(4) 쇠퇴기

쇠퇴기는 새로운 아이템의 등장으로 매출이 떨어지면서 철수 준비를 해야 하는 단계이다. 그러나 소수의 사업체가 상당기간 동안 시장 점유를 하며 이익을 낼 수도 있어 철수시기에 대한 선택이 중요하다. 철수시기 선택을 위해서는 판매량 및 비용 그리고 이익 등의 추세를 정기적으로 분설할 필요가 있다.

MEMO

제 4 장

비즈니스 모델

제1절   비즈니스 모델의 의미
제2절   비즈니스 모델의 구성과 수익창출

비즈니스 모델

비즈니스 모델의 의미

1 비즈니스 모델의 개념

1) 비즈니스 모델의 등장

비즈니스에는 다양한 모델이 있다. 비즈니스가 존재한 이래로 비즈니스 모델은 있었다. 온라인, 오프라인, 첨단, 전통, 대기업, 중소기업 등 비즈니스 모델이 없는 비즈니스는 존재할 수 없다. 예를 들어, 1950년 다이너스클럽은 처음으로 신용카드를 세상에 내놓으며 새로운 비즈니스 모델을 시작하였다. 1959년 제록스는 대기업을 대상으로 복사기 임대사업을 시작하면서 장당 복사비를 청구하는 비즈니스 모델을 택했다. 1970년대 복사기 시장에 진입한 캐논은 소용량 복사기를 필요로 하는 고객을 대상으로 판매하는 비즈니스 모델을 택했다. 본체는 가격을 낮춰서 판매하고 토너가 들어간 카트리지를 비싼 가격에 판매하여 수익을 내기로 하였다.[1][2]

---

1) Alexander Osterwalder 외, 유효상 옮김, 비즈니스 모델의 탄생, 타임비즈, 2011. 10. 1., p.11.
2) 미타니 고지(三谷 宏治), 전경아 옮김, 세상을 바꾼 비즈니스 모델 70, 더난출판, 2015.9, p.5, pp.126-128.

그러나 비즈니스 모델이라는 용어를 사용하여 비즈니스의 다양한 형태를 본격적으로 체계화하고 연구하기 시작한 것은 1990년대 후반 인터넷 비즈니스 등장 이후부터라고 할 수 있다. Amazon, eBAY, Priceline, Autobytel 등 인터넷을 기반으로 한 소위 닷컴 비즈니스 모델이 주목을 받기 시작하면서 이러한 비즈니스 모델의 형태, 내용, 성공과 실패요인 등을 설명하고자 하는 목적에서 사용하기 시작하였다. 그만큼 이 용어 사용의 역사는 일천하다.3)

2) 비즈니스 모델 용어 사용의 변천

미타니 고지(三谷 宏治)는 '비즈니스 모델' 용어 사용의 변천사를 <표 4-1>과 같이 3기로 분류하기도 하였는데, 비즈니스 모델이라는 용어가 본격적으로 사용된 것은 1990년대 후반이다.4) 1기는 먼 옛날부터 1990년까지로 비즈니스 모델이라는 개념과 용어는 존재했으나 큰 주목을 받지 못하고 드문드문 쓰이는 정도에 불과했다.

2기는 1991년부터 2001년까지로 '인터넷 비즈니스의 설명용'으로 절정을 맞이하게 된다. 특히 1990년대 중반 이후 인터넷이 급격히 보급되면서 인터넷 비즈니스가 폭발적으로 발전하고 기업가와 투자가, 경영자와 미디어에서 비즈니스 모델이라는 용어를 빈번하게 사용하였다. 2001년 인터넷 거품붕괴(닷컴 버블)가 일어나자 '비즈니스 모델'이란 용어도 사라질 것이라고 예상하기도 했지만 건재하였다.

3기는 2002년부터로 '지속적 경쟁 우위'를 위한 해답과 '혁신을 일으키는 방법'으로서 '비즈니스 모델'이라는 용어를 지속적으로 사용하고 있다. '지속적 경쟁 우위'를 위한 해답과 '혁신을 일으키는 방법'은 21세기 경영전략론이 풀어야 할 최대의 과제로 '비즈니스 모델'을 더욱 필요로

---

3) 전성현, 뉴 비즈니스 모델, 집문당, 2002. 12. 5., pp.48-49.
4) 미타니 고지(三谷 宏治), 전경아 옮김, 세상을 바꾼 비즈니스 모델 70, 더난출판, 2015. 9. 25., pp.7-8.

표 4-1	'비즈니스 모델' 용어 사용의 변천사		
	1기	2기	3기
시기	~1990	1991~2001	2002~
용도	적극적으로 쓰이지는 않았다.	① 인터넷 비즈니스의 사업계획 설명용	② 지속적 경쟁우위와 분석틀 ③ 혁신의 원천

하게 되었다.

3) 비즈니스 모델의 개념들

비즈니스에 다양한 모델이 존재하고, 비즈니스 모델이라는 용어 사용의 역사가 일천하다 보니 일반적으로 받아들여지는 확고한 비즈니스 모델에 대한 정의는 아직 없다. 2기 이후 비즈니스 모델이란 용어가 빈번하게 사용되기도 하고 여러 연구자들이 다양하게 비즈니스 모델을 정의하고 있다.5)6)7)8)9)10)11) 이러한 여러 연구자들의 다양한 비즈니스 모델에 대한 정의를 살펴보면서 귀납적으로 공통점을 찾을 수 있다.

앨런 아푸아와 크리스토퍼 투치(A. Afuah & C. I. Tucci, 2001)는 "고객에게 자신의 경쟁자보다 더 나은 가치를 제공하고 돈을 벌 수 있도록 기업이 자신의 자원을 형성하고 사용하는 방식"이라고 했다.

---

5) 이홍규·김성철, 비즈니스 모델, 한울 아카데미, 2011. 5. 23., p.163.
6) 전성현, 뉴 비즈니스 모델, 집문당, 2002. 12. 5., p.51.
7) 김아랑, 기업의 지속적인 가치창출을 위한 비즈니스 모델 혁신 전략: 경쟁기업의 비즈니스 모델 사례연구, 한양대학교 대학원, 2013. 2., pp.12-15.
8) 강한수, 성공적인 비즈니스 모델의 조건, SERI경영노트 제108호, 삼성경제연구소, 2011. 6. 23., p.2.
9) 김병도, 경영학 두뇌, 해냄, 2018. 3. 5., p.112.
10) Alexander Osterwalder 외, 유효상 옮김, 비즈니스 모델의 탄생, 타임비즈, 2011. 10. 1., p.20.
11) 미타니 고지(三谷 宏治), 전경아 옮김, 세상을 바꾼 비즈니스 모델 70, 더난출판, 2015. 9. 25., p.9.

전성현(2002)은 "가치창출의 분기점에서 선택되는 기업 선택의 집합체"라고 했다.

조안 마그레타(J. Magretta, 2002)는 "사업의 작동 원리를 설명하는 이야기"라고 정의했다.12)13)

오스터왈더 외(A. Osterwalder et al. 2005)는 "본질적으로는 고객에게 더 집중함으로써 기업을 둘러싼 여러 이해 관계자들을 위해 가치를 창출하고 더 큰 성과를 내기 위한 방법을 담은 것이며 경영에 가장 핵심이 되는 체계적인 사고를 반영하고 있다."고 했다. 그리고 2010년 '비즈니스 모델의 탄생'이라는 저서에서는 "하나의 조직이 어떻게 가치를 포착하고 창조하고 전파하는지, 그 방법을 논리적으로 설명한 것이다."라고 정의하기도 했다.

티스(D. J. Teece. 2010)는 비즈니스 모델이란 "기업이 고객을 위한 가치를 어떻게 창조해 전달하고, 어떤 방법으로 수익을 취득하는가를 설명하는 '하나의 스토리'다."라고 했다.14)

이홍규와 김성철(2011)은 「뉴미디어 시대의 비즈니스 모델」이라는 저서에서 "기회와 사람과 조직의 역량을 엮어내는 하나의 스토리이다.", "기본적으로 가치를 창출하고(create value), 그 가치에 대한 대가를 획득하는(capture value) 일이다."라고 말했다. 강한수(2011)는 '성공적인 비즈니스 모델의 조건'이란 글에서 티스(D. J. Teece. 2010)가 정의한 비즈니스 모델의 개념을 소개하였다.

미타니 고지(三谷 宏治, 2015)는 「세상을 바꾼 비즈니스 모델 70」이라는 저서에서 "비즈니스란 어떤 가치를 어딘가에서 조달·창조하여 누군가에게 제공함으로써 수익을 얻는 것"이고, 비즈니스 모델은 '그 요소를

---

12) Joan Magretta, What Management Is, New York, NY: The Free Press, 2002.
13) Joan Magretta, Why Business Models Matter, Harvard Business Review, 80(5), 2002, pp.86-92.
14) D. J. Teece, Business Models, Business Strategy and Innovation, Long Rang Planning, 43(2-3), 2010, pp.172-194.

조합한 것'이라고 했다.

김병도(2016)는 「경영학 두뇌」라는 책에서 "해당 사업이 고객과 기업을 위해 가치를 제공하는 방법을 구체적으로 설명한 것"이라고 했다.

2 비즈니스 모델의 구성 요소

앞에서 살펴본 비즈니스 모델의 개념은 비즈니스 활동을 위한 스토리로써 비즈니스의 기본 구성 요소로 설명할 수 있다. 다양한 비즈니스 모델은 비즈니스를 전제로 하므로 비즈니스 모델을 구성하는 공통된 기본 구성 요소는 비즈니스를 구성하는 공통된 기본 구성 요소이기도 하다.

비즈니스 모델의 공통 기본 구성 요소를 알아 보기 위해서 먼저 그동안 여러 연구자들이 제안한 각각의 비즈니스 모델의 기본 구성 요소를 살펴볼 필요가 있는데, 여러 연구자들의 제안을 정리한 것이 <표 4-2>이다.15)16)

이러한 여러 연구자들의 제안들을 통해서 비즈니스 모델의 공통된 기본 구성 요소를 [그림 4-1]과 같이 크게 세 가지로 압축해 볼 수 있다. 첫째는 고객이 원하는 가치를 제안하는 것(고객 가치제안), 둘째는 가치 창출 역량을 갖추는 것(가치창출), 셋째는 가치 제공 대가로 수익 모델을 갖추어 수익을 창출하는 것(수익창출)이 그것이다.

---

15) 김아랑, 기업의 지속적인 가치창출을 위한 비즈니스 모델 혁신 전략: 경쟁기업의 비즈니스 모델 사례연구, 한양대학교 대학원, 2013. 2., p.14.
16) 이홍규·김성철, 비즈니스 모델, 한울 아카데미, 2011. 5. 23., p.179.

표 4-2	비즈니스 모델의 주요 기본 구성 요소

연구자	비즈니스 모델의 주요 기본 구성 요소
Slywotzky & Morrisen (1997)	• 고객선택(customer selection), 가치창출(value capture), 차별/전략적 통제요소(differentiation/strategic control), 범위(scope)
Timmers (1998)	• 제품/서비스/정보흐름(product, service, and information flows), 비즈니스 주체 및 역할(business actors and their roles), 잠재이익(potential benefits), 수익원천(revenues sources)
Ghosh (1998)	• 가치제안(value proposition), 수익 모델(revenue model), 시장기회(market opportunity), 경쟁환경(competitive environment), 경쟁우위(competitive advantage), 시장전략(market strategy), 조직개발(organization development), 경영 팀(management team)
Hamel (2000)	• 핵심전략(core strategy), 전략적 자원(strategic resource), 고객 인터페이스(customer interface), 가치네트워크(value network)
Markides (2000)	• 목표고객(who), 제공물(what), 전달 방법(how)
Rayport & Jaworski (2000)	• 가치제안(value proposition), 시장 제공품(marketspace offering), 자원 시스템(resource system), 재무모델(financial model)
Afuah & Tucci (2001)	• 고객가치(customer value), 범위(scope), 가격전략(pricing strategy), 수익원천(revenue source), 연계된 활동(connected activities), 실행(implementation), 비즈니스 능력(capabilities), 지속 가능성(sustainability)
Laudon & Traver (2001)	• 가치제안(value proposition), 수익 모델(revenue model), 시장기회(market opportunity), 경쟁환경(competitive environment), 경쟁우위(competitive advantage), 시장전략(market strategy), 조직개발(organization development), 경영 팀(management team)
Gordijn & Akkermans (2003)	• 참여자(actor), 가치창출대상(value object), 가치접점(value port), 가치인터페이스(value interface), 가치교환방식(value exchange), 가치제공형태(value offering), 세분시장(market segment)
Chesbrough & Rosenbloom (2004)	• 시장(market), 가치제안(value proposition), 가치사슬(value chain), 비용과 수익(cost & profit), 가치네트워크(value network), 경쟁전략(competitive strategy)

Morris et al. (2005)	• 가치제공(value proposition), 목표시장(market), 경쟁전략(competitive strategy), 내부역량(capabilities), 수익모형(profit model), 성장의지(growth)
Osterwalder (2005)	• 가치제안(value proposition), 고객분류(customer classification), 전달경로(delivery channel), 고객관계(customer relationship), 핵심자원(core resource), 핵심활동(core activity), 파트너 네트워크 (partner network), 수익흐름(profit flow), 비용구조(cost structure)
Shafer et al. (2005)	• 전략적 선택(strategic option), 가치창출(value creation), 가치네트워크(value network), 가치확보(value capture)
Johnson et al. (2008)	• 가치제안(value proposition), 이윤창출방식(value creation), 핵심자원(core resource), 핵심 프로세스(core activity)

그림 4-1 비즈니스 모델의 기본 구성 요소

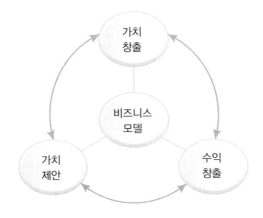

3 비즈니스 모델의 의미

최근 비즈니스 모델 혁신이 주목 받는 이유로 먼저 비즈니스를 함에 있어서 제품·서비스 개발과 프로세스 혁신도 중요하지만 어떤 비즈니

스 모델을 적용하느냐에 따라 큰 영향을 받게 되는 경우가 많다는 것을
알게 되었다는 것을 들 수 있다.17) 동일한 제품·서비스와 프로세스라
하더라도 어떤 비즈니스 모델의 유형을 적용하느냐에 따라 비즈니스의
성과가 달라질 수 있고, 본격적인 신제품 개발 없이도 높은 성과를 기대
할 수 있는 효과적인 전략 대안이 비즈니스 모델이라는 것이다. 비즈니
스 모델 혁신이 주목받는 또 하나의 이유로는 신기술제품·서비스와 프
로세스, 그리고 상황에 맞는 비즈니스 모델이 서로 정합성(整合性)을 가
져야 함을 들 수 있다.

　실제 미국의 컨설팅 기업 BCG(Boston Consulting Group, Inc.)의 연구
결과는 비즈니스 모델 혁신이 제품·서비스 개발과 프로세스 혁신에 비
해 높은 성과를 제공했음을 보여 주고 있다.18)19)

그림 4-2 제품, 프로세스 혁신 기업 VS 비즈니스 모델 혁신 기업의 성과 비교

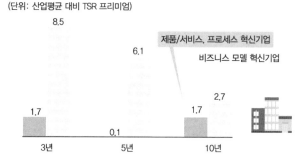

(단위: 산업평균 대비 TSR 프리미엄)

제품/서비스, 프로세스 혁신기업
비즈니스 모델 혁신기업

8.5
6.1
2.7
1.7
1.7
0.1

3년　　　　5년　　　　10년

자료: Lindgardt, Z, et al.(2009). Business Model Innovation: When the Game Gets Tough,
　　　Change the Game. BCG.

---

17) 강한수, 성공적인 비즈니스 모델의 조건, SERI경영노트 제108호, 삼성경제연구소,
　　2011. 6. 23, p.1.
18) 강한수, 성공적인 비즈니스 모델의 조건, SERI경영노트 제108호, 삼성경제연구소,
　　2011. 6. 23, p.1.
19) 해당 기간 동안 자본이득과 배당금을 모두 고려한 기업의 총주주수익률(TSR, Total
　　Shareholder Return)이 산업평균에 비해 얼마나 높은가를 토대로 측정.

경제성장 둔화, 제품 범용화와 저가 경쟁자 등장 등 여러 가지 도전에 직면하게 되면서 기업이 새로운 비즈니스 모델을 다양하게 모색하고 있다. 2008년 IBM이 40개국 1,000여 명의 글로벌 기업 CEO를 대상으로 실시한 설문조사 결과, 69%의 기업이 기존 비즈니스 모델의 혁신을 시도 중이라고 응답하였다.[20][21]

사업을 함에 있어서 아이템의 선정도 중요하지만 비즈니스 모델의 선정 역시 매우 중요하다. 동일한 아이템이라 하더라도 비즈니스 모델의 차이에 의해서 사업의 성공 여부가 달라질 수 있기 때문이다. 따라서 아이템의 선정이 이루어졌다면 아이템에 적합한 비즈니스 모델을 선정해야 한다. 선정한 비즈니스 모델에 대해서도 일정 기간 후 검토하고 새로운 비즈니스 모델을 찾는 노력이 필요하다.

4) 기존 비즈니스 모델의 개념들의 의미와 한계

다양한 비즈니스 모델에는 세 가지로 압축한 비즈니스 모델의 공통된 기본 구성 요소 즉, 가치제안, 가치창출, 수익창출이 들어 있다. 어떠한 비즈니스 모델이든지 공통 기본 구성 요소를 갖는데, 이러한 공통 기본 구성 요소를 접근하는 관점과 가치의 지향성에 따라 다양한 비즈니스 모델을 '생산자 중심 비즈니스 모델', '고객 중심 비즈니스 모델', '삶 중심 비즈니스 모델'로 나누어 볼 수 있다.

먼저 '생산자 중심 비즈니스 모델'은 가치제안과 가치창출에 있어 생산자가 고객의 관점보다는 생산자 관점에서 접근하는 것이다. 사회 전반적으로 기본적인 생활 물자에 대한 공급이 부족한 상황에서는 생산자 관점에서의 공급이 수요를 만들어 낸다. 실제 19세기 초반에 세이(J. B.

---

20) 강한수, 성공적인 비즈니스 모델의 조건, SERI경영노트 제108호, 삼성경제연구소, 2011. 6. 23, p.1.

21) 미국의 Harvard Business Review는 2011년 1-2월호 특집으로 '비즈니스 모델 혁신'을 다뤄 증가하고 있는 경영자들의 관심을 반영.

Say, 1767~1832)는 "공급은 스스로 수요를 창조한다"는 '판로의 법칙'을 제시하였고, 세이의 법칙은 20세기 초반까지 적용되었다.[22][23]

다음으로 '고객 중심 비즈니스 모델'은 생산자가 비즈니스 모델의 공통 기본 구성에 대해 고객의 관점에서 접근하는 것이다. 공급이 부족한 상황에서는 세이의 '판로의 법칙'이 적용되기도 하지만 공급이 늘어나 수요를 넘어서게 되면 '판로의 법칙'이 적용되지 않는 상황이 나타난다. 대표적으로 1929년 미국에서 발발하여 전 세계로 확산되었던 대공황은 공급 과잉이 주요인이었다.[24] 공급이 스스로의 수요를 창조하는 것이 아니라 반대로 "수요가 공급을 창출한다"는 것을 깨닫게 되었다.[25] 그리고 생산자가 고객의 관점에서 비즈니스 모델의 기본 공통 요소를 접근하여 수요를 만드는 방식으로 전환하게 되었다. 최근의 비즈니스 모델은 앞에서 소개한 여러 연구자들이 제시한 비즈니스 모델의 개념에도 나타나 있듯이 고객의 관점에서 접근하고 있는 것이다.

그러나 이러한 비즈니스 모델 개념은 '생산자 중심'에서 벗어나 '고객 중심'의 관점에서 접근하였지만, 자칫 '고객은 항상 옳다'는 의미를 부여하게 하는 한계를 갖고 있다. 즉, '고객 중심'이라는 말은 '고객이 옳다, 그르다'라는 의미와는 별개로 말 그대로 고객을 중심으로 한다는 것인데, '고객은 항상 옳다'라고 의미를 부여하게 되는 우를 범할 수 있다는 것이다. 따라서 고객 중심에서 말하는 고객이 '옳다'라는 범주에 있도록 하기 위해서는 단지 고객에게 가치를 제공하는 고객 중심에 그쳐서는 안되고, 고객에게 가치를 제공하는 것을 필요조건으로 하면서 그러한 가치가 삶의 의미를 부여하고 생활생명계(삶터)의 아름다움을 지향하도록 하

---

22) https://terms.naver.com/entry.nhn?docId=3572166&cid=58780&categoryId=58780
  세이는 1803년에 간행한 그의 저서 「정치경제론」에서 "상품의 수요를 유발시키는 것은 상품의 생산"이라고 하였는데, 이후 케인즈가 그의 저서 「일반이론」에서 세이의 주장을 "공급은 그 스스로의 수요를 창조한다"고 요약했다.
23) https://terms.naver.com/entry.nhn?docId=929735&cid=43667&categoryId=43667
24) https://terms.naver.com/entry.nhn?docId=1080502&cid=40942&categoryId=31787
25) https://terms.naver.com/entry.nhn?docId=3433853&cid=58393&categoryId=58393

는 충분조건을 만족시킬 수 있어야 한다.

이런 의미에서 '고객 중심 비즈니스 모델'과 구별되는 비즈니스 모델 개념이 필요하게 되는데, '삶 중심 비즈니스 모델'이라고 부르고자 한다. 즉, '삶 중심 비즈니스 모델'은 고객에게 가치를 제공하는 필요조건과 삶의 의미를 부여하고 생활생명계(삶터)의 아름다움을 지향하는 충분조건을 만족시키려는 비즈니스 모델인 것이다. 어떠한 비즈니스 모델이든지 '삶 중심 비즈니스 모델'의 의미를 담아야 한다. 그렇게 되면 '삶 중심 비즈니스 모델'이라고 하여 구별된 개념을 사용하지 않더라도 일반적으로 사용하는 비즈니스 모델은 "고객에게 삶의 의미와 생활생명계의 아름다움을 지향하는 가치를 어떻게 발견·제안하여 계발·제공하고, 어떤 방법으로 가치 제공에 대한 대가로서 수익을 획득하는가를 체계화한 스토리"라고 정의내릴 수 있다.

고객이 원하고 삶을 아름답게 만드는 가치를 제안하고, 제안한 가치를 창출하는 것은 결국 사람들의 삶을 위한 사람들의 조직적인 활동이므로, 가치를 남기는 조직적인 사람들의 활동은 사람을 남기는 활동이고 삶을 남기는 활동이라고 할 수 있다. 삶 중심 비즈니스 모델은 수익만을 얻으려는 것이 아니고 삶과 가치를 남기고자 하는 비즈니스 모델인 것이다.

개발도상국의 생산자의 노동에 정당한 대가를 지불하면서 윤리적 소비, 착한 소비를 강조하는 공정무역, 1990년대 미국에서 '천천히 그러나 더 훌륭하게 일하는 사람'의 뜻을 담은 약칭 슬로비족(SLOBBIE: Slow But Better Working People)의 등장, 2000년대 들어 '육체적·정신적 건강의 조화를 통해 행복하고 아름다운 삶을 추구하는 삶의 유형이나 문화'를 통틀어 일컫는 웰빙(well-being)의 개념 등장, 2000년 미국의 내추럴마케팅연구소에서 처음 사용한 말로서 '공동체 전체의 보다 더 나은 삶을 위해 건강과 환경, 사회의 지속적인 발전 등을 깊이 생각하는 소비자들의 생활방식', '개인의 웰빙을 뛰어 넘어 사회가 함께 웰빙하자는 이른바 사회적 웰빙'을 뜻하는 로하스(LOHAS: Lifestyles of Health and Sustainability)의 개념 등장, 사회·경제·환경·문화 등 모든 영역에서 공공의 이익과 공동체의 발전에 기여하는 가치로서 사회적 가치의 개념 부각, 2010년 11월 기업의 사회적 책임에 대한 국제표준으로서 ISO 26000 제정, 2011년 마이클 포터(Michael E. Porter)가 기업의 경제적 가치와 공동체의 사회적 가치를 조화시키는 경영으로서 공유가치창출 제시 등은 삶 중심 비즈니스 모델의 중요성을 일깨웠다고 할 수 있다.[26][27][28][29][30][31][32]

생산자 중심 → 고객 중심 → 삶 중심

TIP **핀란드에서 무상급식이 갖는 의미**[33][34]

핀란드는 1948년 제2차 세계대전 패전국이라는 멍에를 지고 배상금을 갚아나가던 어려운 시절에 무상 급식을 세계 최초로 실시해서 세계에서 가장 오래된 무상급식 역사를 가지고 있다. 그래서인지 핀란드인들은 학교급식을 단순히 한 끼 식사로 치부하지 않고, '아이들에게 양질의 따뜻한 음식을 제공한다'는 목표를 가지고 가정에서의 식사 못지않은 재료와 정성을 들여 학교에서 음식을 만든다.

2011년 헬싱키에 사는 2명의 주부들이 학교급식에서 화학조미료를 없애자는 캠페인을 벌이면서 전 국민적으로 학교급식에 대한 관심이 더 늘어났다. 이런 분위기에 맞춰 핀란드 한 학교 앞 쇼핑센터의 상인들은 학생들이 점심시간에 학교급식을 먹지 않고 상가에 와서 군것질을 하지 못하게 이 시간에 학생들의

26) https://terms.naver.com/entry.nhn?docId=3353509&cid=47305&categoryId=47305
27) https://terms.naver.com/entry.nhn?docId=1204116&cid=40942&categoryId=31614
28) https://terms.naver.com/entry.nhn?docId=1222578&cid=40942&categoryId=32182
29) https://terms.naver.com/entry.nhn?docId=931848&cid=43667&categoryId=43667
30) 김민주, 로하스 경제학, 미래의 창, 2006. 11. 10., p.41.
31) https://terms.naver.com/entry.nhn?docId=931062&cid=43667&categoryId=43667
32) https://terms.naver.com/entry.nhn?docId=3551683&cid=40942&categoryId=31821
33) 김선, 교육의 차이, 혜화동, 2018. 1. 15., pp.189-190.
34) 이보영, 한국보다 한 수 위! 교육 강국 핀란드의 급식논쟁, 우먼동아, 2011. 11.

쇼핑센터 입장을 자진해서 통제하기로 했다는 뉴스도 들렸다.

"당장 눈앞의 이익보다는 아이들의 건강이라는 공익에 더 큰 가치를 두었기에" 상인들이 자신들의 수익을 줄이면서까지 이런 결정을 내릴 수 있다고 본다.

제2절 비즈니스 모델의 구성과 수익창출

앞에서 비즈니스에는 다양한 모델이 있고, 다양한 비즈니스 모델에는 공통 기본 구성 요소로서 가치제안, 가치창출, 수익창출이 있음을 살펴보았다. 여기서는 비즈니스 모델의 기본 구성 요소 각각에 대해 구체적으로 살펴보고자 한다.

편의상 가치제안, 가치창출, 수익창출 순으로 살펴보지만, 세 가지 기본 공통 구성 요소가 상호 작용하며 각각의 구성 요소로서 존재하므로 종합적 관점을 가지면서 각 구성 요소의 내용을 본다는 접근 자세를 갖추어야 한다. 즉, 가치제안을 살펴볼 때는 가치창출과 수익창출을, 가치창출을 살펴볼 때는 가치제안과 수익창출을, 수익창출을 살펴볼 때는 가치제안과 가치창출을 고려해야 하는 것이다. 그래서 가치제안과 가치창출, 수익창출의 구체적 내용들이 서로 정합성(整合性)을 이루도록 해야 한다.

비즈니스 모델의 구성 요소간 상호작용을 전체적으로 표현하는 데는 앞의 [그림 4-1] 처럼 원으로 표시하는 것이 도움이 된다. 그러나 세 가지 기본 공통 구성 요소 각각에 대한 구체적인 내용을 살펴보기 위해서는 표로 정리하여 체계화한 후 순서를 정하여 살펴보는 것이 효과적일 수 있다.

따라서 여기서는 편의상 <표 4-3>과 같이 정리된 표를 사용하여 가치제안, 가치창출, 수익창출 순으로 살펴보고자 한다.35) <표 4-3>에서는 비즈니스 모델의 각 기본 구성 요소에서 필요로 하는 구체적인 '전략적 선택' 내용을 제시하고 있다. 전략적 선택 내용들은 앞의 <표 4-2>에 연구자별로 정리되어 있는 비즈니스 모델의 주요 기본 구성 요소들의 의미를 담고 있다. 즉, <표 4-3>은 가치제안, 가치창출, 수익창출별로 각각 관련있는 의미들을 담은 내용들을 묶은 것이라고 할 수 있다.36)

표 4-3 비즈니스 모델의 기본 구성 요소별 전략적 선택

기본 구성 요소	1. 가치제안	2. 가치창출	3. 수익창출
전략적 선택	- 표적 시장의 선택 - 가치창출 관계구조 유형의 선택 - 전략적 포지셔닝의 선택	- 자원 및 역량의 선택 - 투자 규모의 선택 - 조직 설계의 선택	- 핵심성공요인의 선택 - 수익 모델의 선택 - 수입원의 선택 - 가격설정의 선택 - 비용구조의 선택

TIP 비즈니스 모델 캔버스 37)

현재 비즈니스 모델을 설명·분석·설계하는데 사용하도록 정리된 그림 중 대표적인 것으로 오스트왈더(Osterwalder)가 제시한 '비즈니스 모델 캔버스(canvas)'가 있다.

비즈니스 모델 캔버스는 <표 4-2>에 나타나 있는 오스트왈더가 제시한 비즈니스 모델의 기본 구성 요소 9가지, 즉 고객 분류(Customer Segments), 채널(Channels), 고객관계(Customer Relationships), 가치 제안(Value Propositions), 수익원(Revenue Streams), 핵심자원(Key Resources), 핵심활동(Key Activities), 핵

---

35) 이홍규·김성철, 비즈니스 모델, 한울아카데미, 2011. 5. 23., pp.178-179.
36) '전략'이라는 단어에는 전쟁, 전투의 의미를 담고 있어서 가치를 창출하고 남기는 삶 중심 비즈니스 모델에는 '창략(創略)'이 적합하지만, 일상화되어 있는 '전략'이라는 단어를 사용.
37) Alexander Osterwalder 외, 유효상 옮김, 비즈니스 모델의 탄생, 타임비즈, 2011. 10. 1., pp.24-25.

심 파트너십(Key Partnerships), 비용 구조(Cost Structure)를 그림으로 나타낸 것이다.

핵심 파트너십	핵심활동	가치제안	고객관계	고객 분류
	핵심자원		채널	
비용구조			수익원	

1 가치제안

앞에서도 살펴보았듯이 가치제안(value proposition)(고객 가치제안)은 가치(존재가치와 지향가치, 사용가치, 교환가치 등)를 발견·선택하는 데서부터 시작된다. 즉, 어떠한 가치를 제안하려면, 먼저 제안할 가치를 발견·선택해야 하는 것이다.

가치를 발견·선택하기 위해서는 한편에서는 고객의 욕구(needs)와 삶터를 위한 가치를 바탕으로 고객의 지향가치(고객가치)를 파악하고, 또 한편에서는 상품(유형의 제품과 무형의 서비스)이 될 존재의 가치(사용가치, 교환가치)를 파악하여야 한다. 가치제안은 고객의 지향가치와 상품의 존재가치를 일치하게 하는 가치를 발견·선택하여 제안하는 것이다.

고객에게 가치를 제안하였다고 해서 바로 수용하는 것은 아니다. 제안한 가치에 대해 고객이 끌리게 되면 [그림 4-3]과 같이 가치인식 단계로 접어들게 되고, 제안 가치를 분석·확인한 후 제안 가치에 대한 수용여부를 결정하게 된다. 이 때 제안 가치가 주는 혜택과 지불능력이 주요 결정 기준이 된다. 제안 가치를 수용하겠다고 결정하게 되면 대가를 지불하고 제공받게 된다. 결국 고객의 수용가능성이 높은 가치를 제안해야 한다.

그림 4-3 가치제안, 가치인식, 가치수용

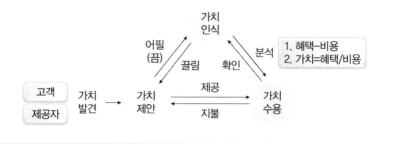

이러한 가치제안은 어떠한 고객을 대상으로 하느냐와 관련되는 고객의 범위, 즉 표적 시장의 선택과 어떻게 가치를 제공할 것이냐와 관련된 가치창출 관계구조 유형의 선택, 그리고 시장에서 다른 기업들과의 전략적 차별화와 관련되는 전략적 포지셔닝의 선택 등의 전략적 선택이 필요하게 된다.

1) 표적 시장의 선택[38]

고객에게 가치를 제안하고 제공하기 위해서는 대상 고객 혹은 목표 고객을 분명히 하여야 한다. 비즈니스 주체가 제안하는 가치를 필요로 하고 받아들일 수 있는 고객이 있는 시장, 표적 시장(target market)을 발견하고 선택하는 것이다.

표적 시장이란 세분화된 시장 중에서 가장 매력있는 시장이고 자신이 진입하려는 시장이다. 매력있는 시장이란 가치제안을 받아들이고 수익(revenue)을 창출하게 하는 잠재력이 있는 시장을 의미한다. 잠재 고객이 많고, 고객의 구매 능력과 구매 빈도가 높은 시장이다. 따라서 먼저 시장을 세분화(segmentation)하고 그 중에서 표적 시장을 선택하게 된다.

---

38) 이홍규 · 김성철, 비즈니스 모델, 한울아카데미, 2011. 5. 23., pp.112-114, p.181.

시장의 세분화(market segmentation)란 고객의 욕구, 성격, 행태, 위치 등에 따라 고객을 되도록 작은 집단으로 나누는 것이다.

시장을 세분화시키는 방법에 왕도는 없지만 일반적으로 두 가지 기준에 의해 이루어진다. 하나는 고객별로 얻어지는 혜택(benefits)에 기반을 두고 세분화하는 것이고, 다른 하나는 소득, 연령, 성별 등의 인구학적 특성이나 지리적 위치, 라이프 스타일 등과 같이 관찰 가능한 고객의 성격에 기반을 두고 세분화하는 것이다. 휴대전화 시장을 예로 든다면, 카메라폰, 뮤직폰, 일반폰 시장으로 나눈다면 전자의 세분화가 될 것이고, 고급(high tier), 중급(mid tier), 저급(low tier) 등으로 나눈다면 후자의 세분화가 될 것이다.

동일한 제품으로 표적 시장을 바꾸어 성공한 사례로 코닥을 들 수 있다.[39] 1885년 코닥은 무거운 유리판을 대체할 수 있는 혁신적인 수단인 사진 필름을 개발했으나 결과는 참담했다. 필름은 운반하기에 가볍고 편리했지만 유리판에 비해 사진의 선명도가 다소 떨어진다는 단점을 갖고 있었다. 보통 사람들에게는 그리 큰 문제가 아니었을지 몰라도 직업 사진사에게 사진의 선명도는 가장 중요한 부분이었다.

당시 고객으로 삼았던 직업 사진사가 등을 돌리자 코닥은 거의 도산할 지경에 이르렀다. 이 시점에 표적 시장을 직업 사진사에서 일반 대중으로 바꿨다. 직업 사진사와는 달리 일반 대중은 사진의 선명도보다 촬영의 편의성을 훨씬 중요시할 것이라고 판단한 것이다. 일반 대중을 표적 시장으로 바꾸면서 일반 대중이 저렴하게 사용할 수 있는 1달러짜리 카메라도 출시했다. 그리고 사진 현상 대행 서비스를 제공하기 시작했다. 당시 코닥의 유명한 광고 슬로건은 "당신은 셔터만 누르세요. 나머지는 우리에게 맡기세요."였다.

표적 시장을 바꾸면서 코닥은 사진 필름 제조업체에서 카메라 제조, 필름 제조, 인화 서비스를 아우르는 사진 산업의 생태계를 조성한 업체

---

39) 김병도, 경영학 두뇌, 해냄, 2018. 3. 5., pp.124-126.

로 거듭났다. 그리고 1970년대 말까지 세계 사진 시장을 거의 독점하다시피 할 수 있었다.

시장의 선택은 기존의 시장에서 찾을 수도 있지만 새롭게 정의한 시장에서 찾는 것이 소비자를 설득하고 시장을 선점, 즉 새로운 시장을 창출하는 데 도움이 된다. 캐논의 새로운 복사기 시장 창출을 예로 들 수 있다. 복사기 시장에서 독점적 지위를 가지고 있었던 제록스의 표적 고객은 기업이었고, 판매 제품은 기업용 대형 복사기 임대 서비스였으며, 판매 방식은 영업사원의 기업 방문을 통한 것이었다. 캐논은 제록스와의 경쟁을 최소화하기 위해 개인 또는 가족을 표적 고객으로 설정하고 개인용 복사기를 판매했다. 캐논의 개인용 복사기는 가격이 저렴하고 부피가 작은 대신 복사 속도가 느렸다. 그러나 개인이 복사하는 물량은 그리 많지 않으므로 속도는 큰 문제가 되지 않았다. 캐논은 전자제품 전문점을 통해 자사의 개인용 복사기를 판매했다. 캐논은 제록스와의 경쟁을 최소화하며 성공적으로 새로운 시장을 창출했다.[40]

새롭게 정의한 시장을 찾아 성공한 경우로 세계적인 물류회사 페덱스도 들 수 있다. 소포를 일반적으로 배달하는 데 그치지 않고 정해진 시간 내 빠르게 배달하는 것에서 새로운 시장을 찾아냈다. 또한 지프(Jeep)는 일반 도로가 아닌 비포장 도로에서 달리고 싶어 하는 새로운 소비자층을 찾아냈다. 그리고 롯데는 '자일리톨＝충치 예방'이라는 인식을 심어줌으로써 껌 시장에서 최고 히트를 기록했다.

---

40) 김병도, 경영학 두뇌, 해냄, 2018. 3. 5., p.128.

페덱스와 프레드릭 스미스 41)

TIP

1. 페덱스

1971년 프레드릭 스미스(Frederick W. Smith)가 테네스주 멤피스에 새운 특급배송 업체 페더럴 익스프레스(Federal Express, 연방 특급 배송)로 출발하였다. 2001년부터 줄인 말인 페덱스(FedEx)를 사용하고 있다. 현재는 DHL, UPS와 함께 세계 3대 항공화물회사로 전 세계 항공 물류 시장을 주도하고 있다. 하루 310만개 이상의 화물을 전 세계 215개국에 운송하는 세계 최대의 특급 운송 기업이다.

2. 새로운 화물수송 시스템 착안

1965년 미국 예일대학교에서 경제학을 전공하던 프레드릭 스미스는 자전거 바퀴에서 착안한 '허브(hub)&스포크(spoke)'라는 새로운 화물수송시스템에 대한 내용을 학기말 보고서로 제출했다.

이 보고서의 내용은 미국 내 인구밀집지역에 화물집결지인 허브(hub)를 만들어서 모든 화물을 여기에 집결시켜 재분류한 후, 자전거 바퀴살(spoke) 모양으로 미국 전역에 배송하자는 것이었다. 이는 당시 운송 업계의 관행이던 두 지점 간의 최단거리 수송방식을 완전히 뒤집는 발상이었다.

그의 아이디어가 기존 상식에서 어긋난다고 생각했던 담당교수는 "미국북동부에 있는 볼티모어에서 그리 멀지 않은 수도 워싱턴으로 물품을 보낼 경우에도 중부에 있는 허브를 경유해야 한다는 것이 현실성이 없다"며 "C학점 이상을 받으려면 아이디어가 실행 가능한 것이어야 한다"고 비판했다.

그러나 프레드릭 스미스는 좌절하지 않고 오히려 자신의 아이디어와 열정을 증명하기로 결심했다. 훗날 프레드릭 스미스 회장은 이렇게 말했다.

"사업을 시작할 때는 반드시 확실하고 경쟁력 있는 차별점을 지녀야 한다. 기존관념과 관행을 거부하고 새로운 영역에 도전했기 때문에 성공할 수 있었다."

2) 가치창출 관계구조 유형의 선택

모든 비즈니스는 그 나름대로 활동·사업 범위를 정하고 고유한 가

41) 월요신문, 열정을 꿈으로 만드는 글로벌 CEO 이야기-페덱스 CEO, 프레드릭 스미스, 2016. 10. 27.

치창출 관계구조 속에서 존재한다. 고객가치를 발견·선택하여 제안하는 활동이 비즈니스 한 단위 주체에서 이루어지기도 하지만 제안한 가치를 창출하여 제공하려면 여러 비즈니스 단위가 관계하게 되고 이는 가치제안 단계에서부터 관계하는 여러 비즈니스 단위를 검토해야 함을 의미한다. 따라서 가치제안 단계에서 가치창출 관계구조 유형(value creation configuration)의 선택을 결정하는 것이 바람직하다.

주요 가치창출 관계구조 유형으로 '가치사슬(value chain)', '가치 숍(value shop)', '마켓플레이스(marketplace)', '커뮤니티(community)', '에코시스템(ecosystem)' 등이 있는데, 이러한 유형 중에서 기업 자신이 어떤 유형을 선택하여 특화할 것인지를 결정하게 된다. 실제 현실에서 관찰되는 관계구조들은 이러한 유형들의 다양한 조합으로 이루어진다고 할 수 있다. 그리고 이러한 가치창출 관계구조 유형들은 개별 주체들에 돌아가는 수익의 합 이상의 시스템적 가치를 창출한다. 5가지의 가치창출 관계구조를 살펴본다.42)43)

(1) 가치사슬형 관계구조

가치사슬(Chain)형 관계구조는 마이클 포터(Michael Porter)가 소개한 전통적 가치창출 관계구조이다. 가치사슬은 일련의 변환과정을 통한 가치부가(value adding)를 목적으로 하는 관계구조이다. 가치사슬에 참여하는 비즈니스 주체들은 투입−변환−산출이라는 순차적 변환관계로 묶이게 된다. 한 비즈니스의 산출물은 다른 비즈니스 주체의 투입물이 되며 그 투입물은 변환을 통해 가치가 부가되어 다음 비즈니스 주체의 투입물로 내보내지는 형태이다.

가치사슬의 활동은 [그림 4-4]와 같이 가치창출에 직접적으로 기여하는 본원적 활동(primary activities)과 간접적으로 기여를 하는 지원적

---

42) 전성현, 뉴 비즈니스 모델, 집문당, 2002. 12. 5., pp.79-91.
43) 이홍규·김성철, 비즈니스 모델, 한울아카데미, 2011. 5. 23., pp.116-127.

활동(support activities)으로 구분된다. 본원적 활동으로는 물류 투입 (inbound logistics), 생산·운영(operation), 물류 산출(outbound logistics), 마케팅 및 영업(marketing & sales), 서비스(services) 활동 등이 있다. 지원적 활동으로는 하부구조(firm infrastructure), 인적자원 관리(human resources management), 기술 개발(technology development), 구매조달(procurement) 활동 등이 포함된다.

이 가치사슬형 관계구조에서는 일련의 핵심 활동이 순차적으로 연결되어 일어남으로, 이러한 활동을 연결하는 연결 기술이 중심을 이룬다. 원자재를 투입해 제품을 생산, 가공하는 프로세스 위주의 제조업 분야에 잘 맞는 관계구조 유형이라 할 수 있다. 일반적으로 표준적 제품을 대량으로 생산하는 활동의 조합으로 나타난다.

그림 4-4 가치사슬

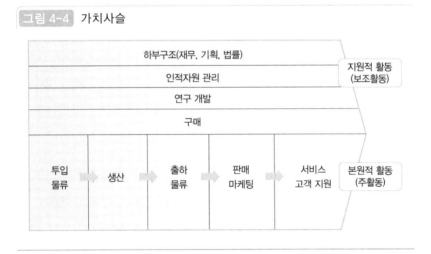

가) 가치사슬과 소싱

소싱(sourcing)은 기업이 가치사슬의 특정 활동에만 집중하고 나머지 활동을 외부 기업에 위탁해 처리하는 아웃소싱(outsourcing)을 할 것인지, 가급적 자신의 기업 안에서 제공 조달하는 인소싱(insourcing)을 할 것인지로 나뉜다.

아웃소싱은 투자 위험을 낮추어 유연성, 편리성을 증대시킬 수 있는 장점이 있지만, '시장을 통한 거래비용'을 발생시킨다. 반면에 인소싱은 투자를 늘리게 되고 '기업의 내부조직을 통한 경제활동의 관리비용'을 발생시킨다. 아웃소싱을 늘릴 것인지 인소싱을 늘릴 것인지는 '시장을 통한 거래비용'과 '기업의 내부조직을 통한 경제활동의 관리비용' 간의 비교, 그리고 투자여력 등에 대한 검토가 필요하다. 즉, '시장을 통한 거래비용'이 '기업의 내부조직을 통한 경제활동의 관리비용'보다 적게 든다면 아웃소싱을 늘리는 것이 바람직하다. '시장을 통한 거래비용'이 '기업의 내부조직을 통한 경제활동의 관리비용'보다 많이 들어도 투자여력이 없다면 아웃소싱하게 된다.[44]

1980년대 이전까지는 세계 대부분의 기업이나 조직들이 아직 아웃소싱에 관심을 기울이지 않았다. 글로벌 경쟁이 1980년대 이후처럼 심화되지 않고, 기업들 역시 자체 기획·설계·생산·판매로 이어지는 일괄 시스템만으로 효율적인 경제활동을 할 수 있었던 것이다. 그러나 1980년대 이후 미국의 장기적인 불황을 시작으로 세계 각지에서 기업의 구조조정 등 변화의 바람이 일면서 많은 기업들이 주력 사업 분야로 회귀하게 되었다.[45]

컴퓨터 산업을 보면 1980년대까지만 하더라도 컴퓨터의 생산, 판매에 필요한 모든 활동이 한 기업 내에서 이루어졌으나, 이제는 컴퓨터 부품의 생산, 조립, 소프트웨어의 제작, 판매, 유통 등 모든 가치사슬 활동이 분화되고 있다.

이러한 분화는 가치사슬상의 타 활동 기업과의 협업을 불가피하게 만든다. 즉, 자기가 생산, 공급, 구매하는 제품·서비스에서뿐만 아니라

---

44) https://www.reportworld.co.kr/reports/1299632.
45) https://terms.naver.com/entry.nhn?docId=1214639&cid=40942&categoryId=31822.

이와 관련된 생산 계획, 제품 표준, 시장 정보 등의 공유와 협력이 전제가 된다. 예를 들어, 반도체 기업과 컴퓨터 기업의 인터페이스에 공통적인 표준이 존재해야 할 뿐만 아니라 관련 정보의 공유와 협력도 필수적이라 할 것이다.

나) 가치사슬과 통합

아웃소싱에 대비되는 개념으로 인소싱뿐만 아니라 통합이 있다. 통합은 수직적 통합(vertical combination)과 수평적 통합(horizontal combination)으로 나뉜다.

수직적 통합은 제품의 원재료의 회득에서 최종제품의 생산, 판매에 이르는 전체적인 공급과정에서 기업이 일정 부분을 통제하는 전략으로 다각화의 한 방법이다. 수평적 통합은 동일 업종의 기업이 합병·제휴하는 것이다.[46]

수직적 통합은 전방통합과 후방통합의 두 가지 방법으로 구분된다. 전방통합은 원료를 공급하는 기업이 생산기업을 통합하거나, 제품을 생산하는 기업이 유통채널을 가진 기업을 통합하는 것으로 이는 기업의 시장지배력을 강화시키기 위한 전략으로 사용된다. 반면에 후방통합은 유통기업이 생산기업을 통합하거나, 생산기업이 원재료 공급기업을 통합하는 것으로 이는 기업이 공급자에 대한 영향력을 강화하기 위한 전략으로 사용된다.

수직적 통합은 원료 공급을 원활하게 하고 원료부터 제품까지의 기술적 일관성을 이루게 하는 등 가치사슬 활동 간의 상호 의존 문제에 효과적으로 대처할 수 있다.

수평적 통합에 의한 대기업 간의 통합의 경우에는 시장점유율을 높여 가격선도자(priceleader) 역할을 수행할 수 있으며, 중소기업의 경우에는 생산설비능력이 증가하여 생산규모 확대의 장점을 확보할 수 있고,

---

46) https://terms.naver.com/entry.nhn?docId=1115853&cid=40942&categoryId=31823.

판매망을 강화할 수 있으며, 또 자금조달력도 강해지는 등 기업은 각종의 유익을 얻을 수 있다. 반면 국민경제적으로 보면, 대기업 통합의 경우 경쟁이 제한되어 경제의 메커니즘이 경직화될 수 있다.

> **TIP** 크라우드소싱 47)48)
>
> ### 1. 크라우드소싱
>
> 크라우드소싱(Crowd Sourcing)은 대중(crowd)과 아웃소싱(outsourcing)의 합성어로, 기업 활동 일부 과정에 대중을 참여시키는 것을 의미한다. 물건을 새로 만들 때나 서비스 개선 등의 분야에 대중들을 참여시키면 기업 입장에서는 참신한 아이디어와 실질적인 의견을 들을 수 있고, 대중들은 피드백 참여에 관한 보수를 받을 수 있다.
>
> 2006년 「와이어드(Wired)」지 기사에서 제프 하우(Jeff Howe)가 처음 언급한 단어로 '익명성을 보장하는 대중의 의견은 소수의 전문가보다 낫다'는 마인드로 문제를 해결해나가는 방식이다. 이전에는 문제가 발생한 업계의 전문가들만 접근 가능했던 정보들이 웹의 발전으로 인해 쉽게 대중과 공유된다는 점에 착안하여, 제품, 상품, 서비스 등의 개발과정에 대중들의 의견을 반영시키는 방법이다.
>
> 크라우드소싱을 이용하면 외부 전문업체에 맡겨서 직접 물건을 만들거나 서비스를 하는 것보다 대중들이 직접 참여하여 원하는 결과물을 이끌어내면 개발 비용도 저렴하게 들고, 잠재 고객도 얻을 수 있다는 장점이 있다.
>
> ### 2. 크라우드소싱 사례
>
> 위키피디아는 인터넷을 사용하는 대중들이 어떤 항목에 필요한 내용을 작성하고 사람들과 공유할 수 있도록 한 무료 인터넷 백과사전이다. 모든 사람들이 작성할 수 있다는 특징이 있는데 실제 내용을 들여다 보면 위키피디아와 전문가들이 모여 출판한 백과사전의 내용과 큰 차이가 없다는 것이 밝혀졌다고 한다.
>
> 세계적으로 유명한 감자칩 과자 브랜드인 프링글스는 자사의 제품이 중독성이 너무 뛰어나 어린이들이 자사의 제품을 너무 많이 먹는 것이 고민이었다. 어린이들이 많이 먹으면 살이 쪄서, 건강하지 못하게 되어 장기적으로 자사의 제

---

47) https://terms.naver.com/entry.nhn?docId=3609934&cid=58598&categoryId=59316.
48) https://blog.naver.com/PostPrint.nhn?blogId=jaehoon-&logNo=221110350606.

품 수요가 줄어들 것이라고 판단하였다. 이를 해결하기 위해 감자칩 위에 캐릭터를 그려넣기로 했다. 어린이들이 과자를 먹을 때 캐릭터를 보면서 먹게 되어 적당량만 섭취하게 될 것이라고 판단한 것이다. 프링글스는 과자 위에 캐릭터를 그리는 기술 획득을 위한 연구개발(R&D)에 착수했지만 몇 년째 실패를 했다. 그러다 한 크라우드소싱 플랫폼 사이트에 과자에 프린팅하는 기술을 가진 기술자가 있는지 찾았고, 이탈리아의 한 교수가 해당 기술을 가진 것을 알게 되어 해당 문제를 해결할 수 있었다고 한다.

다) 가치사슬과 인터넷 발전

인터넷의 발전이 가치사슬의 변화에 미치는 영향에 대한 분석으로 마이클 포터의 분석을 들 수 있다.

본원적 활동(primary activities) 중 투입물류 활동에서는 공정통합 관리, 출하·창고관리, 수요·재고관리 등이 인터넷을 통한 온라인 관리로 변하고 있다. 생산·운영 활동에서는 통합 정보교환, 일정계획 관리, 의사결정 등이 인터넷의 영향을 받고 있다. 산출물류 활동에서는 실시간 주문 거래, 계약 및 계약 조건의 자동화, 고객과 유통 채널의 접근, 고객 예측 시스템 등이 인터넷에 기반을 두게 된다. 마케팅 및 판매 활동에서는 판매 채널, 고객 정보, 제품 카탈로그, 주문 입력 등에 대한 실시간 접근, 고객 맞춤형 마케팅 등이 인터넷 지원하에 이루어지고 있다. 사후 서비스 활동에서는 지불 청구서 통합, 고객 서비스 대리인 온라인 지원, 고객 셀프 서비스, 실시간 현장 서비스 접근 등이 인터넷 기반으로 이루어지고 있다.

(2) 가치 숍형 관계구조

가치 숍(shop)형은 스테이벨(Stabell) 등이 제시한 것으로 어떤 문제가 있을 때 이 문제 해결을 목적으로 형성되는 관계구조이다.[49][50] 문제

---

49) Stabell, Charles B., and Oystein D. Fjeldstad, "Configuring Value for Competitive Advantage: On Chains, Shops, and Networks", Strategic Management Journal, V.19,

해결을 위해서는 여러 주체들이 가진 자원들의 창조적 결합이 요구되는데 각 주체들은 이러한 문제해결의 한 부분을 담당하는 주체로 이 관계에 참여한다. 고객의 문제 해결, 개별 고객의 욕구에 맞춘 맞춤 서비스가 되도록 하는 것으로 병원, 여행사, 교육기관 등의 서비스 산업에서 볼 수 있는 가치창출 관계구조 유형이다.

가) 가치 숍형 관계구조의 활동

이 관계구조 유형에서 본원적 활동은 병원을 찾은 환자의 문제 및 증상을 먼저 물어보는 것처럼 개별 고객의 문제 파악 및 접수, 문제 해결 아이디어 도출, 해결 대안의 선택, 해결 방안의 집행, 통제 및 평가 등의 활동으로 이루어진다. 지원활동은 가치사슬형 관계구조에서와 같이 별도로 존재한다.

이 관계구조 유형에서 특히 중요한 것은 관계의 중심성(centrality)과 전문성이다. 문제해결을 위한 자원결합은 어느 한 주체를 중심으로 이루어지게 되고, 특정 분야에 집약된 문제해결의 전문성이 필요하게 된다. 그러한 중심성과 전문성으로 고객의 문제를 파악할 수 있을 뿐만 아니라 문제에 대한 적합한 해결 방안의 도출, 서비스 제공 사이의 간극을 줄이게 되는 것이다.

숍과 비슷한 개념으로 허브(hub)가 있다. 숍과 허브 모두 여러 주체가 어느 한 주체를 중심으로 한다는 공통점이 있지만, 숍은 문제해결이라는 가치창출을 목적으로 하는 의도적 관계구조인데 반해 허브는 자원의 표면적 이동 형태에 입각한 형태적 성격이 강하다는 차이점이 있다.

나) 가치 숍과 인터넷

인터넷은 가치 숍의 관계구조 유형에도 큰 영향을 미쳤다. 먼저 지식

1988, pp.413-437.

50) 정영복·김옥중, 사업정의와 경영전략, 한스컨텐츠, 2006. 11. 30., p.42. '단순 점포를 store, 고객을 유인할 요소를 가진 점포를 shop'이라고 표현.

과 정보의 디지털화와 인터넷을 통한 유통이 활성화되면서 지식 및 정보 관련 서비스 산업의 부흥을 가져왔다고 할 수 있다. 이들 산업의 부흥으로 정보의 수집, 조직화, 선택, 통합, 배분 활동이 오프라인뿐만 아니라 온라인상에서 이루어지고, 그 결과 기업의 활동은 중심성과 전문성을 갖는 주체를 중심으로 문제를 해결하는 데 인터넷을 활용하게 되었다.

(3) 가치 마켓플레이스형 관계구조

이 유형은 거래형성(transaction making)을 추구하는 관계구조이다. 거래형성을 위한 시장을 개설하고 각 주체들은 이러한 마켓플레이스 (Marketplace) 관계구조에 참여한다.

스테이벨(Stabell)은 마켓플레이스 관계구조를 네트워크라는 구조를 통해 개념화하였지만 네트워크 형태뿐만 아니라 허브 형태도 있다. 예를 들어, 인터넷 포털 사이트는 허브 형태의 마켓플레이스 관계구조이다. 반면 인터넷 자체는 네트워크 형태의 마켓플레이스 관계구조를 형성하고 있다.

네트워크는 관계구조의 형태적 의미만을 강조할 뿐 그 구체적 성격을 설명하지는 못하고 있다.

최근에는 e-마켓플레이스에서의 거래가 활성화되고 있다. e-마켓플레이스는 인터넷상에서 불특정 다수의 공급자와 수요자 간 전자상거래를 유발시켜 주는 '가상의 시장'이다. 공급자와 수요자가 가상의 공간에 모여 필요한 물건을 사고팔고 정보를 교환하며 커뮤니티를 형성하는 것이다. 공급자는 전 세계 소비자를 일일이 찾아내고 쫓아다니지 않아도 되며, 각국마다 다른 무역 관행이나 법규정 등에 대해 e-마켓플레이스로부터 도움을 받을 수 있다. 소비자는 조사하는 수고를 덜 수 있고, 쉽게 상품 구매가 가능해 비용절감 효과를 가져올 수 있으며, e-마켓플레이스의 신뢰성을 통해 거래상의 위험을 줄일 수 있다.[51][52]

---

51) https://terms.naver.com/entry.nhn?docId=71202&cid=43667&categoryId=43667.

e-마켓플레이스는 B2B(Business-to-Business, 기업 간 거래)에 많이 이용되고 있다. 예를 들어, 자동차 관련 e-마켓플레이스에 자동차 관련 부품 구매주문을 내면 이것을 본 부품업체와 온라인상에서 바로 거래가 성사된다. 이런 과정을 통해 기업은 최단기간의 구매 프로세스를 경험할 수 있다.

(4) 가치 커뮤니티형 관계구조

이 유형은 공동의 목적에 동참하는 주체들이 모여서 이루는 공동체 관계구조이다. 앞에서 설명한 가치사슬이나 숍과 같은 구속력을 가지지 않고, 상당 부분 자발적으로 참여가 이루어진다.

커뮤니티(Community)는 형태적으로는 네트워크 형태를 띤다. 즉, 숍과 같은 관계의 중심성은 존재하지 않고 커뮤니티 상호 간 자유로운 관계형성이 이루어진다.

(5) 가치 에코시스템형 관계구조

에코시스템(Ecosystem)은 비즈니스 주체들의 서식처이고, 이러한 서식처는 다양한 비즈니스 주체 간 관계들로 채워진다. 비즈니스 주체들은 에코시스템의 한 개체로 활동하면서 이 거시적 관계구조에 참여하게 된다.

에코시스템의 관계구조의 목적은 1차적으로는 생존(survival)이다. 즉, 타 에코시스템과의 경쟁에서 도태되지 않는 것이다. 또한 외적, 내적 자극에 적절히 반응해 시스템으로서의 균형(homeostasis)을 유지하는 일이다. 이러한 목적은 개별 주체 간 관계가 공동진화(co-evolution)의 관계가 되기를 요구한다. 그리고 형태는 네트워크 형태가 된다.

이 유형은 가치창출 관계구조 측면에서 보면 최상위 가치창출 단위라고 할 수 있다. 즉, 앞에서 살펴본 가치사슬, 가치 숍, 가치 마켓플레이

---

52) https://terms.naver.com/entry.nhn?docId=366&cid=43659&categoryId=43659.

스, 가치 커뮤니티 관계구조들은 모두 이 비즈니스 에코시스템을 구성하는 단위 관계구조 유형들이라고 할 수 있다.

이러한 관계구조들을 그림으로 도식화 한 것이 [그림 4-5]이다.

그림 4-5 가치창출 관계구조

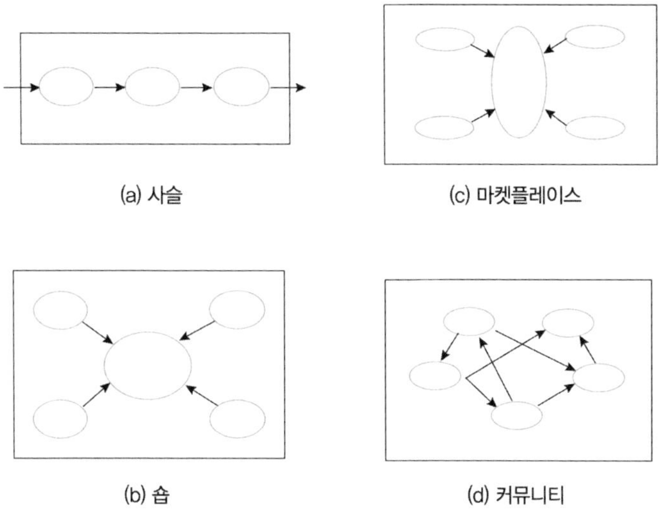

(a) 사슬

(c) 마켓플레이스

(b) 홉

(d) 커뮤니티

가치 에코시스템을 구성함에 있어서는 먼저 가치 에코 시스템을 구성하는 개별 주체 간 공정성이 이루어져야 한다. 가치사슬형 관계구조의 경우 글로벌 가치사슬 관계가 이루어지면서 개발도상국 생산자에게 공정한 이익이 배분되지 않고, 더욱이 아동들은 장시간의 노동을 하면서 매우 적은 인건비를 받는 사례들이 있다. 이러한 불공정성에 근거한 불공정 무역을 개선하고자 하는 공정 무역이 확대되어야 한다.

다음으로 가치 에코시스템은 인본주의에 기초한 인간 간의 관계구조를 넘어서 생명본위에 기초하여야 한다. 즉 인간 간의 관계도 생활생명계에서 이루어진다는 점, 생활생명계가 훼손되면 인간의 활동도 위축된다는 점을 분명히 할 필요가 있다. 이런 점에서 사회적 가치를 실현하는 기업의 사회적 책임을 강조하게 된다.

TIP 도요타 렉서스의 사고[53]

1. 사고

2009년 렉서스를 타고 고속도로를 달리던 미국인 노부부와 911의 다급한 통화가 도요타를 궁지에 몰아넣었다. 도요타의 자랑이던 렉서스가 제멋대로 달려 속도를 늦출 수가 없다는 통화 내용이 공개되었고, 도요타의 명성은 한순간에 땅으로 떨어졌다.

2. 원인

2009년의 사건은 가속페달에 문제가 발생한 것이었다. 미국의 CTS라는 회사가 이 부품을 납품했다. 일본 내의 협력업체인 덴소(Denso)가 만든 가속페달에서는 아무런 문제가 발견되지 않았다. 하지만 미국의 협력업체인 CTS는 사정이 달랐다. CTS의 부품이 장착된 자동차들에서만 동일한 문제가 대규모로 일어났다. 렉서스를 비롯해 도요타의 또 다른 핵심 차종인 캠리, 카롤라 등에서도 동일한 문제가 발생했다.

3. 근본 원인

근본 원인은 도요타에게 있었다. 해외 협력업체의 상황을 고려하지 않은 비용절감에서 비롯된 것이었다.

원래 도요타는 제품의 품질을 전혀 손상치 않는 범위에서 낭비를 줄여 비용을 감축하는 세계 최고의 능력을 가지고 있다. 이것을 '도요타 생산방식(TPS: Toyota Production System)'이라고 한다.

그런 도요타가 도요타답지 않은 실수를 한 것이다. 전 세계적으로 협력생산 거점이 늘어나면서부터다. 이들 해외 협력업체들은 일본 내의 협력업체들에게서는 가능했던 TPS를 따라가지 못했다. 이런 상황임에도 도요타는 해외 현지 협력업체의 원가 절감에만 주의를 기울였다. 그리고 일본의 협력업체처럼 고강도로 훈련되어 있지 않은 미국의 CTS에서 납품한 가속페달에서 문제가 발생한 것이다.

---

53) 이홍, 비즈니스의 맥, 삼성경제연구소, 2013. 3. 11., pp.152-153.

공정 무역

1. 공정 무역[54]

공정 무역은 직접 제품 생산에 기여한 이들이 가져야 할 몫을 다국적 기업들이 가로채고 있다는 인식이 나타난 1950년대부터 미국과 유럽을 중심으로 시작되어, 이들 기업들에 의해 무시된 노동의 가치를 정당하게 인정해 주고 제3세계 국가들과 같은 저개발국가들의 지속 가능한 발전에 기여하자는 취지에서 전개되었다. 이와 관련된 제품으로는 커피초콜릿설탕수공예품 등이 대표적이다. 일반적인 자유 무역과 달리 공정 무역은 경제적으로 소외된 계층에 대한 기회 제공, 투명성 및 신뢰 확보, 공정한 가격 지불, 성 평등, 건강한 노동 환경 제공, 친환경 등을 원칙으로 한다.

2. 초콜릿의 사연[55]

밸런타인데이에 주고 받는 선물 중의 하나인 초콜릿의 달콤함 뒤엔 아프리카 아이들의 가슴 아픈 사연이 있다.

초콜릿의 주원료인 카카오는 코트디부아르, 가나, 나이지리아 등의 아프리카 지역에서 많이 난다. 이곳에서 카카오 열매를 따는 일은 주로 아이들이 하고 있다. 카카오 농장에서 일하는 아이들은 일주일에 100시간에 가까운 혹독한 노동을 하고도 매우 적은 돈밖에 받지 못한다. 초콜릿을 만드는 기업과 농장 주인이 더 많은 이익을 남기기 위해서 아이들을 착취하고 있는 것이다.

카카오 농장에서 일하는 아이들의 66%는 학교에 다니지 못하고 있으며, 절반 이상이 14세 미만의 어린이다. 이 아이들이 딴 카카오 열매 400개로 겨우 200g의 초콜릿을 만들 수 있는데, 아이들은 평생 초콜릿을 먹어 볼 기회조차 없다고 한다.

서구의 몇몇 기업이 지배하고 있는 세계 초콜릿 시장에서 카카오 농장 주인이 얻을 수 있는 이익은 10%도 되지 않는다. 결국 싼 값에 카카오를 사들여 초콜릿을 만드는 대기업만 큰 이득을 보는 셈이다. 초콜릿뿐만 아니라 커피, 차, 목화 등도 비슷한 형태로 거래되는 대표적인 불공정 무역 상품이다.

---

54) https://terms.naver.com/entry.nhn?docId＝929891&cid＝43667&categoryId＝43667
55) https://terms.naver.com/entry.nhn?docId＝3353509&cid＝47305&categoryId＝47305

코로나19 확산으로 '세계의 공장'이라 불리는 중국이 멈춰서면서 글로벌 자동차 공급망이 일시적으로 붕괴됐다. 경영 효율화와 시장 공략을 위해 앞다퉈 중국에 공장을 세웠던 주요 완성차 업체들은 대체 공급망을 찾지 못하고 공장 셧다운에 돌입했다. 부품 2만~3만 개를 조립해 차량을 생산하는 업종 특성상 부품 한두 개만 공급에 차질이 빚어져도 전체 라인을 멈춰세워야 하는 구조 때문이다.

한국자동차산업협회에 따르면 2018년 전 세계 주요국이 중국에서 수입한 자동차 부품은 348억 달러 규모에 달한다. 국가별 수입액을 살펴보면 미국이 116억 달러로 가장 많았고 일본(32억 달러)과 멕시코(20억 달러), 독일(17억 달러), 한국(12억 달러) 순으로 집계됐다. 이 중 한국은 자동차용 전선 뭉치인 '와이어링 하니스'와 조향장치, 에어백, 차체 등을 수입하고 있다.

최근 수년간 생산 효율화와 원가 절감 측면에서 글로벌 공급망이 중국을 중심으로 재편됐지만 전문가들은 이 같은 구조가 코로나19 확산이나 동일본 대지진 같은 천재지변에는 취약할 수밖에 없다고 지적한다. 지난 2월 한국은 국내 자동차 생산액 중 0.1% 수준에 불과한 '와이어링 하니스' 하나 때문에 모든 완성차 공장을 멈춰세우는 수난을 겪어야 했다. 일부 업체는 국내 공장 주문량을 늘리거나 동남아 등 대체 공급망 확보에 나섰지만 셧다운 사태를 피할 수 없었다.

출처: 매일경제, 2020. 4. 20.

3) 전략적 포지셔닝의 선택

전략적 포지셔닝(strategic positioning)은 시장에서 자사 제품의 위치를 설정하는 것이고, 고객의 마음속에 자사 제품을 어떻게 차별화시킬 것이냐 하는 것이다. 즉, 경쟁자와 상이한 활동을 하거나 유사한 활동이라도 상이한 방식으로 함으로서 고객에게 차별화된 가치를 주는 것이다.[56]

---

56) 이홍규 · 김성철, 비즈니스 모델, 한울아카데미, 2011. 5. 23., pp.143-144.

포지션(position)이란 제품이 소비자들에 의해 지각되고 있는 모습을 말하며, 포지셔닝이란 고객들의 마음속에 자사 제품의 바람직한 위치를 형성하기 위한 활동, 즉 제품효익을 개발하고 커뮤니케이션하는 활동을 말한다. 포지셔닝은 1972년 광고회사 간부인 앨 리스(Al Ries)와 잭 트라우트(Jack Trout)가 도입한 용어로 '정위화(定位化)'라고도 한다.57)

포지셔닝 전략은 '소비자 포지셔닝 전략'과 '경쟁적 포지셔닝 전략'으로 구분된다. '소비자 포지셔닝 전략'은 소비자가 원하는 바를 준거점으로 하여 자사 제품의 포지션을 개발하려는 것이고, '경쟁적 포지셔닝 전략'은 경쟁자의 포지션을 준거점으로 하여 자사 제품의 포지션을 개발하려는 것이다. 또한 소비자들이 원하는 바나 경쟁자의 포지션이 변화함에 따라 기존제품의 포지션을 바람직한 포지션으로 새롭게 전환시키는 전략을 '리포지셔닝(repositioning)'이라고 한다.

한편 마이클 포터는 기본적인 전략 포지셔닝으로 세 가지 대안을 제시하였다.58) 첫째는 '다양성 기반의 포지셔닝(variety-based positioning)'이다. 이는 다양한 계층의 고객이 존재하는 경우 그들이 요구하는 다양한 욕구 중 하나를 가장 잘 충족시키는 것이다.

둘째는 '욕구 기반의 포지셔닝(needs-based positioning)'이다. 이는 타집단과 차별화된 욕구를 가진 고객 집단이 존재하는 경우 그 고객 집단이 요구하는 모든 니즈를 자신의 독특한 능력으로 잘 충족시키는 것이다.

셋째는 '접근 기반의 포지셔닝(access-based positioning)'이다. 이는 구매력이나 지리적 조건 등에 따라 접근성이 다른 고객을 세분화함으로써 자신의 능력으로 만족시킬 수 있는 고객을 찾아내는 것이다.

마이클 포터는 이러한 기본적인 전략적 포지셔닝에 따른 기업의 '본원적 경쟁전략(generic competitive strategy)'으로 원가 우위(cost advantage)

---

57) https://terms.naver.com/print.nhn?docId=1203457&cid=40942&categoryId=31915.
58) Michael E. Porter, "What is Strategy?", Harvard Business Review, Nov. 1996, pp.61-77.

전략, 차별화 우위(differentiation advantage) 전략, 집중화(focus) 전략을 제시했다.59)

결국 고객에게 주는 가치는 기업이 시장에서 지향하는 전략적 포지셔닝으로 구체화된다. 따라서 전략적 포지셔닝의 선택에 앞서 당연히 고객에게 제공할 가치의 차별화, 다른 기업과의 차별화, 제품의 차별화 등에 대한 심사숙고가 필요하다. 고객에게 제공할 가치, 기업의 비전·사명, 그리고 전략적 포지셔닝의 선택은 상호 관계 속에서 정합성(整合性)이 확보되어야 한다.60) 시장세분화(segmentation)에 따라 표적 시장(target market)을 결정하고, 표적 시장에 맞는 전략적 포지셔닝(positioning)을 선택해야 한다.

이러한 기업 수준에서의 전략적 포지셔닝이 결정되면 기능별·지역별 전략이 마련될 수 있다. 기능별 전략으로는 마케팅 전략, 생산 전략, 재무 전략 등이 있을 수 있는데, 이들 기능별 전략은 기업수준의 전략과 일관성을 유지하여야 한다.

그림 4-6 기업전략, 사업전략, 기능별 전략

---

59) 장세진, 경영전략, 박영사, 2012. 8. 30., p.191.
60) 이홍규·김성철, 비즈니스 모델, 한울아카데미, 2011. 5. 23., p.182.

전략적 포지셔닝은 이들 기능별 전략 중에서도 마케팅 전략과 밀접한데, 마케팅 전략의 관점에서는 1960년대 제롬 메카시(Jerome McCarthy)가 제안한 제품(product), 가격(price), 유통(place), 판매촉진(promotion) 등 4P로 대변되는 마케팅 믹스(marketing mix)의 결정을 검토하게 된다. 제롬 메카시의 4P를 공급자 관점이라고 하는데, 필립 코틀러(Phllips Kotler)는 이러한 공급자 관점의 4P에 대응해서 소비자 관점에서 4C, 즉 제품 면에서 고객이 느끼는 가치(customer value), 가격 면에서 고객이 부담하는 비용(cost to the customer), 유통 면에서 고객의 편리성(convenience), 판매촉진 면에서 고객과의 커뮤니케이션(communication)을 고려해야 한다고 하였다.[61)

 가치창출(value creation)

기업이 고객가치를 창출하기 위해서는 일정한 자원과 역량이 필요하다. 앞서의 전략적 포지셔닝에 따라 어떤 자원과 역량을 갖고, 어떤 조직 시스템과 프로세스를 갖추어, 어떤 활동을 할 것이냐 하는 선택이 필요하다. 저가격 전략인지, 차별화 전략인지에 맞춰 역량과 조직을 갖추어야 한다.[62) 예를 들어, 월마트는 무수한 상품의 종류(full lines)와 저렴한 가격이라는 전략적 포지셔닝을 택하고 있는데, 이는 그들의 물류관리 능력에 의해 뒷받침되고 있다.[63)

1) 자원 및 역량의 선택

사업을 추진하려면 유·무형의 자원 역량이 확보되어야 하는데, 전

---

61) Phillips Kotler, Kotler on Marketing: How to create, win and dominate markets, The Free Press, 1999.
62) 이홍규·김성철, 비즈니스 모델, 한울아카데미, 2011. 5. 23., pp.182-183.
63) 이홍규·김성철, 비즈니스 모델, 한울아카데미, 2011. 5. 23., p.143.

략적 포지셔닝에 맞는 자원과 역량(resources and competences)의 선택에 따라 확보되어야 한다. 즉, 유·무형의 자원 및 역량과 전략적 제공 가치와의 정합성(整合性)에 근거해서 확보되어야 할 것이다. 고객에게는 제안한 가치를 창출하여 제공하고 기업에게는 경쟁우위와 수익성을 주는 유·무형의 자원 및 역량의 선택이 필요하다.

주요 핵심 자산으로 물적 자원, 지적 자산, 인적 자산, 재무 자원 등을 들 수 있다. 먼저 물적 자원은 생산시설, 건물, 자동차, 기계, 판매시스템, 물류네트워크 등 유형적인 자원이다. 월마트나 아마존닷컴과 같은 유통기업은 대개 자본집약적인 물적 자원에 크게 의존한다. 월마트는 매장과 물류 인프라라는 거대한 글로벌 네트워크를 가지고 있다. 아마존닷컴 역시 엄청난 규모의 IT 장비와 창고, 물류 인프라를 보유하고 있다.

지적 자산으로는 브랜드, 독점적 지식, 특허나 저작권, 가치창출관계 파트너십, 고객 데이터베이스 등을 들 수 있다.[64] 지적 자산은 점점 비즈니스 모델을 구성하는 중요한 핵심 자원이 되어가고 있다. 가치제안, 가치창출, 수익 모델 등의 비즈니스 활동 구성 요소는 창의성을 바탕으로 하고 있기 때문이다. 그리고 지적 자산은 개발하기는 어렵지만, 일단 개발에 성공하면 상당한 부가가치를 낳는다. 나이키, 소니 등 소비재 기업은 핵심자원으로 '브랜드'에 크게 의존한다. 마이크로소프트, SAP 등은 소프트웨어와 장기간에 걸쳐 개발한 지적재산권을 보유하고 그를 통해 사업을 펼쳐간다. 휴대전화 등의 부품을 생산하는 퀄컴은 막대한 라이센싱 수입을 안겨주는 특허 마이크로칩 설계를 기반으로 비즈니스 모델을 구축했다.

인적 자산은 모든 비즈니스 활동이 필요로 하지만 특히 지식집약적이고 창조적인 산업 분야에서 중요하다. 제약기업인 노바티스는 경험이 풍부한 과학자 집단과 숙련된 대규모 영업팀을 기반으로 하고 있다.

---

64) Alexander Osterwalder 외, 유효상 옮김, 비즈니스 모델의 탄생, 타임비즈, 2011. 10. 1., p.41.

재무 자원은 앞의 물적 자산과 인적 자산을 확보하기 위해 필요하다. 통신기기 제조업체 에릭슨은 재무적 자원을 효과적으로 활용하고 있다. 그들은 밴더 파이낸싱(vender financing)[65]을 활용해 장비 구매 고객들에게 제공하며 경쟁자들보다 우선적으로 주문을 확보하고 있다.

제이 바니(Jay Barney)는 기업들마다 고객가치창출과 수익성이 제각기 다른 이유는 그들이 보유한 자원이 다르기 때문이라고 하면서, 지속적인 고객가치창출과 수익성을 위해 가치있고(valuable), 희귀하고(rare), 모방할 수 없고(inimitable), 대체 불가능한(non-substitutable) 자원을 보유해야 한다고 했다. 바니가 언급한 네 가지 특성을 각 단어의 머리글자를 따서 'VRIN'이라고 부른다.[66]

무형자산은 유형자산에 비해 훨씬 모방하기 어려워 자원과 역량 중에 무형의 전략적 자산이 점점 더 중요해지고 있다. 과거 산업경제 시대에는 막대한 자금력과 영업인력, 거대한 공장 설비 등 유형자산을 통해 구축한 진입 장벽으로 경쟁사의 공격을 막아냈다. 그러나 오늘날 지식·정보경제 시대에는 브랜드, 지적 소유권, 신상품 개발 능력, 표준 등 전통적인 무형자산뿐만 아니라 고객 서비스, 고객 정보, 독특한 기업 문화, 효율적인 경영 시스템, 창의성과 학습 능력이 뛰어난 직원, 경영자의 탁월한 리더십, 차별화된 이미지와 스타일 등 현대적인 무형자산으로 차별적 능력을 갖출 수 있어 더 중요해지고 있다.

앞에서 예로 들었던 월마트가 보유한 탁월한 물류 시스템은 단지 물적 자산에 해당하는 것이 아니라 귀중하고, 희귀하며, 모방할 수 없고, 대체 불가능한 자원에 해당한다. 구글은 검색엔진, 특허 기술, 방대한 정보통신 인프라, 사용자 인터페이스 등 바니의 'VRIN'을 갖추고 있다.

저가 항공사를 표방하여 성공한 사우스웨스트 항공사는 저가 항공사

---

65) 통신서비스업체가 장비제조업체에게 자금을 지원받는 방식으로, 통신 등 서비스업체가 장비제조업체에게 장비공급을 우선적으로 주는 조건으로 자금이나 기술 등을 지원받는 것이다.
66) 김병도, 경영학 두뇌, 해냄, 2018. 3. 5., pp.162-164.

로 성공하지 못한 다른 항공사와 달리 고객의 즐거움에 앞서 직원이 즐거워야 한다는 모토 아래 재미의 기업문화를 강조하고 실현하여 의욕이 넘치는 종업원들을 보유하고 있다.[67] 사우스웨스트 항공사가 저가를 실현한 예로 게이트 회송 시간(항공기가 공항 게이트에 도착해 출발할 때까지 소요되는 시간)이 다른 항공사에 비해 짧을 뿐만 아니라 근무 요원이 적다는 것을 들 수 있다. 다른 항공사의 경우 12명의 지상 근무 요원을 동원해 평균 35분이 걸리던 게이트 회송을 사우스웨스트 항공은 여섯 명의 요원으로 15분만에 끝낼 수 있도록 했다. 이러한 사우스웨스트 항공사의 현저한 생산성은 상대적으로 덜 붐비는 공항을 주로 이용한다는 이유도 있지만 회사 업무를 자신의 일처럼 정성껏 수행하는 직원들이 있었기 때문에 가능했다. 사우스웨스트 항공사가 저가 항공사이지만 직원 모두가 진심을 다해 승객을 모시기 때문에 승객들은 사우스웨스트 항공의 서비스의 질이 낮다고 생각하지 않는다. 사우스웨스트 항공 미션(mission) 선언문의 마지막 대목에는 "우리 직원들은 자신이 조직 내에서 관심과 존경과 사랑을 받듯이 관심과 존경과 사랑으로 고객을 모신다"라는 문구가 있다.

바니의 'VRIN'을 모두 갖추고 있지 않다고 하더라도 무형자산의 중요성은 차별적 역량을 갖추기 위해 강조되고 있다. 인텔은 남보다 앞선 혁신이라는 자신의 고유 역량을 강화하려 노력하고 있다. 반스앤드노블스는 오프라인 서점에 안락의자를 배치하고 음악회, 시 낭송회 등을 열어 문화와 휴식 공간을 마련했다. 일본에서 2005년 창단된 '라쿠텐 이글스'는 팬들에게 즐거움을 주자는 모토 아래 구장 주변에 60여 개의 차별화된 음식점을 배치하고 고급 바를 열었다.[68]

---

67) 김병도, 경영학 두뇌, 해냄, 2018. 3. 5., pp.357-358.
68) 이홍규·김성철, 비즈니스 모델, 한울아카데미, 2011. 5. 23., p.183.

2) 투자 규모(investment size)의 선택

자원과 역량을 확보하기 위해서는 이에 소요되는 규모의 투자가 필요하고, 따라서 소요 자금의 규모(maximum financing needs)가 최대 얼마인지 산정해야 한다. 이 때 소요 자금의 규모가 크면 이는 진입장벽으로 작용하게 될 수 있다는 점, 장기적으로는 투자 자금에 대한 회수기간, 단기적으로는 손익분기점에 이르는 시기 등 현금흐름에 영향을 미친다는 점을 고려해야 한다.

사업 초기에는 자금이 많이 소요되므로 현금 흐름에 대한 설계가 매우 중요하다. 구체적으로는 사업을 시작하는 데 얼마나 많은 현금이 요구되는가, 사업을 지속하려면 얼마나 많은 운전자본(working capital)이 필요한가, 이러한 현금이 필요한 때는 언제인가, 투자한 금액으로 지속 가능한 비즈니스를 만들어낼 수 있는가 등의 질문과 답이 필요하다. 또한 양(+)의 현금 흐름(positive cash flow)이 되는 시기, 현금수지균형(cash break-even)에 도달하는 시기 등에 대한 질문과 대답도 필요하다.

사업 초기 투자 자금의 크기는 단기적으로는 손익분기점에 도달하는 시기에도 영향을 미친다. 손익분기점은 일정 기간의 매출액이 당해기간의 총비용과 일치하는 지점으로 당해기간의 매출액과 총비용이 일치하는 데 도달하는 기간이 길고 짧음에 따라 손익분기점에 도달하는 기간의 길고 짧음이 결정된다. 초기 투자 자금이 큰 경우 당해기간의 총비용을 크게 만드는 데 영향을 미쳐 손익분기점 도달 기간에 영향을 미치게 된다. 손익분기점을 분석하는 데 고려하게 되는 총비용은 경영활동의 양(조업도)에 비례하는 변동비(variable cost)와 경영활동의 양(조업도)에 관계없이 일정하게 발생하는 고정비(fixed cost)로 구성되는데 초기 투자 자금은 고정비 구성에 많은 영향을 미치게 되어 총비용을 늘리게 된다. 총비용이 늘어나더라도 손익분기점에 도달하는 기간이 짧아지도록 하려면 고객에 대한 가치제안이 수용되어 매출액이 늘어나도록 해야 한다.

TIP 손익분기점 분석

1. 손익분기점(break-even point)

일정 기간의 매출액이 당해기간의 총비용과 일치하는 지점으로, 매출액이 그 이하로 감소하면 손실이 나며, 그 이상으로 증대하면 이익을 가져오는 기점이다.

2. 손익분기점 분석

손익분기점 분석에서는 비용을 고정비와 변동비로 분해하여 매출액과의 관계를 검토한다. 손익분기점은 "고정비를 한계이익율(限界利益率)로 나누는 것"이다.

$$손익분기점 = 고정비 \div (단위가격 - 단위당\ 변동비용)$$
$$= 고정비 \div (1 - 단위당\ 변동비/단위가격)$$
$$= 고정비 \div (1 - 총변동비/매출액)$$
$$= 고정비 \div 한계이익률$$

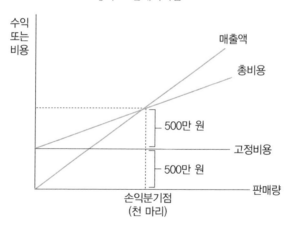

3. 사례

만약 치킨 한 마리의 판매 가격이 만원이고, 재료비를 포함한 치킨 한 마리당 변동비가 5,000원, 매달 임대료와 인건비 등의 고정비로 500만 원을 지출한다고 하면, 치킨 천 마리를 팔아야 고정비와 동일해진다. 치킨 한 마리를 팔 때마다 5,000원(10,000−5,000)의 이익(마리당 이익 또는 공헌이익)을 얻으므로 천 마리를 팔았을 때는 이익이 500만 원이 되어 고정비와 동일하게 된다.

천 마리를 팔았을 때 매출액(1,000만 원, 1,000마리×10,000원)과 총비용(총

변동비(500만 원, 1,000마리×5,000원)+고정비(500만 원))이 동일해지므로 손익분기점은 천 마리를 파는 시점이 된다.

위의 공식에 넣어서 계산해 보면 고정비(500만 원)를 5,000원(단위 가격(10,000원)−단위당 변동비(5,000원))으로 나눈 값 1,000마리가 된다.

비즈니스 모델에 필요한 모든 자원을 보유하거나 모든 활동을 자체적으로 수행하는 비즈니스 주체는 거의 없다. 오히려 다른 비즈니스 주체를 이용해 자원이나 활동을 획득함으로써 역량을 확장한다.[69] 그러므로 투자의 규모를 자신의 가치사슬 설계와 관련지어 결정하는 것도 필요하다. 외부 아웃소싱을 확대하면 그만큼 투자 규모를 줄일 수 있기 때문이다. 즉, 생산부문을 외주로 한다면 생산 설비의 투자 비용을, 마케팅 부문을 외주로 한다면 마케팅의 투자 비용을 줄일 수 있을 것이다. 예를 들어, 델 컴퓨터는 인터넷을 활용해 재고와 유통 마진을 없애 운전자본을 줄인바 있다. 휴대전화 제조업체는 단말기 운영시스템을 자체적으로 개발하는 대신, 라이센스를 활용한다.

초기 투자에서는 자신을 알릴 필요성이 높으므로 광고와 마케팅 비용도 고려해야 한다.

3) 조직 설계의 선택

자원과 역량을 확보하기 위해서는 투자가 필요하지만, 자원과 역량을 체계화하기 위해서는 이에 적합한 조직 설계(organizational design)가 필요하다. 즉 비즈니스란 인력을 충원하고, 자원을 기능별로 배분하며, 업무가 일정한 프로세스에 따라 이루어지게 해 고객에 제공할 가치를 만들어 내는 활동으로서 조직 설계가 요구된다.[70] 전략적 포지셔닝과 정합

---

[69] Alexander Osterwalder 외, 유효상 옮김, 비즈니스 모델의 탄생, 타임비즈, 2011. 10. 1., p.45.
[70] 이홍규·김성철, 비즈니스 모델, 한울아카데미, 2011. 5. 23., p.184.

성을 가져야 한다.

『21세기 기업』의 저자 제이 갤브레이스는 전략(strategy), 조직 구조
(structure), 프로세스(process), 사람(people), 보상(reward)이 상호 연관성
을 갖는 스타모델(star model)을 제시했는데, 이 역시 전략과 조직 간의
일관성을 강조한 것이다.71)

그림 4-7 갤브레이스의 스타모델

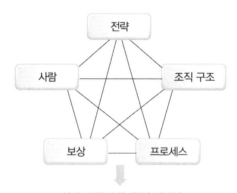

성과, 기업 문화, 핵심 경쟁력

전략과 조직 설계에서 극명하게 차이를 보여주는 사례로 포드 자동
차와 GM 자동차를 들 수 있다. 1925년까지 미국 자동차 시장점유율 1위
였던 포드 자동차는 'T모델'이라는 저가 자동차를 대량생산하며 중앙집
권적 조직으로 관리했다. 반면 1920년대 초까지 포드 자동차에 밀렸다가
1931년 세계에서 가장 많은 자동차를 판매한 회사가 된 GM은 소득 수준
으로 시장을 세분화하고 세분화된 고객집단별로 다양한 자동차 모델을
판매했는데, 이를 위해서는 조직 분권화가 효과적일 것이라고 판단하여
사업부제 조직(divisional organization)을 도입했다.72)

71) 김병도, 경영학 두뇌, 해냄, 2018. 3. 5., pp.364-346.

비즈니스 조직은 구조, 프로세스, 사람, 문화로 구성되어 있다. 이 중에서 먼저 조직의 구조라 함은 조직의 여러 요소들이 유기적으로 상호작용할 수 있게 잘 배열시켜 놓은 상태라 말할 수 있다. 구체적으로는 조직 구성원들의 상호관계, 즉 조직 내에서의 권력관계, 지위·계층 관계, 조직 구성원들의 역할 배분·조정의 양태, 조직 구성원들의 활동에 관한 관리체계 등을 통틀어 일컫는 말이다.73) 조직의 목적에 맞게 다양한 기능과 활동을 묶어 내는 체계로 이러한 체계의 형태에 따라 다양한 조직이 존재하게 된다. 조직 구조가 분화된 다양한 기능 부서로 이루진다는 점에서 조직 운영에는 항상 다양한 기능 간의 조정과 통합을 어떻게 효과적으로 이룰 것이냐가 관건이 된다.

한편 프로세스란 구성원이 업무를 처리하는 흐름방식, 정보의 흐름 방식으로 조직의 활동은 다양한 프로세스의 조합으로 이루어진다. 프로세스는 비용 구조와 고객에 대한 서비스에 영향을 미친다. 따라서 프로세스는 비용을 줄이는 표준화와 서비스의 질을 높이는 맞춤화가 조화를 이루도록 설계되어야 한다. 그리고 설계된 프로세스가 작동하는데 필요한 정보의 흐름, 프로세스가 만들어낼 성과에 대한 측정과 보상이 효과적으로 이루어져야 한다.

조직의 구성원은 지적·감성적·의지적 역량을 갖고 자신의 업무와 관련된 의사 결정을 하는 동시에 동기부여를 하기도 하고 자신의 성과에 대한 평가와 행동에 대한 통제를 하고 받기도 하며, 새롭게 개선과 혁신을 추구하기도 한다.

조직의 구성원은 유형적 자원을 관리하고 조직의 구조와 프로세스를 설계하고 활동하는 무형적 자원으로서 조직 구조와 프로세스뿐만 아니라 조직의 문화라는 무형적 자원에 민감하게 반응하게 된다. 조직의 구

---

72) 김병도, 경영학 두뇌, 해냄, 2018. 3. 5., pp.344-345. 본서 제3장 p.161 참조.
73) F. E. Kast & J. E. Rosenzweig, Organization and Management. A Systems and Contingency Approach, 4th ed, (N.Y.: McGraw-Hill), 1985, pp.234-235.

성원은 감성과 이성 등 정신적 측면을 가지고 있어서 물질적 동기 부여만으로는 한계가 있고 구성원 간 존중과 협력 등을 통해 존재감을 느낄 수 있는 조직의 문화가 중요하다. 앞에서 예로 들은 사우스웨스트 항공사의 조직문화가 대표적이다.

스탠포드대학의 제프리 페퍼(Jeffrey Pfeffer) 교수는 기업의 성과연봉제는 단기효과는 있지만 장기적으로는 오히려 마이너스 효과임을 증명했다. 성과주의는 단순 반복 작업에만 효과가 있고 조금만 복잡한 노동에 들어가도 유효하지 않고 오히려 부작용이 많다고 하였다. 외적 보상이 오히려 내적 동기를 해친다고 하면서 개인별 보상을 반대하고 팀 전체에 주는 집단적 보상을 권고하였다. 그리고 리더는 평가하기보다는 직원 잠재력을 끌어내는 코치 역할을 해야 한다고 하였다. 즉, 평가대신 조직과 구성원의 성장에 초점을 맞춰야 한다고 했다. 결국 보상은 물질적인 것에 머물러서는 안되고, 구성원의 존재가치를 존중하고 계발시켜 주는 조직의 정신적 측면, 문화가 중요한 것이다.74)75)76)

매슬로(A. H. Maslow)는 '생리적 욕구, 안전욕구, 사회적 욕구, 자기존중 욕구, 자기실현욕구'로 이루어지는 욕구 5단계설을 제시하면서, 가치있는 일에 헌신함으로서 자기실현을 이루고 행복에 이르게 된다고 하였다. 자기실현의 일은 '이기적인' 것과 '이기적이지 않은 것'의 이분법이 사라지게 한다고 하였다. 이기적인 것과 이기적이지 않은 것을 반대되는 것으로 보거나 상호 배타적인 것으로 보는 것은 미숙한 문화에서나 일어난다고 하였다. 생리적 욕구를 만족시키기 위한 물질적 보상도 필요하지만 일을 통해 자기실현을 할 수 있는 조직 문화를 갖추는 것이 가치창출의 성과를 이루는데 중요하다는 점을 제시했다.77)78)

---

74) 제프리 페퍼, 윤세준 외 옮김, 휴먼이퀘이션, 지샘, 2001. 9. 27.
75) 제프리 페퍼, 이재적 옮김, 제프리 페퍼 교수의 지혜경영, 국일증권경제연구소, 2008. 11. 6.
76) 한국경제신문, 추가영, "리더는 평가하기보다는 직원 잠재력 끌어내는 코치 역할해야", 2015. 9. 14.

비즈니스 활동은 내부 조직뿐만 아니라 외부 조직까지를 포함하여 분화와 통합의 조화를 추구하여야 한다. 앞에서도 살펴보았듯이 하나의 비즈니스 주체는 가치창출 관계구조 유형의 선택에 따라 다른 비즈니스 주체들과 관계하게 되므로 조화가 중요하다. 예를 들어, 투자 규모를 줄이기 위해 가치사슬 활동을 통해 외부 아웃소싱을 확대하여 분화가 이루어지면 외부 협력업체를 관리하고 조화를 이루어내야 한다. 그래서 크리스텐슨(Clayton M. Christensen) 교수는 가치사슬 활동에서 자신의 내·외부의 활동을 통제할 것을 제안하였다.79)

③ 수익창출

비즈니에서 지속적인 가치창출 활동을 하기 위해서는 가치 제공에 대한 대가로 적정 수익과 이윤을 이루어내야 한다. 어떠한 수익 모델(revenue model), 이윤이 되었든지 이윤은 가치제안과 가치창출 활동의 결과이고, 또한 고객, 직원, 사회, 주주 등 이해관계자의 만족을 위한 지속적인 가치창출 활동을 위해 필요하다.

이윤에 앞서 가치제안과 가치창출을 강조한 사례들은 얼마든지 있다.80) 버진(Virgin) 그룹의 리처드 브래슨(Richard Branson) 회장은 "지금까지 170여 개의 사업을 벌이면서 오로지 사회에 대한 책임과 명성만을

---

77) A. H. Maslow, 왕수민 옮김, 인간 욕구를 경영하라, 리더스북, 2011. 6. 7., p.47, p.233.

78) 매슬로는 생리적 욕구, 안전요구, 사회적 욕구, 자기존중욕구를 결핍을 채우는 결핍욕구(Deficiency-need 또는 D-need)라고 하고, 자기실현욕구를 존재욕구(Being-need 또는 B-need), 성장욕구라고 하였다. 매슬로는 일과 관련하여 욕구를 분류한 것으로 조직문화를 이해하고 설계하는데 도움이 된다. 하지만 인간에게는 일과 관련되지 않은 다양한 욕구가 있다.

79) Clayton M. Christensen, Erik A. Roth and Scott D. Anthony, Seeing What's Next: Using the Theories of Innovation to Predict Industry Change, Harvard Business School Press, 2004.

80) 조영탁 외, 행복경영, 김영사, 2007. 11. 26., pp.19-21.

생각했다. 돈은 저절로 따라온 것에 불과하다.”라고 했다.

세계적인 경영컨설턴트 캔 블랜차드(Kenneth Blanchard)는 “내가 아는 이익에 대한 가장 훌륭한 정의는 ‘고객을 만족시키고 직원들의 환경을 개선함으로써 받는 찬사’라는 것이다. 당신이 돈을 버는 것에만 집중하고 직원들과 고객을 등한시 한다면, 결국 돈을 버는 데도 실패하고 말 것이다.”라고 하였다.

일본에서 ‘살아있는 경영의 신’으로 추앙받는 이마모리 가즈오(稻盛和夫, 1931.1.21.~) 교세라 그룹 명예회장은 ‘세상을 위해, 사람을 위해 일한다’는 이타적인 경영원칙으로 잘 알려져 있다. 그리고 실제 많은 성과를 이끌어냈다. 예를 들어, 이마모리 회장이 DDI라는 통신사를 세워 시장에 진출할 때였다. “국민을 위해 장거리 전화 요금을 낮추자. 한 번밖에 없는 인생을 뜻있게 만들자”라며 직원을 독려했다. 그의 진심이 전해지자 직원들은 열정을 다해 기업의 성공을 위해 뛰었고 고객의 지지를 이끌어냈다.

이처럼 이윤에 앞서 가치제안과 가치창출 활동을 강조하는 것은 바람직하지만 가치제안과 가치창출 활동이 순조롭게 이기적인 이윤으로 이어지지 않는 사례들이 있어 낙관적이고 방임적이어서는 안 된다.

세계적인 제약기업 머크(Merck)사의 조지 윌리엄 머크(George William Merck) 회장은 “의약품은 환자를 위한 것이지 결코 이윤을 위한 것이 아니다. 이윤은 부수적인 것에 불과하다. 이 사실을 망각하지 않는 한 이윤은 저절로 나타나게 마련이다. 이것이 내 경영이념이다.”라고 하였다. 그리고 제약기업 머크사의 경우 1980년대 회선사상선충을 위한 약을 개발하고 무료로 배급하여 좋은 평판을 쌓았다. 그 이후 아프리카 남부의 독립국 보츠와나에서 게이츠 재단과 함께 에이즈(AIDS) 약품을 나눠주는 활동을 하였다. 하지만 2000년 이후 들어 이윤이 줄어들고 주가가 떨어지는 상황을 맞이하기도 했다. 2004년 후반에는 시장에서 진통제 바이옥스를 철수시키면서 더욱 악화되기도 했다.81)

영국에서 가장 도덕적인 기업들 중 하나로 오랫동안 명성을 누려왔던 막스 앤 스펜서(Marks & Spencer)는 2002년과 2003년에 다우존스 지속가능성 세계지수로부터 '세계에서 가장 지속가능한 소매업체'라는 평가를 받았다. 2004년 7월 '지역공동체에서의 비즈니스'라는 영국의 NGO로부터 올해의 기업으로 선정됐다. 그러나 사회적 책임(coporate Social Responsibility: CSR)상을 받은 바로 그 달에 저조한 수익과 형편없는 주가를 기록한 바 있다.[82]

따라서 이타적인 가치제안과 가치창출 활동이 이기적인 수익으로 전환되고, 수익창출을 통해서 이타적인 가치제안과 가치창출 활동을 가능하게 하는 지속적인 선순환이 이루어질 수 있도록 하는 적극적인 노력이 필요하다. 즉 수익을 창출하기 위해서 이타적인 가치제안과 가치창출 활동을 함과 더불어 이타적인 가치제안과 가치창출 활동이 수익으로 이어지도록 하는 방법을 찾아 실현해야 한다. 이러한 이타와 이기의 지속인 선순환을 실현하면서 삶을 아름답게 하는 고객가치를 창출하여 제공하는 사업의 목적을 달성하는 것이 '진정한 성공'이다.

이러한 '진정한 성공'을 이루기 위해서는 '진정한 성공'의 핵심요인, 즉 핵심성공요인을 바탕으로 수익창출 방법을 찾아 실현해야 한다.

핵심성공요인은 이타적인 가치제안과 가치창출 활동, 그리고 이기적인 수익창출 활동으로 나누어진다. 그리고 수익은 핵심성공요인 중의 하나로 수익-비용-이윤을 관통하는 이윤 창출 공식(profit formula)의 출발이다. 이윤이란 기업이 고객에게 가치를 제공하고 얻게 되는 수익에서 가치를 창출하여 제공하기 위해 사용된 비용을 차감한 것이다. 따라서 수익을 창출하기 위해서는 먼저 핵심성공요인을 파악하고, 이를 바탕으로 구체적인 수익(매출)을 창출하는 수익 모델, 수익 모델에 따른 고객의

81) David Vogel, 김민주 외 옮김, 기업은 왜 사회적 책임에 주목하는가, 2006. 5. 18., p.97.
82) David Vogel, 김민주 외 옮김, 기업은 왜 사회적 책임에 주목하는가, 2006. 5. 18., pp.97-98.

지불 형태인 수입원, 고객의 지불 크기에 영향을 주는 가격 설정, 가치창출을 위한 투자 방법과 규모에 따른 비용 구조 등을 선택해야 한다.

1) 핵심성공요인의 선택

핵심성공요인(critical success factors)은 1980년대 말 슬론 경영대학의 로커트(Jojn F. Rockart)에 의해 널리 알려지게 되었다. 핵심성공요인은 '개인이나 부서, 조직 등이 경쟁적 성과를 확보할 수 있는 소수의 영역', '경영의 목적(goal) 및 경영 목표(objective)를 달성하는데 있어 주요한 수단 역할을 하는 핵심영역'이라고 할 수 있다.[83][84] 여기서 핵심은 'critical'로서 '대단히 중요한(중대한)', '결정적인' 이라는 의미와 함께 '위태로운'이라는 의미도 담고 있다. '대단히 중요한', '결정적인'이라는 의미는 '반드시 수행해야 할 한정된 수의 필수 영역', '몇몇 주요 영역'이라는 뜻을 담고 있다. 그리고 '위태로운'이라는 의미는 반드시 수행해야 할 핵심성공요인을 택하지 못했을 때 단지 경영의 목적 및 목표를 달성하는데 성공하지 못하는 것에 그치는 것이 아니라 위험을 가져다 줄 수 있기 때문이다.

핵심성공요인에서 '성공'이란 경영의 목적 및 목표, 전략적 포지셔닝을 달성하는 것인데, 달리 표현하면 이타와 이기의 선순환을 실현하는 것이다. 경영의 궁극적인 목적은 가치제안과 가치창출이라는 이타를 지향하는 것이고, 그러한 이타를 지속가능하도록 하기 위해서는 이기적인 수익창출이 이루어져야 한다. 이기적인 것에는 수익창출 뿐만 아니라 보람이라는 정신적, 영적 보상도 함께 한다. 반대로 이타적이었지만 경쟁에서 밀려 이기적인 수익을 창출하지 못하는 '이타 해기'는 지속가능하

---

83) https://brancosblog.co.kr/21
   1960년대에 매킨지 컨설팅사의 D. Ronald Daniel이 처음 개발하였고, 1980년대 말 John F. Rockart에 의해 잘 다듬어지고 인기를 끌게 되었다.
84) https://iamking.tistory.com/2

지 못하여 실패이다. 뿐만 아니라 타인과 사회에 해를 끼치며 수익을 창출하는 '해타 이기' 역시 실패이다.

이런 의미에서 핵심성공요인은 크게 이타적인 가치제안과 가치창출 활동, 그리고 이기적인 수익창출 활동으로 나누어진다. 그리고 이타적인 가치제안과 가치창출 활동 요인은 이기적인 수익창출 활동 요인이 된다.

따라서 수익창출을 위해서는 먼저 삶을 아름답게 하고 고객을 위한 가치제안과 가치창출 활동을 선택해야 한다. 이어서 구체적인 수익(매출)을 창출하는 수익 모델, 수익 모델에 따른 고객의 지불 형태인 수입원, 고객의 지불 크기에 영향을 주는 가격설정, 가치창출을 위한 투자 방법과 규모에 따른 비용구조, 광고, 유통채널 등을 선택해야 한다. 즉 수익성과 관련된 핵심성공요인들로 '고객과 삶을 위한 가치창출, 수익 모델, 수입원, 가격, 비용, 광고, 유통채널 등'을 들 수 있다.

이러한 여러 요인들이 "목표시장과 관련 산업의 특성상 적합한지, 그리고 어떤 요인이 더 중요한지, 이러한 요인들 중 실행하기 힘든 것은 어떤 것인지, 그 요인들에서 자신의 역량과 다른 기업의 역량을 비교해 보았을 때 어떠한지, 그런 것들이 어떻게 앞으로 진화해 나갈 것으로 보이는지" 등과 같은 수익성과 관련된 질문과 이에 대한 답이 필요하다.[85) 시장과 산업의 특성 등 외부환경을 분석하여 고려하면서 고객과 삶을 위한 조직적인 방법과 내부능력, 적합한 수익 요인을 찾아야 한다.

고객과 삶을 위한 가치창출은 가치제안과 가치창출 관련 내용을 통해 앞에서 살펴보았으므로 여기서는 수익 모델의 선택, 수입원, 가격설정의 선택, 비용구조의 선택에 대해서 살펴본다. 핵심성공요인들은 상호 관련되어 있고, 특히 고객과 삶을 위한 가치창출은 수익 모델의 선택의 전제가 되므로 수익 모델의 선택에서 관련지어 살펴본다.

---

85) 이홍규 · 김성철, 비즈니스 모델, 한울아카데미, 2011. 5. 23., p.186.

2) 수익 모델의 선택

수익 모델이란 수익을 창출하는 대표적인 유형 또는 방식이다. 적극적으로 수익을 창출하기 위해서 다양한 수익 모델 중에서 자신의 비즈니스 활동을 통해 수익을 확보하는데 적합한 수익 모델을 선택해야 한다.

수익을 창출하는 방법으로 먼저 고객에게 제안하여 제공할 가치에 대한 수익성을 판단하는 것이고, 또 하나는 수익성을 만들어내는 수익 모델을 적극적으로 찾고 선택하는 것이다.

수익 모델을 선택함에 있어서는 앞에서 언급한 수익성과 관련된 핵심성공요인을 바탕으로 수익 모델을 선택하는 것이 직접 수익 모델을 선택하는 것보다 효과적이다.

대표적인 핵심성공요인으로는 앞에서도 언급했듯이 '고객과 삶을 위한 가치창출, 수익 모델, 수입원, 가격 설정, 비용 구조, 광고, 유통채널 등'을 꼽을 수 있다. 이러한 요인들은 상호 관련되어 있는데, 수익 모델 역시 어떤 고객과 삶을 위한 가치창출인지에 대한 선택을 전제로 하면서 수입원, 가격 설정, 비용 구조, 광고, 유통채널 등을 종합적으로 고려하게 된다. 그리고 이러한 여러 요인들은 시장과 산업의 특성 등 외부환경을 분석하여 고려하면서 수익창출 방법을 찾아야 한다.

여기서는 수익창출 방법으로 시장의 특성과 제품 특성 간의 관계를 중심으로 한 기존 제품의 수익성 판단, 성장 전략, 그리고 수익 모델을 살펴본다. 이러한 방법들을 살펴봄으로써 다른 방법들과 비교하여 수익 모델이 갖는 의미를 알 수 있다.

(1) 기존 제품의 수익성 판단

비즈니스 주체(사업체)가 고객에게 제공하는 제품을 다양하게 가지고 있으면서 수익성을 높이는 제품을 선정하는 경우 기존 제품에 대한 수익성을 판단하게 된다.

이 경우에는 시장의 특성과 제품의 수명주기 특성 등을 함께 고려하여 선택하여야 한다. 시장성장률과 시장점유율 등 시장의 특성과 제품의 수명주기 특성을 고려한 대표적인 기법으로 BCG(Boston Consulting Group, Inc.) 매트릭스를 들 수 있다.

BCG 매트릭스는 [그림 4-8]에서 보듯이 제품의 시장성장률과 시장점유율을 두 변수로 활용하여 제품을 별(stars), 젖소(cash cows), 물음표 (question marks), 개(dogs) 등 네 가지로 나누어 판단한다. 별은 시장 성장률도 점유율도 높은 제품이고, 젖소는 시장점유율은 높지만 성장률은 낮은 제품, 물음표는 반대로 시장점유율은 낮지만 성장률이 높은 제품, 개는 성장률과 점유율 모두 낮은 제품이다. 그래서 별은 지속적으로 관심을 가지고 키워야 할 제품이고 젖소는 현재 현금 흐름을 좋게 하지만 미래는 불투명하여 여기서 얻어진 수익으로 앞으로 키울 제품에 투자를

그림 4-8 BCG 매트릭스

하게 된다. 물음표 제품은 미래에 별이 될지 개가 될지 더 두고 봐야 하는 제품이고, 개는 철수시켜야 하는 제품이다.

BCG 매트릭스는 기존의 다양한 제품과 시장 간의 관계를 중심으로 매트릭스로 나타내어 간편하게 판단할 수 있도록 하였지만, 기존제품은 물론 신제품에 따른 시장과의 관계를 검토하는데 한계가 있다. 기존 제품에서 적극적으로 수익창출을 할 수 있는 방법을 찾는 데도 한계가 있다.

(2) 성장 전략

기존제품은 물론 신제품에 따른 시장과의 관계를 판단하고 기존제품에서의 수익창출 방법을 찾는 데는 이고르 앤소프(Igor Ansoff)가 제시한 방법을 적용하면 효과적이다. 앤소프가 제시한 앤소프 제품－시장 매트릭스 또는 앤소프 매트릭스(Ansoff matrix)이다. 앤소프는 기존제품을 계속 판매할지 신제품을 출시할지, 기존 시장에서 계속 판매할지 새로운 시장을 개척할지에 따라 네 종류의 전략을 제시하고 있다. 그리고 네 종류의 관계만을 제시하는 것이 아니라 여러 가지의 각각의 관계에서 적극적으로 수익을 창출할 수 있는 방법을 제시하였다.86)87)

첫째, 시장 침투(market penetration)는 기존 시장에서 기존 제품 및 서비스를 더 많이 판매해 시장점유율을 높이는 것이다. 광고 등 판매촉진을 통해 지금가지 소비자가 인식하지 못했던 기존 제품의 특징을 어피하거나, 제품 원가 절감, 유통 구조 단축 등을 통해 가격 경쟁력을 높여 시장 점유율을 확대할 수 있다. 또, 일회성 고객에게 혜택을 제시하여 정기 고객으로 만들어 제품 사용율을 높이는 방법도 있다.

새로운 경쟁 제품이 등장하게 되므로 시장침투 전략만으로는 지속적인 수익창출에 한계가 있게 된다.

둘째, 시장 개척(market development)은 기존 판매 제품은 그대로 유

---

86) 김병도, 경영학 두뇌, 해냄, 2018. 3. 5., pp.174-176.

87) https://terms.naver.com/entry.nhn?docId=3405703&cid=40942&categoryId=31915

지하면서 새로운 시장으로 진출하는 것이다. 판매지역을 확대하거나 고객층을 다양화하는 방법이다. 기존 시장에서 매출이 감소하는데 신제품 개발이 어려운 상황에서 기존 제품을 지속적으로 판매할 새로운 시장을 확보해야 한다. 대표적으로 기존 제품으로 해외 시장에 진출하는 해외 시장 진출 전략이 이에 해당한다.

셋째, 제품 개발(product development)은 동일한 고객 또는 동일한 시장에서 새로운 제품 및 서비스를 추가로 판매하는 것이다. 커피와 음료만 판매하던 커피 전문점에서 샌드위치 등 가벼운 요깃거리를 판매하는 경우, 반대로 빵 전문점에서 함께 마실 수 있는 커피와 음료를 파는 경우가 여기에 해당한다.[88] 의류업체가 자사의 의류를 구매하는 고객들에게 액세서리나 신발, 가방 등을 판매하는 경우도 이에 해당한다. 기존 시장에서의 관련(related) 다각화 또는 제품 라인 확장 전략이라고 한다.

마지막으로 다각화(diversification)는 신제품을 새로운 시장에 판매하는 것이다. 앞의 셋째가 기존 시장에서의 관련 다각화인데 반해, 이번 경우는 새로운 시장에서의 다각화로 기존 제품과 관련된 상품을 개발하여 신시장에 출시하는 관련 다각화와 기존 제품과 관련이 없는 제품군을 개발하여 신시장에 판매하는 비관련(unrelated) 다각화 방법이 있다.

어떠한 경우이든 고객 유형에 따른 시장의 규모, 그리고 현재 상황과 변화, 경쟁 구조 등을 이해하고 여기에 고객가치를 제공하는 제품의 특성을 중심으로 관련시키되, 수입원, 가격, 유통채널 등 다양한 수익창출 방법도 관련시키게 된다.

---

88) 이홍, 비즈니스의 맥, 삼성경제연구소, 2013. 3. 11., p.118
　　맥도날드의 경우, 업체 간의 경쟁이 심화되면서 햄버거만 팔아서는 거의 이익을 남기지 못한다. 오히려 30% 정도 적자라고 한다. 반면 콜라는 60% 정도 수익이 되고 감자튀김은 40% 정도 수익이 된다.

그림 4-9 앤소프의 제품-시장 매트릭스

	기존 제품	신제품
기존 시장	시장 침투	제품 개발
신시장	시장 개척	다각화

TIP 인도와 에어컨[89]

일본 에어컨의 품질은 세계 최고다. 냉기를 뿜어내는 힘이나 조용함 그리고 전기를 절약하는 기술 등이 세계 정상급이다. 그런데 일본의 에어컨은 무더운 인도에서 팔리지 않는다. 이유는 인도의 고객들이 별로 중요하게 여기지 않는 것에 많은 투자를 하는 바람에 에어컨 가격이 비싸졌기 때문이다.

인도사람들은 에어컨의 소리가 크든 작든 그다지 신경쓰지 않는다. 인도를 방문해본 사람들은 알겠지만 인도는 소음에 매우 너그럽다. 길거리에 가면 차들의 뒤에 '나에게 경적을 울려주세요(Horn me please)'라는 글이 적혀 있는 것을 흔히 볼 수 있다. '내가 당신의 차를 막고 있다면 경적을 울려라. 그러면 비켜줄게'라는 의미이다. 그런 까닭에 인도의 도로는 경적소리로 매우 요란하다. 이런 상황에서 에어컨에서 나오는 소음 정도는 문제될 것이 없다. 따라서 인도에서는 냉기가 잘 나오고 저렴한 에어컨이 매우 잘 팔린다.

하지만 일본 기업들은 자신들의 품질기준에 맞춰 매우 조용한 에어컨을 만들어 판다. 소리에 민감한 일본 사회를 반영한 것이다. 일본에서는 소리 나는 에어컨은 에어컨으로 취급하지 않는다. 이런 생각으로 인도에서도 에어컨을 팔았다. 팔릴 리 없다. 인도 시장에서의 고객이 무슨 생각을 하든 관계없이 자신만의 기준으로 제품을 만들고 서비스를 제공하고 있으니 비즈니스가 될 리가 없다.

---

89) 이홍, 초월적 가치경영, 더숲, 2016. 11. 22., pp.210-212.

TIP 비즈니스는 '타이밍'의 예술이다 90)

LED TV는 기존의 LCD TV에 비해 화면의 밝기나 선명도에서 월등한 성능을 자랑한다. 이 LED TV를 2006년 세계 최초로 내놓은 기업이 소니다.

그런데 소니는 또 하나의 큰 실수를 저질렀다. 시장 진입 타이밍을 잘못 잡은 것이다. 2006년은 TV 시장이 LCD TV로 자리를 옮기면서 상승가도를 달리던 때였다. 당연히 전 세계 모든 매장에서는 LCD TV를 한 대라도 더 팔려고 필사적이었다. 이 시기에 소니는 LCD TV의 2배가 넘는 가격으로 LED TV를 내놓았다. 시장의 반응은 싸늘했다.

이 LED TV 시장을 다시 연 기업이 삼성전자다. 삼성전자는 LCD TV가 전세계적으로 포화에 이르던 2009년에 LED TV를 들고 나타났다. 2009년 미국 라스베이거스에서 있었던 국제전자제품박람회(CES: Consumer Electronics Show)에서 삼성전자는 2.9센티미터 두께의 LED TV를 사이즈별로 전시하면서 LED TV 시대의 포문을 열었다. 그런데 소니는 또 어처구니없는 실수를 했다. LED TV를 가장 빨리 만든 기업이었음에도 불구하고 13센티미터 두께의 구식 제품만 소개하는 빈곤함을 보인 것이다. LED TV에서 쓴맛을 본 소니는 LED TV로는 비즈니스가 안된다는 오판을 했다. 그사이 자연스럽게 LED TV 시장의 주도권은 삼성전자로 넘어갔다.

(3) 수익 모델

기존의 잘 알려진 수익 모델 사례를 통해서 수익 모델의 차이에 의해서 수익이 크게 달라져 사업의 성공여부에 영향을 미치게 됨을 알 수 있다.

먼저 수익 모델을 새롭게 전환하는 경우이다. 힐티(Hilti)는 건설업체에 전동공구를 판매하던 방식에서 대여하고 관리하는 방식으로 전환했다. 웅진코웨이도 처음에는 정수기를 판매하였다가 1997년 외환위기 상황에서 높은 정수기 가격에 부담을 느끼는 고객들을 위해 판매 대신 렌탈로 전환하였다. 판매 방식에서는 판매 금액이 수익이 되지만 대여 방

---

90) 이홍, 비즈니스의 맥, 삼성경제연구소, 2013. 3. 11., pp.299-300.

식에서는 임대료가 수익이 된다.

판매 방식에서 대여 방식으로 전환하여 결과적으로 고객에게 부담을 덜어주어 전동공구와 정수기의 가치가 더 많이 활용되면서 비즈니스 주체 입장에서는 수익이 늘어나는 효과를 갖게 되었다. 웅진코웨이가 '정수기 렌탈 서비스'를 도입했다는 소식이 전해지자 식당들이 반색을 하며 들여 놓기 시작했다. 그동안 비싼 정수기 가격에 선뜻 구입을 하지 못하고 손수 물을 끓여 손님에게 제공한 식당들로서는 반가운 소식이었던 것이다. 웅진코웨이는 값비싼 정수기를 저렴한 가격에 빌려주고는 필터 교환 등의 지속적인 관리를 대행해 서비스비를 받으며 수익을 창출하며 회생하고 성장했다.[91] 고객과 비즈니스 주체 간에 서로 win-win의 결과를 가져온 것이다.

둘째, 관련 복수 제품에서 판매 가격을 전략적으로 다양화하는 경우를 들 수 있다. 대표적으로 면도기와 면도날, 프린터와 카트리지, 아이튠즈와 아이팟의 경우는 관련 복수 제품에서 판매 가격을 전략적으로 정하였다. 질레트는 면도기를 헐값에 판매하고 면도날에서 판매 수입을 올렸다. 휴렛패커드는 카트리지 사용자 기반(install base of users)을 넓히기 위해 프린터를 싼 값에 공급하고 주 판매 수입원은 카트리지에서 찾고 있다. 애플은 2000년대 초반 아이튠즈를 저렴하게 제공하고 아이팟에서 수익을 얻는 방식을 택했다.[92][93]

이 경우는 하나의 제품을 저렴하게 공급하였지만 시장에서 경쟁자보다 더 많은 사용자 기반을 확보하여 결과적으로 수익을 창출하였다는데 의미가 있다.

셋째, 기존의 시장을 세분화하여 차별화된 새로운 시장을 창출하면서 수익 모델을 차별화하는 경우가 있다. 앞에서 살펴본 캐논의 사례를

---

91) 조성기, 가격의 경제학, 책이있는마을, 2009. 8. 17., p.82.
92) Clayton M. Christensen, 김태훈 옮김, 파괴적 혁신 4.0, 세종서적, 2018. 7. 31., pp.115-116.
93) 김병도, 경영학 두뇌, 해냄, 2018. 3. 5., p.121.

들 수 있다. 제록스는 기업용 대형 복사기를 임대하면서 복사량에 비례해서 이용료를 지불하도록 하는 형태였다. 반면 캐논은 가격이 저렴하고 부피가 작은 개인용 복사기를 전자제품 전문점을 통해 판매하여 차별화했다. 즉, 제록스는 대형 복사기의 높은 판매 가격에 대한 고객 부담을 덜어 주기 위해 임대하는 방식을 택하였지만, 캐논은 고객이 구매하는데 부담없는 소형 복사기를 판매하는 방식을 택하였다. 이 경우는 복사기 시장내에서 복사기의 종류에 따라 시장을 세분화하고 수익 모델을 차별화하면서 수익을 창출했다는 의미를 갖는다.

넷째, 제품 피라미드를 구축하는 방식이다. 제품 피라미드를 구축하여 하위 부분에는 낮은 가격에 매출이 큰(low price, high volume) 제품을, 상위 부분은 높은 가격에 매출이 적은(high price, low volume) 제품을 구성한다.

이 유형에서 하위제품은 주로 잠재적 진입자에 대한 진입 장벽으로 활용된다. 하위제품 시장(low-end market)에서는 틈새시장이 발견되기 쉬우므로 싼 가격에 다양한 제품을 공급하여 새로운 기업이 시장에 진입하기 어렵게 만드는 것이다. 반면에 상위제품에서 이윤을 창출하게 된다.

이 유형의 사례로는 바비 인형(Barbie doll)으로 유명한 세계적인 완구업체 마텔(Matel)을 들 수 있다. 마텔은 저가 인형과 고가 인형을 판매하는데, 저가인형으로 경쟁업체에 개방되어 있는 경쟁 시장에 대비하고, 200달러짜리 고가 인형에서 수익을 창출한다.[94]

다섯째, 생산·판매 시스템상의 복수 부문 활용 방식이다. 생산·판매 시스템을 복수 부문으로 나누는데, 한 부문은 수익성이 상대적으로 낮지만 기반을 확고히 하고 또 다른 부문은 수익성이 높다. 즉, 수익성이 낮은 부문에서 브랜드를 확보하여 기반을 확고히 하고, 수익성이 높은 부문에서 이윤을 확보하는 것이다. 예를 들어, 코카콜라의 경우 기반 구성은 식료품점, 수익 구성은 자동판매기이다. 호텔은 기반 구성이 객실

---

94) 홍성학, 삶과 가치를 남기는 비즈니스 모델, 법문사, 2020. 8. 10., pp.132-133.

이고, 수익 구성은 회의실 임대이다.

여섯째, 디지털 플랫폼 방식이다. 플랫폼이란 공급자와 수요자 등 복수의 그룹이 참여하여 각 그룹이 얻고자 하는 가치를 공정한 거래를 통해 교환할 수 있도록 구축된 환경이다. 디지털 플랫폼은 PC나 스마트폰과 같은 디지털 기기 상에서 이루어지는 플랫폼이고, 이를 통해 비즈니스가 이루어진다.

일곱째, 구독경제 방식이다. 소비자가 일정 금액을 내고 정해진 기간 동안 원하는 상품이나 서비스를 받는 것을 말한다. 과거에는 신문이나 우유 배달에 그쳤지만, 지금은 자동차와 의류, 게임, 도서, 가전제품, 생필품 등 구독 서비스의 범위가 확대되고 있다.

구독 서비스의 대표 기업으로 넷플릭스를 들 수 있다. 넷플릭스는 DVD를 월정액을 받고 빌려주는 월구독 모델을 1990년대 도입했다. 이후 무제한 동영상 스트리밍 서비스를 제공하며 세계적인 기업으로 발돋움할 수 있었고 구독 서비스는 '넷플릭스 모델'이라고 통용되는 등 혁신적 사업 모델로 자리잡았다.

TIP **면도날과 면도기** [95]

1900년대 초, 질레트에서 놀랄 만한 일을 벌였다. 거의 공짜나 다름없는 가격에 면도기를 나눠준 것이다. 안전하고 사용이 편리하며 고급스럽고 세련된 디자인을 한 최신식 제품이었다.

질레트에서는 면도날이 마모돼서 별수 없이 면도기를 교체한다는 걸 알고는 품질 좋은 면도기를 헐값에 파는 대신 특별히 제작된 면도날을 쓰게 하려는 전략을 세운 것이다. 결국 질레트는 면도날 시장을 독점해 정기적이고 영속적으로 매출을 올렸다.

1903년 생산 첫해의 면도기 판매량은 단 51개에 불과했지만 그로부터 5년이 지난 다음에는 100만 개 이상을 팔며 일회용 면도기 시장의 수익 모델을 바꿔

---

95) 조성기, 가격의 경제학, 책이있는마을, 2009. 8. 17., p.80.

놓았다.

질레트가 처음으로 시도한 이 방법은 당시에는 세상에 없던 것으로 혁명과 다름없었다. 최신식 면도기를 비싸게 팔고 싶은 욕망을 내리누르고 원가에도 미치지 않는 헐값에 팔고 또 이를 통해 교체용 면도날의 판매를 만들어냈다는 것은 놀라운 것이다.

제록스 914 복사기 96)

914 복사기가 출시되기 전 이미 시장에는 코닥, 3M 등에서 나온 복사기가 판매되고 있었다. 이 기계들은 책상위에 올려놓을 수 있을 만큼 작았고 판매가도 300~ 400달러로 저렴했다. 그러나 특수 코팅된 용지만 쓸 수 있어 복사를 하는 데 장당 10~15센트의 비용이 들었다. 그렇다고 질이 좋은 것도 아니었다.

반면 제록스의 914 제품은 보통 용지에 복사할 수 있을 뿐 아니라 질도 우수했다. 또 오늘날의 복사기와 같이 유리판 위에 복사할 용지를 올리고 뚜껑을 덮은 뒤 복사 버튼만 누르면 되어서 그 사용법이 간편했다. 다이얼을 간단히 조작하면 최대 15매까지 복사할 수도 있었다.

그러나 복사기 판매는 예상외로 부진했다. 914는 300킬로그램에 가까운 무게에 과연 사무실 문을 통과할 수 있을지 걱정스러울 정도의 크기였다. 게다가 생산비용이 높은 탓에 출시 가격이 2만 9,500달러였다. 어지간한 사무실에서조차 구매하기 부담스러울 수밖에 없었다.

제록스는 우선 일정액의 사용료를 받고 기계를 임대해주는 방식을 택했다. 그럼에도 한 달 수백장 복사를 위해 비싼 임대료를 지불하려는 기업은 없었다.

이런 상황에서 제록스는 복사량에 따라 사용료를 받는 전혀 새로운 가격 책정 방식을 생각해냈다. 지금이야 당연하게 들리지만 당시에는 누구도 떠올리지 못한 신선한 아이디어였다.

제록스는 복사기에 계수기를 부착해 복사량을 알 수 있도록 한 다음 임대 요금 체계를 정했다. 월 2,000장까지는 사용료 없이 95달러의 기본 요금을 받으며 이를 초과할 시에는 장당 4센트의 추가 요금이 붙었다.

이 같은 가격 전략은 큰 힘을 발휘했다. 1965년에는 6만 대의 914 복사기가 설치되었으며 이는 제록스 전체 매출의 62퍼센트에 달했다. 40여개의 복사기

---

96) 조성기, 가격의 경제학, 책이있는마을, 2009. 8. 17., pp.32-34.

업체들이 다투던 당시 상황에서 제록스는 시장점유율 1위를 차지하며 선두에 섰다.

제록스는 약 3만 달러짜리의 제품을 월 95달러에 임대하는 창의적인 가격 정책을 펼침으로써 대대적인 성공을 거둘 수 있었다.

TIP 아이팟과 아이튠즈[97]

2001년 애플은 아이팟을 선보였다. 아이팟 이전에 1998년 다이아몬드 미디어(Diamond Media)가 세계최초의 디지털 음원 재생기인 리오(Rio)라는 제품을 출시했다. 제품 디자인이나 성능만 놓고 본다면 애플의 아이팟은 리오에 비해 크게 개선된 점이 별로 없었다.

그럼에도 아이팟이 혁신적인 제품으로 평가받았던 것은 애플이 아이팟 구매자가 아이튠즈 스토어를 통해 음원 콘텐츠를 저렴하고 편리하게 구매할 수 있게 만들어 주었기 때문이다. 디지털 음원, 하드웨어, 소프트웨어를 사용하기 쉽도록 하나의 패키지로 묶은 아이튠즈 스토어(iTunes Store)를 개설해 사람들이 음악을 듣는 방식을 완전히 바꿔놓은 것이다. 애플은 아이튠즈 스토어를 통해 디지털 음원 소비 생태계를 창조하는 비즈니스 모델 혁신을 주도했다.

애플은 아이튠즈 스토어를 통해 아이팟의 가치를 현저히 높여 아이팟 판매가 급상승하는 계기를 마련하였을 뿐만 아니라 아이튠즈 스토어에서 음원을 판매함으로써 추가적인 수익을 창출했다. 아이튠즈 스토어 개설 3년 만에 아이팟과 아이튠즈 스토어를 합한 매출액이 100억 달러를 돌파해 애플 총매출액의 절반 이상을 차지하게 되었다. 또한 애플의 시장가치가 2002년 26억 달러에서 2007년 1,330억 달러로 무려 50배나 뛰어오른 것도 아이튠즈 스토어 덕분이라고 할 수 있다.

---

3) 수입원의 선택

수입원(revenue sources)이란 기업의 제품이나 서비스에 대해 고객이

---

97) 김병도, 경영학 두뇌, 해냄, 2018. 3. 5., p.121.

지불하는 형태를 의미한다. 즉, 판매대금, 이용료, 가입비, 대여료, 수수료 등 제품이나 서비스에 대해 고객이 지불하는 형태는 다양하게 있을 수 있는데, 그러한 형태 중에서 고객이 선택한 지불 형태인 것이다.[98][99]

앞에서 살펴보았듯이 수익 모델을 바꾸거나 차별화함에 따라 수입원이 달라지는 경우가 나타나게 된다.

(1) 다양한 수입원의 형태

수입원이 되는 고객의 지불형태에는 판매대금, 이용료, 가입비, 대여료(임대료), 라이센싱, 중개수수료, 광고료 등 다양한 형태가 있다.

판매대금은 전통적으로 가장 일반화된 지불 형태이다. 비즈니스 주체는 제품의 소유권을 판매하고 고객은 소유권을 이전받는 대가로 판매대금을 지불한다.

이용료는 특정한 서비스를 이용하면서 이용에 비례해서 지불하는 형태이다. 통신사는 사용시간에 따라 전화요금을 부과하며, 호텔은 객실 이용일수에 따라 요금을 부과하고, 택배회사는 배달 건별로 요금을 받는다.

가입비는 서비스에 대한 지속적인 이용권한을 갖기 위해 지불하는 형태이다. 헬스클럽은 시설 이용에 대한 대가로 회원들에게 월간 혹은 연간 등 일정 기간의 가입비를 받는다. 인터넷 게임 업체가 유저들에게 월 이용료를 받는 경우도 이에 해당한다. 대여료(임대료)는 특정한 자산을 일정기간 이용할 수 있는 권리를 갖는 대가로 지불하는 형태이다. 집카닷컴(Zipcar.com)은 북미 대도시 고객을 대상으로 하는 회사로 고객들에게 시간당 요금으로 자동차를 대여해준다. 고객은 자산을 소유하지 않고 이용하는 시간에 비례해서 비용을 부담하고 대여자는 반복적인 수익을 얻게 된다.

---

98) 이홍규·김성철, 비즈니스 모델, 한울아카데미, 2011. 5. 23., pp.207-211.
99) Alexander Osterwalder 외, 유효상 옮김, 비즈니스 모델의 탄생, 타임비즈, 2011. 10. 1., p.37.

라이센싱(licensing)은 지적재산권의 사용을 허가받은 고객들이 지불하는 사용료이다. 컨텐츠를 생산한 이들이 저작권을 보유하고 제3자에게 전송권을 판매하는 미디어 산업에서 볼 수 있다. 기술 분야에서도 특허권자들이 다른 기업에 사용권을 부여하면서 사용료를 받는 경우가 많다.

중개수수료는 둘 또는 그 이상의 다양한 고객들이 서로 연결받은 서비스에 대한 대가를 지불하는 형태이다. 신용카드 회사는 카드 소유자와 상인 사이의 거래에 대해 일정 비율의 수수료를 매긴다. 부동산 등 여러 업종의 중개인들은 거래를 성사시킬 때마다 수수료를 받는다.

광고료는 특정한 상품이나 서비스, 브랜드에 대한 광고 서비스를 받은 고객이 지불하는 형태이다. 미디어산업이나 행사 기획자들은 주로 광고 서비스를 하여 수익을 만들었다.

(2) 수익 모델과 수입원의 변화

수익 모델의 변화와 차별화, 고객의 지불 형태에 대한 욕구가 다양화하면서 수입원 역시 다양화되고 있다. 따라서 새로운 수입원의 발굴은 수입의 증대뿐만 아니라 사업의 새로운 진화를 의미하게 된다.

먼저 수익 모델을 바꾸면서 수입원이 달라지는 경우로 힐티와 웅진코웨이를 들 수 있다. 앞에서 살펴보았듯이 두 업체는 수익 모델을 판매 방식에서 대여와 관리 방식으로 바꾸었고 이에 따라 수입원은 판매금액에서 임대료와 관리 서비스비로 바뀌었다.

기존의 시장과 차별화된 새로운 시장을 창출하면서 수입원을 차별화하는 경우로 앞에서 살펴본 제록스와 캐논의 사례를 들 수 있다. 제록스는 기업용 대형 복사기를 임대하면서 복사량에 비례해서 이용료를 지불하도록 하는 수익 모델을 택하여 이용료가 수입원이 되도록 하였다. 반면 캐논은 가격이 저렴하고 부피가 작은 개인용 복사기를 전자제품 전문점을 통해 판매하여 수입원이 판매금액이 되도록 차별화했다.

면도기와 면도날과 같이 관련 복수 제품에서 판매금액이라는 동일한 수입원을 갖지만 면도기는 헐값에 판매하고 면도날에서 수익을 얻는 모델을 택하는 경우도 있다.

인터넷의 활용에 따라 수익원이 다양해지고 있다. 첫째, 회원제 방식으로 이는 정기적으로 이용료(subscription)나 회원비(membership)를 지불하는 방식이다. 둘째, 물량 또는 품목단위 방식으로 식당처럼 단위 품목이나 서비스를 제공받고 고정 금액을 지불하는 방식이다. 셋째, 광고기반 방식으로 광고 수익이 수익원이며 사용자에게는 수수료를 면제하거나 일부 잔여 금액만 지불하도록 하는 방식이다. 넷째, 라이선싱이나 조합(syndication) 방식으로 라이선싱 수수료를 내게 하는 방식이다. 다섯째, 거래 수수료 방식으로 고정 수수료나 거래 금액의 일정 비율을 지불하는 방식이다.

모바일 시대로의 진전이 수익원을 변화시키는 동인이 되고 있다. 첫째, 회원제 방식으로 통신 회사처럼 정액제 또는 종량제로 서비스 이용료를 지불하는 방식이다. 둘째, 콘텐츠 판매 방식으로 전문 소프트웨어, 게임, 책, 음악 등의 콘텐츠를 판매하는 방식으로 오락, 출판, 미디어 시장에서 볼 수 있다. 특히 e-book, 미디어 콘텐츠 등의 수익 모델 발굴 노력이 심화되고 있다. 일부 게임업체 사례에서는 애플리케이션은 무료로 제공하고 그에 사용되는 디지털 상품으로 수익을 내는 방식으로도 진화하고 있다. 셋째, 기기＋콘텐츠 결합 방식으로 휴대전화 단말기처럼 기기와 콘텐츠를 동시에 판매하는데, 애플, 구글 같은 앱스토어뿐만 아니라 이동통신사의 개방 앱스토어에 대한 관심도 높은 상황이다. 넷째, 광고기반 방식으로 위치 기반, 개인 맞춤형 검색광고 위주의 시장이 검색 광고뿐만 아니라 애플리케이션 광고, 비주얼 검색광고 등의 형태로 다양화된다. 다섯째, 거래 수수료 방식으로 쇼핑, 금융 결제, 번역 등의 거래에 수수료를 부과하는 방식인데, 모바일 기기의 이용이 확대되면서 수수료 수익도 증가될 것으로 전망된다.[100]

---

100) 권기덕, 모바일 빅뱅 시대의 비즈니스 모델 진화, SERI경영노트, 2010. 2. 18.

4) 가격설정의 선택

가격은 고객의 지불형태 중의 하나인 판매금액을 의미하는데, 다른 고객의 지불 형태의 크기와 선택에 영향을 미치게 된다.

가격은 기업 매출을 결정하는 요인일 뿐만 아니라 제품의 기능, 품질 등과 더불어 주요한 전략적 도구 중의 하나이다. 잘못된 가격 책정은 이윤을 훼손시킬 뿐만 아니라 고객을 잃게 하고 제품의 가치를 떨어트린다. 특히 새로운 혁신적 제품의 초기 가격설정(pricing)은 그 제품의 고객 확보와 이미지에 중요한 영향을 미친다.[101][102]

가격은 비즈니스 주체가 결정하기도 하지만 시장의 특성에 의해서 결정되는 요인도 있어 종합적인 접근이 필요하다. 비즈니스 주체가 결정하는 경우 기본적으로 그 제품이나 서비스에 대해 고객이 인지하는 가치의 정도, 기업과 고객의 협상력에 의해 가격이 결정된다고 할 수 있을 것이다.

(1) 가격 결정에 고려해야 할 세 가지

가격 결정에 고려해야 할 주요한 세 가지로 기준 가격의 설정, 투자 비용에 대한 인식, 기업의 전략 등을 들 수 있다.

첫째, 고객이 합당하다고 기대하는 가격인 기준 가격(준거가격, reference price)의 설정이다. 기준 가격을 설정하는 방법은 크게 원가 기반 가격 설정 방식(cost-based pricing)과 가치 기반 가격 설정 방식(value-based pricing)으로 나누어진다.

전자의 방식은 원가에 얼마의 이윤을 붙이거나 자신의 고정비용에 대한 공헌을 고려해 가격을 매기는 방식이다. 그리고 후자의 방식은 타사 제품의 가격이나 고객이 지불하려는(willingness-to-pay) 수준에 따라 가격을 매기는 방식이다. 이때 고객이 지불할 용의가 있는 최대 가격을

---

101) 이홍규 · 김성철, 비즈니스 모델, 한울아카데미, 2011. 5. 23., p.187.
102) 이홍규 · 김성철, 비즈니스 모델, 한울아카데미, 2011. 5. 23., pp.211-214.

유보가격(reservation price)이라고 한다. 전자의 방식이 이윤을 붙여 가격을 결정하는데 반해, 후자 방식은 가격을 먼저 결정하고 비용을 빼서 그 결과로 이윤을 얻는 방식이어서 이윤을 얻기 위해서는 결정한 가격보다 낮은 비용이 들어가도록 노력하여야 한다.

$$원가(비용) + 이윤 = 가격 \quad VS \quad 가격 - 원가(비용) = 이윤$$

커피전문점에서 판매하는 아이스커피의 가격을 결정하는 경우를 보자. 핫커피에 비해 아이스커피는 제빙기를 이용해 얼음을 만들고 뜨거운 커피 원액을 얼음으로 식히는 공정이 추가적으로 필요해 제조하는 데 핫커피보다 더 많은 시간이 소요되어 비용이 들어가게 된다. 이러한 비용을 감안하여 가격을 결정하는 것은 원가 기반 가격 설정 방식이다. 반면에 아이스커피를 찾는 고객의 최대 지불 용의가 있는 가격을 감안하여 가격을 결정한다면 이는 가치 기반 가격 설정 방식이 된다. 고객의 선호도가 높아지면 유보가격이 상승하게 되는데, 무더운 여름철에는 갈증을 해소하려는 고객 욕구가 커지면서 아이스커피의 유보가격이 상승하는 경향이 있다.[103)]

샤넬, 에르메스 등과 같은 명품 브랜드의 경우도 유보가격이 작용하는 사례이다. 원가는 국가별로 큰 차이가 없는데, 최종 소비자가격에서 차이가 많이 나는 것은 소비자의 유보가격이 다르기 때문이다. 한국 시장에서는 유난히 판매 가격을 높게 책정하는데, 그 이유는 우리나라 소비자들이 명품을 구매할 때 가격에 별로 신경을 쓰지 않기 때문이다.[104)]

고객이 지불할 용의가 있는 최대가격인 유보가격과 실제 지불한 가격(시장가격) 간의 차이를 소비자잉여라고 하고 소비자는 소비자잉여가 증가하기를 바란다. 하지만 유보가격의 변화가 시장가격의 변화에 영향

---

103) 김병도, 경영학 두뇌, 해냄, 2018. 3. 5., pp.291-292.
104) 김병도, 경영학 두뇌, 해냄, 2018. 3. 5., p.293.

을 미치게 되고 유보가격이 커지면 시장가격도 커질 수 있어 소비자잉여가 증가하지 않을 수 있다. 그러므로 유보가격이 커지더라도 시장가격이 작아져야 소비자잉여가 증가하게 된다.

준거가격으로 권장소비자가격(suggested retail price)을 사용하기도 하지만, 앞에서 말했듯이 할인 효과를 극대화하고 거래효용을 늘리기 위해 권장소비자가격을 정상가격보다 터무니없이 높게 책정하는 제조업체들이 있다. 이런 폐단을 막고자 1999년 9월부터 텔레비전, VTR, 신사 숙녀 정장, 운동화 등 12개 품목에 대해 제조업체가 권장소비자가격을 표시하는 것을 금지하고 있다.

둘째, 기존의 투자비용에 대한 인식이다. 즉 기존의 투자비용을 어떻게 보느냐에 따라 가격이 달라질 수 있다. 대표적으로 투자비용을 회수할 수 없는 매몰 비용(sunk cost)이라고 판단하면 원가보다 낮은 가격을 매겨 매몰 비용의 부분적 회수를 꾀하게 된다. 이때 부분적 회복에 공헌하도록 매겨진 가격을 공헌 가격(contribution price)이라고 한다. 특히 썩거나 상하기 쉬운(perishable) 제품이나 서둘러 제공해야 할 서비스 등 처리해야 할 기간이 임박하면서 변동비(variable cost)에 근접한 수준까지 내려갈 수 있다. 매장 문을 닫을 무렵의 채소나 생선 가격, 출발 직전의 항공기의 항공 요금 등이 그 사례라고 할 수 있다.

셋째, 기업의 전략이다. 즉, 기업의 전략에 따라 가격이 변할 수 있다. 동일한 제품에 대해 전략에 따라서는 초기에 시장을 크게 확보하기 위해 가능한 낮은 가격(penetration)을 매길 수도 있고, 높은 이윤을 얻기 위해 높은 가격(skimming price)을 매길 수도 있다. 대표적으로 소프트웨어와 같은 지식정보 제품이 그렇다. 이러한 제품은 생산 개시 이전의 비용(up-front costs)이 매우 큰 데 비해, 일단 만들어진 것을 복제하는 비용, 즉 한계비용(marginal cost)은 거의 제로에 가깝다. 이럴 경우 설정 가능한 가격대는 한계비용부터 투자비용에 이르기까지 매우 폭이 넓어져서 어떠한 가격 전략을 갖느냐가 중요해진다.

또한 일용품이나 주식 중개와 같이 차별화하기 어려운 사업에서는 고객 기반을 넓히기 위해 가격을 상대적으로 매우 낮게 책정하게 된다. 복수제품을 팔기 위해 시장기반을 넓히는 경우에도 가격을 낮게 매기게 된다.

(2) 시장 특성을 고려한 가격 전략

가격 결정에 고려해야 할 주요 시장 특성으로 소비자의 가격 민감성, 고객의 전환 비용, 고객의 지불 시기, 경쟁기업의 가격정책, 대체제의 존재, 가격 차별화의 가능성 등을 들 수 있다.[105]

첫째, 소비자의 가격 민감성을 들 수 있다. 고객의 가격 민감성은 우선 고객의 비용부담 능력(affordability)과 관련이 있고 유보가격을 형성하는데 영향을 미친다. 그리고 구입 비용이 고객 소득의 상당 부분을 차지할 정도로 높다면 고객은 구매에 신중해질 수밖에 없다. 그러므로 소비자의 가격 민감성을 고객의 소득 수준과 관련지어 파악할 필요가 있다.

둘째, 고객의 전환 비용(switching cost)을 들 수 있다. 고객이 이탈하는 것을 전환 행동(switching behavior)이라 하고, 한 제품에서 경쟁사의 다른 제품으로 전환하는 데 드는 비용을 전환 비용이라 말한다. 신규 고객을 유치하는 것은 기존고객을 유지하는 것보다 어렵고, 기존 고객 이탈율을 5% 낮추면 수익이 20~80% 향상되는 효과가 있다. 고객의 전환 비용이 큰 경우에는 높은 가격을 매길 수 있으나 고객의 부담을 가볍게 하여 이탈을 막기 위해 가격을 낮추게 된다. 고객이 전환 행동을 하는 이유로 <표 4-4>와 같이 가격문제 이외에도 이용불편, 핵심서비스 실패, 서비스 접점 실패, 서비스 실패에 대한 직원 반응, 경쟁업체 유인, 윤리적 문제, 우연적인 전환 등을 들 수 있다.[106]

---

105) 이홍규·김성철, 비즈니스 모델, 한울아카데미, 2011. 5. 23., pp.213-214.
106) http://blog.naver.com/goodreview7/220033260650.

표 4-4	고객이 전환 행동을 하는 이유
이 유	세부적 이유
가격문제	높은 가격, 가격인상, 불공평한 가격책정, 기만적인 가격책정
이용 불편	위치 및 영업시간, 서비스 대기시간, 약속시간 연장
핵심서비스 실패	서비스 실수, 서비스 대기시간, 약속시간 연장
서비스 접점 실패	무관심, 무례함, 무반응, 전문 서비스 기술 부족
서비스 실패에 대한 직원 반응	귀찮은 반응, 무반응, 전문 서비스 기술 부족
경쟁업체 유인	더 좋은 서비스의 선택
윤리적 문제	부정직한 행위, 강압적인 행위, 업계 이익 관계
우연적인 전환	소비자의 이사, 서비스 업체 양도

셋째, 고객의 지불 시기이다. 즉 음식점과 같이 소비와 지불이 동시에 이루어는 경우, 등록금이나 음악회 예매 입장권처럼 지불이 소비에 선행하는 경우, 자동차 할부구입처럼 후행하는 경우 등 지불 시기는 다를 수 있다. 지불 시기 방법을 달리하면 시장 수요뿐만 아니라 기업의 자금 운용에도 영향을 미친다. 지불이 후행하는 사업에서는 자금 부담이 그만큼 클 수밖에 없다.

넷째, 경쟁 기업의 가격정책을 들 수 있다. 공급 경쟁자가 많이 존재하는 경쟁적 시장의 경우 고객의 교섭력이 강해져 가격을 낮추게 된다. 그러나 경쟁 기업이 가격에 민감하게 대처하고, 경쟁 규모가 커서 규모의 경제를 확보하여 가격경쟁력이 높은 경우에는 경쟁 기업보다 가격을 낮추기 쉽지 않다.

다섯째, 대체재가 존재하는 경우이다. 대체재가 존재하는 경우, 특히 대체재에 대한 접근이 용이하거나 가격이 싼 경우에는 자사 제품의 가격을 높이기 어렵다. 이런 경우 보완재를 활용할 필요가 있다. 자장면을 파는 식당 옆에 자장면의 대체재 짬뽕을 파는 식당이 들어선 경우 자장면 고객들에게 약간의 군만두를 제공하는 것이다.

여섯째, 가격 차별화의 가능성이다. 가격 차별화에는 상황에 따라 다양한 방법이 있을 수 있다.[107]

먼저 식별 가능한(identifiable) 구매자의 특성에 따라 가격을 차별화하는 경우이다. 소비자별로 가격민감도를 파악할 수 있는 경우 가격에 민감한 소비자에게는 싸게 팔고, 가격에 둔감한 소비자에게는 비싸게 파는 것이다. 앞에서도 말했듯이 명품브랜드 제품을 국내 소비자에게는 다른 나라 소비자에 비해 높은 가격을 책정하는 경우가 여기에 해당한다.

다음으로 지역별로 가격을 차별화하는 경우이다. 앞에서 말한 소비자의 가격 민감도와 관련이 있다. 서울 강남 소비자는 가격에 둔감한 소비자가 많아 가격을 높게 결정하는 경우가 많다. 수출 제품의 경우 국내에서는 가격이 높고 미국에서는 낮은 경우가 있다.

세 번째로 시간에 따라 가격을 차별화하는 경우이다. 시간에 따른 가격 차별화 정책은 서비스 산업에서 특히 많이 활용된다. 영화관의 조조할인의 경우처럼 오전 시간대의 관람료를 낮게 책정하여 가격에 민감한 소비자는 오전에 영화를 관람하도록 유도하는 것이다. 항공, 외식, 숙박 등의 서비스 산업의 경우 성수기와 비수기 수요의 불균형을 바로잡을 필요가 있다. 따라서 성수기에는 고가 정책을 펼쳐 수요를 억제하고 비수기에는 저가 정책을 펴 수요를 늘리려 한다.

네 번째로 제품 구입량에 따라 가격을 할인해 주는 물량 할인(quantity discount)으로 가격 차별화를 꾀하는 경우이다. 시금치 한 단에 2,000원이라고 정해 놓고 두 단에는 3,000원이라고 하면 고객들은 두 단이상을 구매할 가능성이 높아진다. 세탁제 제조업체는 여러 다양한 크기의 용기에 제품을 넣어 판매하는데, 일반적으로 대용량 세탁제의 무게당 가격은 소용량 세탁제보다 저렴하다. 식구가 많은 소비자는 대용량 세탁제를 구매하도록 유도하고 독신 가구는 소용량 세탁제를 구매하도록 해 가격을 차별화하는 측면도 있다.

---

107) 김병도, 경영학 두뇌, 해냄, 2018. 3. 5., pp.295-299.

다섯 번째로 제품 기능과 디자인을 달리함으로써 가격을 차별화하는 것이다. 가전업체가 대형 마트에 초특가 텔레비전을 공급할 때 기존에 판매하던 제품의 속성 몇 가지를 단순화하거나 제거해 납품하는 경우가 이에 해당한다. 자동차의 경우처럼 제품의 기능을 선택 사항(option)으로 두고 가격을 차별화하기도 한다. 또한 제품의 버전의 차별화(versioning)를 통한 가격 차별화 방식이 있다.

여러 종류의 제품을 묶어 하나의 패키지 가격으로 내놓는 번들링(bundling)방식이 있다. 항공 요금은 고객의 다양한 여행 목적을 감안해서 집단별로 매우 다양한 요금 체계로 이루어져 있다. 번들링에서는 제품 가격이 보통 낱개의 제품 가격을 합한 것보다 낮아 수요 유발을 촉진한다.

여섯 번째로 사용량에 따라 가격을 차별화하는 경우이다. 제록스가 복사기를 판매하지 않고 대여해 주면서 매달 복사기 사용량에 따라 월 사용료를 달리 청구하는 경우가 이에 해당한다. 영화 제작사가 영화를 공급할 때 영화관의 좌석 수에 따라 배급가를 달리하는 것도 이와 유사한 경우라고 할 수 있다.

5) 비용구조의 선택

비용 또한 기업의 수익을 결정하고 가격을 결정하는 주요 요소이다. 비즈니스 활동에는 비용이 발생하게 되는데, 어떻게 비용이 발생하는지 그 비용구조(cost structure)를 파악하여 관리하는 것이 중요하다.[108][109]

(1) 비용의 구조

비용구조에는 비용의 원가 동인, 비용의 형태, 비용의 상대적 크기와 중요성, 비용의 변화 등이 주로 관련된다.

---

108) 이홍규·김성철, 비즈니스 모델, 한울아카데미, 2011. 5. 23., p.187.
109) 이홍규·김성철, 비즈니스 모델, 한울아카데미, 2011. 5. 23., pp.215-217.

먼저 원가 동인 중에서는 핵심적 원가 동인에 주목해야 하는데, 핵심 동인으로는 주로 규모 경제, 생산기술, 시설 활용률, 원료 비용, 거래 비용 등을 들 수 있다. 예를 들어, 규모경제가 작동하는 경우나, 시설 활용률에 민감한 경우에는 매출 규모가 늘수록 원가가 낮아지게 된다. 인터넷도 원가에 중요한 영향을 미친다. 예를 들어, 연구개발자들이 인터넷을 통해 공동으로 개발 노력을 기울인다든지, 개발된 소프트웨어를 인터넷을 통해 업그레이드(up grading)한다든지 하여 비용을 획기적으로 낮출 수 있다.

비용의 형태도 주요 요소이다. 비용 형태는 분류 방법에 따라 다양한데, 대표적인 몇 가지를 소개한다. 일반적으로 원가의 3요소로 재료비(material cost), 노무비(labor cost), 경비(expenses)를 든다. 이러한 원가의 3요소는 제품별로 직접 추적 가능한지의 여부에 따라 직접비(direct cost)

표 4-5 비용의 형태

비용의 형태			내 용
원가의 3요소	재료비		제품의 몸체를 구성하는 물적 요소의 원가
	가공비	노무비	제품의 생산에 소비된 인적 자원의 원가
		경비	제조원가 가운데 재료비와 노무비를 제외한 나머지 원가
직접비와 간접비	직접비		원가의 소비액을 개별제품별로 추적, 귀속이 가능한 원가
	간접비		원가의 소비액을 개별제품별로 분리해 낼 수 없어 직접 추적이 불가능하므로 인위적인 배부과정을 거쳐 제품별로 소비액을 귀속시키게 되는 원가
고정비와 변동비	고정비		경영활동의 양(조업도)에 관계없이 한 회계기간 동안 일정하게 발생하는 원가
	변동비		경영활동의 양(조업도)에 비례해서 발생하는 원가
	준변동비		고정비 요소와 변동비 요소를 동시에 갖고 있는 원가

와 간접비(indirect cost)로 나눌 수 있다. 경영활동의 양(조업도)과 상관없이 일정기간 고정적으로 발생하는 고정비(fixed cost)와 경영활동의 양(조업도)에 따라 변하는 변동비(variable cost), 변동비와 고정비가 결합된 준변동비(semi-variable cost)로도 분류할 수 있다. 반복적 비용과 비반복적 비용(nonrecurring cost)으로 분류하기도 한다.[110]

비용의 상대적 크기도 중요한데, 고정비가 큰 경우 사업의 위험이 그만큼 커질 가능성이 있다.

(2) 비용의 관리

비즈니스 활동에서 미래의 수입 흐름은 불확실하지만 비용 지출은 대체로 확정적이다. 즉, 매출은 기대에 못 미쳐도 비용은 일단 예산에 표시되면 그대로 지출되기 쉽다. 따라서 매출에 따른 매출원가는 현금 소진율(cash burn rate)과 밀접한 관련이 있으므로 비용 지출에 대한 관리가 중요하게 된다.

비용 관리에서는 손익분기점, 투자자금 회수기간(payback time) 같은 시기를 관리해야 한다. 제품이 개발되어도 시장에 출시되기 위해서는 마케팅 등 조직적 노력에 따른 비용이 필요하게 되고, 매출이 이루어진 후에도 기존 투자와 영업이익이 일치하는 손익분기점에 도달하기까지는 상당한 시간이 소요될 수 있다.[111] 따라서 제품의 개발기간, 투자 회수기간, 손익분기점의 도달 기간을 줄이도록 하고, 투자비용이 커지지 않도록 관리하여야 한다.[112][113]

한편, 로빈 쿠퍼(Robin Cooper)와 레진 슬래그멀더(Regine Slagmulder)는 다섯 가지 비용관리를 제안하였다.[114] 첫째, 목표 비용의 관리로서,

---

110) 최덕규, 원가회계, 경문사, 2001. 8. 25., pp.29-34.
111) 제품 개발에 드는 개발 기간(development time)과 투자비용을 회수하는데 드는 회수 기간(payback time)을 합쳐 손익분기점 도달 기간(break-even time)이라고 한다.
112) 두산백과, 손익분기점. http://terms.naver.com/entry.nhn?docId=1114457&cid=40942&categoryId=31914.
113) 이순용, 생산관리론, 법문사, 1992. 1. 20., p.494.

제품의 목표가격을 먼저 정하고 이에 목표원가를 정하는 것이다. 설계 단계에서 부품 숫자의 감축, 프로세스의 효율화, 저렴한 원자재 사용, 공급 업체의 비용 감축 등을 이루어내도록 목표와 계획을 세우는 것이다.

둘째, 생산초기 단계에서 해당 제품에 특정화된 비용 관리가 이루어지도록 하는 것이다. 생산초기 단계에서는 설계의 부분적 변경이 가능하므로 지속적으로 개선(改善, kaizen)될 수 있도록 노력한다.[115)

셋째, 제조방식의 개선을 통해 비용 절감이 이루어질 수 있도록 하는 것이다.

넷째, 제조에 관련된 각 기능 부서별로 비용관리가 제대로 이루어지도록 하는 것이다.

다섯째, 목표비용을 실현하고 있는지를 모니터링하는 등 목표에 대비한 비용관리 노력을 하는 것이다.

---

114) Robin Cooper and Regine Slagmulder, "Achieving Full−Cycle Cost management," Sloan Management Review, Fall. 2004, pp.45-52.

115) 카이젠(かいぜん[kaizen])은 '개선(改善)'이라는 한자의 일본식 표현이다. 일반적으로 개선의 영어 표현은 improvement를 사용한다. improvement가 말하는 개선은 비용 간에 트레이드 오프(trade−off: 상충관계) 관계가 있어 개선을 하기 위해서는 비용이 수반된다고 보는 반면, 카이젠은 개선과 비용 간에 트레이드 오프 관계가 있지 않아, 개선하는데 항상 비용이 수반되는 것은 아니라고 본다.

제 5 장

사업타당성 분석과 사업계획서 작성

제1절 사업타당성 분석

제2절 사업계획서 작성

사업타당성 분석과
사업계획서 작성

제1절 사업타당성 분석

1 사업타당성 분석의 개념

사업타당성 분석(feasibility analysis)이란 제2장과 제3장에서도 살펴보았듯이 창업자가 추진하고자 하는 사업아이템이 성공할 가능성이 얼마나 되는지 창업 전에 객관적이고 체계적으로 분석하고 평가하는 과정이다.

추진하고자 하는 사업이 타당성을 갖는다는 것은 사회와 고객을 위한 가치를 창출하여 제공한다는 사업의 이타적 목적을 추구하고, 적정 수익을 창출한다는 이기적 목적과 수단을 달성하고, 이타와 이기가 지속적인 선순환을 이루는데 성공할 수 있다는 것을 의미한다. 따라서 사업타당성 분석은 이와 관련하여 분석하고 평가하는 것이다.

사업타당성 분석은 분석과 평가를 바탕으로 사업추진 여부를 결정하는 것이 중심이라면 제4장에서 살펴본 비즈니스 모델은 적극적인 수익 창출 방안을 모색하는 것이 중심이어서 함께 고려하면서 진행해야 한다.

사업타당성 분석의 필요성

사업타당성 분석은 창업자 자신이 사업을 진행하기 전에 미처 발견하지 못한 사항들이 없도록 상세히 점검하여 사업의 실패와 위험으로부터 벗어나고 효율적이고 안정적인 창업활동을 수행하기 위해서 필요하다. 사업타당성 분석의 필요성을 다음과 같이 정리할 수 있다.[1][2]

첫째, 사업의 성공률 제고이다. 사업아이템에 대해 객관적이고 체계적인 사업타당성 분석을 수행함으로써 계획사업의 객관성을 높이고, 사업 시작 전 위험요소를 확인함으로써 성공 가능성을 높일 수 있다. 많은 창업 실패 요인 중 하나는 사업아이템에 대한 창업자의 지나친 과신이나 막연한 기대감이다.

둘째, 창업기간 단축과 효율적인 창업업무 수행이다. 사업타당성 분석을 통하여 구상하고 있는 사업의 모든 구성 요소를 정확하게 파악할 수 있어 이를 통하여 창업기간을 단축할 수 있다. 그리고 보완해야 할 사항을 미리 확인하여 조치를 취할 수 있어 효율적인 창업업무를 수행할 수 있다.

셋째, 사전 예방이다. 계획 사업아이템의 시장성, 기술적 타당성, 재무적 타당성 등 세부항목을 분석함으로써 해당 업종에 대해 미처 깨닫지 못한 세부사항을 사전에 찾아낼 수 있다.

넷째, 경영능력 향상과 균형있는 지식 습득이다. 기업의 구성요소를 정확하게 파악함으로써 창업자의 경영능력을 향상시키는데 도움이 되며 사업에 필요한 균형있는 지식을 습득하는데 역시 도움이 된다. 또한 보완해야 할 사항을 사전에 확인하여 적절한 조치를 취할 수 있도록 해준다.

---

1) 김희철, 실전창업경영론, 두남, 2021. 1. 15., pp.124-126.
2) 정창화 외, 창업의 이해, 창민사, 2021. 2. 25., pp.109-110.

사업타당성 분석의 체계와 평가요소

1) 사업타당성 분석의 체계

사업타당성 분석은 크게 2단계로 나누어 예비사업성 분석과 본 사업타당성 분석으로 분류할 수 있다.[3][4]

제1단계 예비사업성 분석에서는 다수의 예비 사업아이템을 중에서 후보 사업아이템을 1차적으로 선정한다. 모든 후보 사업아이템에 대하여 구체적인 사업타당성 분석을 하는 것은 현실적으로 많은 시간과 비용이 소모될 수 있다. 따라서 성공 가능성이 희박한 사업아이템은 예비 선별 과정을 통해 제거하고, 선별된 사업아이템에 대해서 상품성, 시장성, 수익성, 안정성 면에서 비교·평가한 후보 사업아이템을 1차적으로 선정한다.

제2단계 본 사업타당성 분석에서는 예비사업성 분석에서 1차적으로 선정된 후보 사업아이템에 대해 주요 평가요소를 가지고 상세한 분석과 평가를 한다.

그림 5-1 사업타당성 분석의 체계

1단계 사업성분석 (예비사업성 분석) 후보 사업아이템 선별 선별된 후보 아이템의 비교 후보 아이템의 우선순위 결정	2단계 사업성분석 (사업타당성 분석) 창업자 능력, 시장성, 기술성, 경제성 분석	최적의 아이템 선정

---

3) 김희철, 실전창업경영론, 두남, 2021. 1. 15., pp.127-128.
4) 정창화 외, 창업의 이해, 창민사, 2021. 2. 25., pp.110-111.

2) 사업타당성 분석의 평가요소

사업타당성 분석의 평가요소란 사업타당성 검토를 위해 중점적으로 분석해야 할 항목들이다. 추진하고자 하는 사업이 타당성을 갖기 위해서는 사회와 고객을 위한 가치를 창출하여 제공한다는 사업의 이타적 목적을 추구하고, 적정 수익을 창출한다는 이기적 목적과 수단을 달성하고, 이타와 이기가 지속적인 선순환을 이루는데 성공할 수 있어야 한다. 따라서 이와 관련하여 적절한 분석항목들로 평가요소를 선정하여 분석하고 평가해야 한다.

일반적으로 사업타당성 분석을 위한 주요 평가요소로 사회적 가치 제공성, 창업자의 수행능력, 시장성, 기술성, 경제성(재무성) 등을 들 수 있다.

(1) 사회적 가치 제공성(공익성) 분석

사업의 목적은 삶을 아름답게 하고 고객을 위한 가치를 실현하는데 있다. 사회적 가치 제공성(공익성)은 이러한 사업의 목적에 적합한지를 조사하는 것이다. 공공에 미치는 이익과 더불어 손해를 함께 분석해야 한다. 경제적 수익성만을 얻는 것이 사업의 목적이 되어서는 안 되므로 사회적 가치 제공성에 대한 분석·평가가 수익성에 대한 분석·평가보다 앞서 이루어져야 한다.

사회적 가치 제공성(공익성) 분석에서는 산업연관 효과, 국제수지 효과, 고용 효과, 지역경제 활성화 효과 등도 함께 고려되어야 한다.5)

(2) 창업자의 수행능력 분석

창업의 기본요소는 제1장에서 살펴보았듯이 창업자, 사업아이템, 창업자본, 사업장을 들 수 있다. 이 중에서 창업자는 가장 중요한 핵심요소이다. 사업의 성공여부의 90%가 창업자(사업가)에게 달려 있기 때문이

---

5) 김희철, 실전창업경영론, 두남, 2021. 1. 15., p.133.

다. 즉, 성공과 실패는 개인이든 기업이든 그 일을 추진하는 주체인 인적 요소에 의해 좌우된다는 것이다. 따라서 사업타당성 분석을 검토할 때 가장 먼저 검토할 사항이 바로 창업자가 계획사업과 관련하여 수행능력의 적합성을 가지고 있느냐를 분석하는 것이다.[6]

창업자의 수행능력 분석을 위한 평가요소는 <표 5-1>과 같이 창업자의 적성 및 자질, 경험 및 지식, 업무수행능력 등이다.

표 5-1 창업자의 계획사업 수행능력 평가요소

평가요소	세부 평가항목
적성 및 자질 (선천적 자질)	① 모험심 ② 가능성에 대한 집념 ③ 스케일 ④ 리더십 ⑤ 의지력 ⑥ 기타 창업자의 성격·체질·체력적인 소질
경험 및 지식 (후천적 자질)	① 창업 관련 분야에서의 경험 ② 학문과 지식 ③ 창업자의 능력 ④ 교제 인물의 폭과 깊이 ⑤ 창업환경을 둘러싸고 있는 인과관계
업무수행능력 (경영능력)	① 가정 유지능력 ② 창업 멤버의 구성 및 통제 능력 ③ 서비스 및 기술혁신 능력 ④ 경영·경제적 환경적응 능력 및 경영분석

(3) 시장성 분석

시장성이란 사업자가 제공하고자 하는 제품이나 서비스의 시장 반응을 측정, 평가하는 개념이다.[7]

---

6) 정창화 외, 창업의 이해, 창민사, 2021. 2. 25., pp.111-112.
7) 김희철, 실전창업경영론, 두남, 2021. 1. 15., p.130.

실제로 제품이나 서비스가 시장에 진입했을 경우 고객들이 어떤 반응을 보일 것인가, 즉 얼마나 많은 고객이 그 제품이나 서비스를 구매할 것인가는 사업의 성패와 직결된다. 아무리 좋은 제품을 만들었다고 하더라도 해당 제품이 시장에서 수요되지 않는다면 사업의 생존이나 성과 실현이 불가능하기 때문이다.

창업자의 시장성 분석의 최종 목적은 사업 성패를 사전에 판단할 수 있도록 분석, 즉 앞으로 계획하고 있는 제품이나 서비스가 시장에서 얼마나 좋은 반응을 보이고, 향후 시장 증가 추세는 어떻게 변할 것인가와 관련된 예측치를 분석하는 데 있다.

구체적인 시장성 분석의 평가요소는 <표 5-2>와 같다.8)

표 5-2 시장성 분석의 평가요소

평가요소	세부 평가항목
사업아이템의 국내·외 동향	① 유사 및 동종 산업 간의 관계 및 영향 ② 해당 사업아이템의 국내·외 반응 및 향후 전망
동업계의 현황 및 실적	① 경쟁회사의 상황(구체적 상품, 자본금, 매출액, 종업원수 대비 생산규모의 적정성) ② 동업계의 최근 2~3년 간 매출실적 분석
시장 규모의 추정 및 진입 가능성	① 동 사업아이템의 국내·외 시장의 총규모 ② 경쟁회사별 매출액 점유율
시장 확보 및 수익창출 전략	① 목표시장(목표고객) 확보 가능성 및 수익창출 전략 타당성 ② 고객 확보 가능량 산정 ③ 가격의 적정성

(4) 기술성 분석

기술성(기술적 타당성) 분석이란 제품이 원만하게 생산될 수 있는지 제품의 생산과 관련된 제 요소를 분석하는 것이다. 이러한 기술적 타당

---

8) 정창화 외, 창업의 이해, 창민사, 2021. 2. 25., p.113.

성 분석의 핵심은 기술진에 의해 원만히 생산할 수 있는지, 불량률을 목표수준까지 낮추면서 제품의 생산성과 경쟁력을 확보할 수 있느냐에 달려 있다. 즉, 경쟁제품과 비교해서 품질 및 가격 측면에서 경쟁력이 있다면 기술적 타당성이 높다고 볼 수 있다.[9]

기술적 타당성 분석은 사업타당성 분석 중 가장 어렵고 전문성이 요구되는 분야이다. 기술적 타당성 분석의 평가 기준을 정하기 어려운데, 더구나 객관성 및 신빙성이 있는 평가 기준을 마련하기란 결코 쉬운 일이 아니기 때문이다. 따라서 가능한 범위 내에서 최선의 분석 방법을 찾아내야 한다.

기술성 분석의 일반적인 평가요소는 <표 5-3>과 같다.[10]

표 5-3 기술성 분석의 평가요소

평가요소	세부 평가항목
제품성	① 제품 용도의 적합성 ② 물리적·화학적 특성과 해결 가능성 ③ 국내·외 표준 규격품과의 품질 및 기술수준 비교
생산시설의 적정성	① 각 제품별 시설규모의 적정성 및 기존 시설과의 비교 ② 국내·외 최신 기술의 동향
생산계획의 검토	① 1일 최대 생산시설 능력 및 기간별 가동률 ② 생산 방식·공정의 타당성 유무 ③ 생산인력의 자격요건 및 충원 가능성
입지조건	① 급·배수, 전력, 교통, 원재료 조달 용이성 ② 종업원 충원 용이성 검토 ③ 사업장 취득상 제한, 관련 법규와의 관계

(4) 재무성 분석

재무성(재무적 타당성) 분석은 계획 사업아이템의 수익성과 경제성을

---

9) 김희철, 실전창업경영론, 두남, 2021. 1. 15., pp.130-131.
10) 정창화 외, 창업의 이해, 창민사, 2021. 2. 25., p.115.

분석하는 것으로 경제성 분석 또는 수익성·경제성 분석이라고도 한다. 시장성과 기술성이 우수하다 하더라도 투자 비용이 커서 경제적인 실익이 없는 경우 사업체의 재무 건전성을 훼손시키게 된다.

재무성 분석은 시장성 분석과 기술성 분석을 통하여 얻은 자료를 바탕으로 경제성을 측정하는 여러 가지 자료를 이용하여 분석하게 된다. 재무성 분석을 통해서 시설자금과 운전자금의 규모를 파악하고 자금흐름을 예측하게 된다. 또한 자금흐름 예측에 근거하여 자금수지 및 자금 조달능력을 분석할 수 있다.

재무성 분석의 평가항목으로는 <표 5-4>와 같이 수익전망, 손익분기점 분석, 투자 수익 및 계획사업의 경제성 분석 등으로 분류할 수 있다.

첫째, 수익전망이다. 재무성 분석은 향후 수익전망을 현재적 관점에서 분석하는 것으로, 수익전망은 향후 3년 내지 5년간의 추정제조원가명세서와 추정손익계산서를 작성하여 예측하게 된다.

둘째, 손익분기점 분석이다.11) 손익분기점이란 일정 기간의 매출액이 총비용과 일치하는 지점이다. 손익분기점 분석이란 손익분기점에서의 매출액과 비용은 어느 정도이며, 어느 시점에 실현 가능한지를 분석하는 것이다. 더불어 손익분기점 산출 후 판매수량, 고정비와 변동비의 비율 변화 등도 검토하여야 한다.

손익분기점 이후 이익이 발생한다 하더라도 일정기간 동안은 이익이 크지 않으므로 손익분기점 이후 일정기간까지의 자금조달계획을 미리 수립해야 한다. 손익분기점 분석은 자금조달계획을 미리 수립하기 위한 척도로서 활용할 수 있다.

셋째, 투자 수익 및 계획사업의 경제성 분석이다. 이것은 계획사업 투자에 대한 경제성을 검토하는 것이다. 추정대차대조표와 자금조달 운용계획표를 작성하여 분석하게 된다.

---

11) 손익분기점에 대해서는 '제4장 비즈니스 모델'에서 '제2절 비즈니스 모델의 구성 요소'의 '2. 가치창출'의 '2) 투자 규모'에 나오는 내용을 참고바람.

표 5-4 재무성 분석의 평가요소

평가요소	세부 평가항목
수익전망	① 창업 후 3~5년간의 추정손익계산서(제조원가명세서 포함) 및 추정대차대조표, 자금수지예상표 ② 이를 근거로 수익전망 및 흑자실현 가능시점 추정
손익분기점 분석	① 손익분기점 매출액은 얼마이며 어느 시점에 실현가능한지 분석 ② 손익분기점에서의 판매수량, 고정비와 변동비의 비율 변화 분석
계획사업의 경제성 분석	① 계획사업에 대한 투자규모와 수익규모, 수익실현 가능성 등 투자에 대한 경제성 검토 ② 추정대차대조표와 자금조달 운영계획표 작성·분석 ③ 사업장 취득상 제한, 관련 법규와의 관계

제2절 사업계획서 작성

1 사업계획서의 개념과 의의

사업계획서(business plan 또는 business proposal)는 창업자가 기업을 설립하고 사업을 지속적으로 성장시키기 위해 구체화된 의지와 계획 등을 체계적으로 정리한 서류이다. 새로운 사업을 시작함에 있어서 사업목적 달성을 위해 필요한 방법과 절차, 활동범위 등 모든 요소들을 기술해 놓은 서류이다.[12][13][14]

앞에서 살펴본 사업타당성 분석이 계획사업(또는 사업아이템)의 성공

---

12) 김희철, 실전창업경영론, 두남, 2021. 1. 15., p.143.
13) 정창화 외, 창업의 이해, 창민사, 2021. 2. 25., p.118.
14) 황정희 외, 창업경영의 이해, 범한, 2017. 1. 9., p.157.

가능성을 조사·분석하는 것이라면 사업계획서는 행동계획서이다. 사업 타당성 분석을 실시하여 그 결과가 긍정적이면 실행에 옮기기 위한 계획서를 작성하게 된다.15)

사업계획서는 창업에 필요한 제반 사항들을 체계적으로 검토하게 하며, 부족한 부분들을 다시 파악하는 기회를 제공한다. 또한 사업계획이 어떤 방향으로 가야 하며 어떻게 목표에 도달할 수 있는지를 설명하는 행동지침이 된다. 사업을 실행하기 위한 실행계획서이고, 행동계획서이다.

뿐만 아니라 외부의 잠재적 투자자나 고객에게는 투자유치나 시장개척을 위한 홍보자료의 역할을 한다.

2 사업계획서의 필요성

사업계획서는 사업계획을 문서화한 서류이다. 문서화 없이도 생각만으로 사업계획을 수립하여 사업을 성공시키는 창업자도 있을 수 있다. 그러나 체계적인 사업 준비를 하고 사업 성공 가능성을 높이기 위해 사업계획서 작성이 필요하다. 사업계획서를 작성하지 않은 상태에서 사업을 진행하는 경우 예기치 못한 상황에 대한 대처에도 어려움이 따른다.

사업계획서의 필요성을 정리하면 다음과 같다.

첫째, 사업계획서는 체계적인 사업 준비를 하는데 유리하다. 창업절차는 매우 복잡하고 시행 과정에서 예상치 못한 문제로 차질을 빚는 경우가 많다. 그러므로 사업계획서를 미리 작성한 후 사업을 준비하는 것이 필수적이다.

둘째, 사업성공 가능성을 높인다. 사업계획서를 작성하는 과정에서 창업기업이 직면하는 주요한 문제들을 체계적으로 이해할 수 있는 기회를 갖게 된다. 미처 예상하지 못한 사업상의 결점이나 위험, 해당사업의

---

15) 송경수 외, 창업경영론, 피앤씨미디어, 2014. 8. 80., p.304.

강점이나 약점 등을 발견할 수 있다. 이러한 발견을 바탕으로 대처 방안을 수립한 후 사업에 착수하게 되면 사업성공 가능성을 높이게 된다.

셋째, 사업체 경영의 지침서이다. 사업계획서는 창업기업의 비전과 목표를 담고 있으므로 관리자를 비롯해서 전체 구성원들로 하여금 이러한 비전과 목표를 향해 나아갈 수 있도록 도와주는 안내자 역할을 한다. 창업을 한 후에도 조직 구성원들이 원래의 목적과 나아가야 할 방향을 재확인하여 잊지 않도록 하는 역할을 한다.

넷째, 사업계획서는 자본조달 수단이고, 투자사업의 타당성을 판단하는 자료이다. 사업계획서는 사업자 입장에서는 사업에 필요한 자금을 조달하기 위해 동업자, 금융기관, 투자자, 일반고객 등에게 사업의 타당성, 수익성과 부채의 상환능력 등을 알리는 수단이 된다. 문서화된 사업계획서는 자기사업을 설명하고 홍보하는데 구두로 하는 것보다는 훨씬 설득력을 갖는다.

반면에 투자자 입장에서는 투자에 관한 의사결정을 하는 데 사용하는 가장 기본적인 자료이다. 투자자는 사업계획서를 통해 어느 정도 사업의 성공 가능성을 보게 되면 사업자를 직접 만나 더 구체적인 논의를 하게 될 것이다.

다섯째, 창업자와 경영진의 능력평가 자료이다. 투자자를 비롯해서 외부인들은 사업계획서를 통해 창업자와 경영진이 계획사업을 성공시킬 능력을 가졌는가를 평가하고, 이를 바탕으로 신뢰 여부를 결정하게 된다.

이러한 사업계획서의 필요성은 크게 창업자 입장과 투자자 입장으로 나누어볼 수 있다.

❸ 사업계획서 작성의 기본원칙과 유의사항

사업계획서는 내부 구성원들이 보기 위한 것이 동시에 외부에 보이기 위한 것이기도 하다. 어떠한 경우에도 이해가 될 수 있어야 한다. 사업의 핵심 내용을 간결하면서도 효율적으로 기술하기 위해서 다음과 같은 기본원칙을 준수하도록 해야 한다.16)17)18)

(1) 명확성

내용을 정확하고 구체적으로 표현해야 한다. 사업 동기와 목적, 계획사업의 핵심제품과 서비스, 목표고객, 유통채널 구축 방안, 예상 판매량, 필요자금 규모와 조달 방법, 손익분기점 도달 시점 등을 명확하게 기술하여야 한다. 특히 계획사업의 핵심 내용을 명확히 강조하여 나타내야 한다.

(2) 단순성

사업계획서는 가능한 한 전문용어를 피하고 전문가가 아닌 일반인도 쉽게 이해할 수 있도록, 일반적이면서 설득력 있게 작성하되 간결하고 평이한 문체로 기술해야 한다.

(3) 일관성

급속한 환경변화의 영향이 예상되지 않는 한, 사업계획에 따라 일정 기간별로 불일치가 생기지 않고 사업의 일관성이 유지될 수 있도록 작성하여야 한다. 핵심 제품과 서비스, 마케팅 전략, 자금조달과 투자계획, 예상수지계획 등이 일관되게 진행될 수 있도록 작성하여야 한다.

(4) 차별성

계획하고 있는 사업이 경쟁사업체에 비해 제품의 특성, 비즈니스 모델, 운영방법, 목표시장 등에서 어떤 차별성과 경쟁우위를 가지고 있으며, 새롭게 확보해 나갈 수 있는 차별적인 핵심 내용을 강조하고 설득력

---

16) 차부근 외, 창업과 경영의 이해, 삼영사, 2014. 8. 20., pp.91-92.
17) 황정희 외, 창업경영의 이해, 범한, 2017. 1. 9., pp.158-159.
18) 김희철, 실전창업경영론, 두남, 2021. 1. 15., pp.145-146.

있게 설명할 수 있어야 한다.

(5) 객관성

객관적이고 공신력 있는 충분한 자료들을 바탕으로 작성되어야 신뢰성이 있다. 자신을 비롯해서 특정인의 경험과 주관, 비논리적인 추정을 바탕으로 해서는 설득력이 없다.

2) 사업계획서 작성시 유의사항

사업계획서 작성시에는 앞에서 살펴본 기본원칙을 기본적으로 준수하면서 다음과 같은 사항을 유의해야 한다.[19]

첫째, 사업진행과 관련하여 빠지는 내용이 없도록 한다. 창업하고자 하는 사업아이템, 경영진과 인력수급계획, 설비투자계획, 생산계획, 판매계획, 수익창출계획, 조직운영계획, 자금조달계획, 사업추진일정계획 등 최대한 빠짐없이 상세히 하여야 한다.

둘째, 현실적이고 실현가능한 내용이어야 한다. 사업계획서에서 기술한 내용대로 진행했을 때 실현가능할 뿐만 아니라 아무런 문제가 발생하지 않을 정도로 현실을 제대로 반영하여야 한다.

셋째, 독창적인 기술과 노하우, 도전정신 등 긍정적인 요소를 부각한다.

넷째, 개인적인 이익만을 추구하는 것이 아니라 공익성을 추구하는 내용을 담는다.

다섯째, 사업계획서를 누구를 위해, 어떤 목적으로 작성하는지 그 용도와 목적에 맞추어 작성한다.

---

19) 차부근 외, 창업과 경영의 이해, 삼영사, 2014. 8. 20., p.92.

4 사업계획서 작성 순서

사업계획서는 작성 목적과 용도, 제출기관에 따라서 내용과 구성 양식에서 차이가날 수 있다. 그러므로 사업계획서를 작성하기 전에 미리 작성순서와 내용 등을 결정해 두면 시간과 노력을 절약할 수 있을 뿐만 아니라 내용도 충실해질 수 있다.[20][21][22][23]

첫째, 제1단계로 기본방향의 설정이다. 사업계획서의 작성 목적에 따라 기본방향을 설정하는 과정이다. 기본 목표와 방향을 명확히 설정하여 사업계획서의 초점을 잡는다.

둘째, 제2단계로 소정양식을 검토한다. 사업계획서 작성 목적 및 제출기관에 따라 양식이 다를 수 있으므로 소정양식이 있는지 미리 알아보아야 한다.

일반적으로 사업계획서는 작성자가 자유롭게 작성하느냐에 따라 고정형식과 자유형식으로 나눌 수 있다. 고정형식은 사업계획의 형식이 미리 정해져 있는 사업계획서이다. 즉, 창업투자회사, 금융기관, 정부기관 등에서는 사업계획 형식을 미리 정해 놓고 신청자들로 하여금 주어진 형식에 따라 사업계획을 작성하도록 하는 경우가 많다.

반면에 자유형식은 사업계획서 작성자가 임의로 결정한 형식에 따라 작성하는 사업계획서이다.

내용을 간단하게 적을 것인지에 따라서는 약식 사업계획과 완전 사업계획서로 나누어진다. 약식 사업계획서는 요점만 간략히 정리한 사업계획서로 간이 사업계획서라고도 하며 창업자의 사업 목적 등에 따라 내용을 가감할 수 있다. 완전 사업계획서는 사업계획의 모든 사항을 상세

20) 김희철, 실전창업경영론, 두남, 2021. 1. 15., pp.146-148.
21) 송경수 외, 창업경영론, 피앤씨미디어, 2014. 8. 80., p.304
22) 정창화 외, 창업의 이해, 창민사, 2021. 2. 25., pp.133-135.
23) 강기찬 외, 기업가정신과 창업, 두남, 2014. 8. 25., p.192.

히 포함한 사업계획서이다. 약식 사업계획서는 자유형식에 해당하고, 완전 사업계획서는 고정형식과 자유형식 모두 해당한다.

셋째, 제3단계로 작성 계획의 수립이다. 사업계획서 작성의 지연은 곧 계획사업의 추진에 많은 지장을 초래한다. 따라서 대부분의 사업계획서는 정해진 기간 내에 작성되어야 한다. 이를 위해서 각 부문별 작성 일정과 내용, 그리고 작성 책임자를 확정하는 등 치밀한 작성 계획을 미리 세워야 한다. 누가 주관을 하든지 시장 및 판매 전망은 영업부문 담당자가, 자금조달 운용계획 및 추정재무제표 작성 등 재무에 관한 사항은 경리담당자가, 그리고 제품 및 기술성 분야에 관한 사항은 생산담당자가 작성하는 것이 합리적이다. 일정과 내용에 따라서는 전문기관에 의뢰하여 작성하는 것도 검토할 수 있다.

넷째, 제4단계로 관련 자료 및 첨부서류의 수집이다. 앞 단계에서 작성 책임자를 정하였으므로 작성 책임자를 중심으로 필요한 관련 자료와 첨부서류를 확인하고, 각 부문별 작성 일정에 맞춰 관련 자료와 첨부서류를 수집한다.

다섯째, 제5단계로 양식 결정 및 구성이다. 제2단계에서도 살펴보았듯이 사업계획서 양식은 작성 목적 및 제출기관에 따라 다를 수 있으므로 확보한 양식에 의거하여 작성하여야 한다. 양식이 없는 경우에는 직접 양식을 만들어야 한다.

여섯째, 제6단계로 사업계획서의 작성이다. 제출기관에 따라 사업계획서 작성 방법을 간단히 설명하고 있기도 하지만 충분하지 않는 경우가 많다. 따라서 사업계획서 작성자는 사업계획서 작성 요령을 미리 숙지하여 둘 필요가 있다.

일곱째, 제7단계로 편집 및 제출이다. 사업계획서는 내용도 중요하지만 편집과정도 그에 못지않게 중요하다. 정성을 다하고 모양을 세련되게 편집하게 되면 보다 좋은 인상을 받게 된다. 그리고 사업계획서를 제출할 때에는 그 내용을 충분히 이해하여 설명과 응답에 부족함이 없도록

표 5-5	사업계획서 작성 순서	
제1단계	기본방향의 설정	- 기본 목표와 방향을 명확히 설정 - 사업계획서의 초점 잡음
제2단계	소정양식 검토	- 사업계획서의 작성 목적 - 제출기관
제3단계	작성 계획의 수립	- 각 부문별 작성 일정과 내용 - 작성 책임자
제4단계	관련 자료 및 첨부서류 의 수집	- 관련 자료와 첨부서류를 확인 - 각종 정보·자료 수집 및 정리
제5단계	양식 결정 및 구성	- 작성 목적과 제출기관에 따라 결정 - 직접 양식 구성
제6단계	사업계획서 작성	- 사업계획서 작성 요령 숙지
제7단계	편집 및 제출	- 편집의 중요성 인식 - 제출시 내용 충분히 이해

만반의 준비를 해야 한다.

⑤ 사업계획서의 구성과 내용

1) 사업계획서의 종류 및 구성

일반적으로 사업계획서는 '사업계획 요약서'와 '본 사업계획서'로 크게 나누어진다. 본 사업계획서는 다시 간이 사업계획서와 완전 사업계획서로 분류된다. 간이 사업계획서는 대체로 창업자 자신이 동업자 또는 주주, 거래처 및 이해관계자 등에게 자기 사업계획을 소개할 필요가 있거나 스스로 계획적인 사업 추진을 위해 비교적 간단하게 작성하는 것이다. 완전 사업계획서는 사업계획의 모든 사항을 상세히 포함한 사업계획서로서 대체로 각종 인·허가 또는 자금조달 등을 위해 외부 관계기관에 제출하는 경우에 작성하게 되어 제출기관의 고정된 양식에 맞춰 작성

하게 된다.24)25)

간이사업계획서와 외부기관 제출용 기본 사업계획서의 예시는 <표 5-6>과 <표 5-7>과 같다. <표 5-7>에서 보면 사업계획서는 기업체 현황, 조직 및 인력 현황, 기술현황 및 기술개발계획, 생산 및 시설계획, 시장성 및 판매전망, 재무계획, 자금운용조달계획, 사업추진 일정계획, 특정분야별 계획, 첨부서류 등으로 구성됨을 살펴볼 수 있다.

표 5-6 간이 사업계획서(예시)

⟨사업계획 요약서⟩

1. 기업체 현황	5. 시장성 및 판매전망
(1) 회사 개요	(1) 목표고객
(2) 업체 연혁	(2) 일반적 시장현황
(3) 창업동기 및 향후 계획	(3) 동업계 및 경쟁회사 현황
2. 조직 및 인력 현황	(4) 예상 시장점유율과 매출액
(1) 경영 조직도	(5) 마케팅 전략
(2) 대표자 및 경영진 현황	6. 재무계획
(3) 주주현황	(1) 재무현황
(4) 조직 및 인력 구성상의 특징(강·약점)	(2) 재무추정
(5) 충원계획	(3) 소요자금 및 조달계획
3. 기술현황 및 기술개발계획	7. 사업추진 일정계획
(1) 사업아이템의 내용	8. 특기사항
(2) 기술현황	9. 첨부서류
(3) 기술개발투자 현황 및 계획	(1) 정관
4. 생산 및 시설계획	(2) 사업등기부등본
(1) 공장입지	(3) 사업자등록증 사본
(2) 생산전략과 계획	(4) 최근 2년간 요약결산서
(3) 설비 투지계획	(5) 경영진 이력서

---

24) 김희철, 실전창업경영론, 두남, 2021. 1. 15., pp.148-151.
25) 강기찬 외, 기업가정신과 창업, 두남, 2014. 8. 25., p.193.

표 5-7 외부기관 제출용 사업계획서(예시)

〈사업계획 요약서〉

1. 기업체 현황
   (1) 회사개요
   (2) 업체연혁
   (3) 창업동기 및 향후계획
   (4) 사업전개방안 및 향후 계획
2. 조직 및 인력현황
   (1) 조직도
   (2) 대표자, 경영진 및 종업원 현황
   (3) 주주현황
   (4) 인력 구성상의 강·약점
   (5) 관계회사 내용
   (6) 종업원 현황 및 고용계획
   (7) 교육훈련 현황 및 계획
3. 기술현황 및 기술개발계획
   (1) 제품의 내용
   (2) 제품아이템 선정과정 및 사업전망
   (3) 기술현황
   (4) 기술개발투자 및 기술개발계획
4. 생산 및 시설계획
   (1) 시설현황
   (2) 생산공정
   (3) 생산 및 판매실적(최근 2년간)
   (4) 원·부자재 조달상황
   (5) 시설투자계획
5. 시장성 및 판매전망
   (1) 일반적 시장현황
   (2) 동업계 및 경쟁회사 현황
   (3) 시장 총규모 및 시장점유율
   (4) 연도별 판매계획 및 마케팅 전략

6. 재무계획
   (1) 재무현황
   (2) 재무추정
   (3) 향후 수익전망
7. 자금운영조달계획
   (1) 소요자금
   (2) 조달계획
   (3) 연도별 증자 및 차입계획
   (4) 자금 조달상 문제점 및 해결방안
8. 사업추진 일정계획
9. 특정분야별 계획
   (1) 공장입지 및 공장설립계획
   (2) 자금조달
   (3) 기술개발 사업계획
   (4) 시설근대화 및 공장개선계획
10. 첨부서류
   (1) 정관
   (2) 사업등기부등본
   (3) 사업자등록증 사본
   (4) 최근 2년간 요약결산서
   (5) 최근 월 합계잔액시산표
   (6) 경영진·기술진 이력서
   (7) 공업소유권(특허·실용신안) 및
       신기술 보유관계 증빙서류
   (8) 기타 필요서류

2) 사업계획서의 세부 구성내용

앞에서 살펴본 사업계획서의 구성과 관련하여 주요 구성의 세부 내용을 살펴본다.[26]

<사업계획서 요약서>

요약서는 계획사업의 핵심내용과 그 가치를 집약해서 설명하는 부분으로서 사업아이템의 존재이유, 사업목적과 성공을 위한 실행방법 및 전략 등을 간결하고 설득력 있게 서술한다.

가능한 한 두 페이지 이내로 작성하되 창업자가 계획사업을 완전히 이해한 후 작성하는 것이 바람직하다. 일반적으로 요약서를 작성할 때 다음과 같은 사항을 유의해야 한다.

첫째, 기업의 제품과 목표시장을 분명히 설명할 수 있어야 하고, 투자자가 투자할 것이 무엇인지 한 눈에 알아 볼 수 있게 작성해야 한다.

둘째, 기업이 어떻게 경쟁기업보다 성공할 수 있는지 그 전략과 수행방법을 객관적으로 서술해야 한다.

셋째, 과거 재무자료 및 미래 추정치를 요약 설명한다. 미래 추정치는 사업계획 전체의 매력을 축약시킨 부분이기 때문에 일반적으로 3년 이내 목표로 하는 판매 금액, 첫 3년간 추정되는 이익 금액, 필요로 하는 창업투자자본의 추정 금액, 경영진의 이력사항을 기술한다. 또한 사업추진에 현 경영진이 얼마나 적합한지 알릴 수 있어야 한다.

(1) 기업체 현황

주요 기업체 현황으로 회사 개요, 업체연혁, 창업동기 및 향후계획 등을 기재한다.

---

26) 차부근 외, 창업과 경영의 이해, 삼영사, 2014. 8. 20., pp.93-108.

가) 회사 개요

회사 개요는 검토자에게 회사의 전반적인 상태를 요약한 정보를 전달하는 기능을 한다. 업체명과 대표자, 업종 및 주요 제품, 사업장 주소, 사업장 현황, 공업소유권(지적재산권 등), 조직형태와 종업원수, 결산 연월일과 자본금, 금융기관 등 우대사항, 주거래은행 등의 내용을 기재한다.

표 5-8 회사 개요

① 업 체 명		① 대표자		사업자등록번호	
② 업 종 (표준산업분류)		② 주요 제품		인·허가등록	
③ 주소	본사			⑤ 공업소유권	
	주 사업장			⑥ 조직형태	
	계획사업장			⑥ 종업원수	
④ 사업장 현황	용도지역 구분			⑦ 결산일	
	소유형태			⑦ 자본금	
	기업규모			자산총액	
협회단체가입현황				연간매출액	
⑧ 금융기관 등 우대사항			⑨ 주거래은행		

① 업체명과 대표자

업체명은 사업자등록증상에 있는 명칭을 기재해야 한다. 대표자명은 개인의 경우에는 사업등록상의 대표자로, 법인의 경우는 등기부등본상의 대표이사를 기재한다.

② 업종 및 주요제품

업종은 기업이 표준산업분류상 어떤 업태를 가지고 어떤 종목을 취급하는지를 의미한다. 주요제품은 기업이 생산하는 핵심제품으로 사업계획서상의 아이템과 기술부문, 생산부문 제품과 일치성이 있는 제품이어야 한다.

③ 사업장 주소

개인기업이나 법인기업의 주 사업장은 사업자 등록증의 주소를 기재한다. 법인기업의 본사는 사업자등록증 또는 법인 등기부등본에 기재된 주소를 기재한다.

④ 사업장 현황

사업장이 관계법상 어떤 용도지역에 속하는지, 사업장 소유형태가 자가인지 아니면 임차인지, 기업 규모는 대지와 건물 평수, 주요기재 수량 등의 기준으로 명확히 기재한다.

⑤ 공업소유권(지적재산권 등)

특허, 실용신안권 등을 보유하고 있다면 등록일자와 내용, KS 등 규격표시와 획득 내용을 빠짐없이 기재한다.

⑥ 조직형태와 종업원수

기업의 조직형태를 법인기업과 개인기업으로 기재하되, 법인기업의 경우는 주식회사, 합명회사, 합자회사, 유한회사 중 하나를 선택하여 종업원 수와 함께 기재한다.

⑦ 결산 연월일과 자본금

법인기업의 결산 연월일은 정관에 규정된 날짜를 준수해야 하며 개인기업의 경우는 매년 12월 31일이 결산일이 된다. 그리고 법인기업의 자본금은 법원에 등기된 납입자본금을 기재하고 개인기업은 실제 출자금을 기재한다.

⑧ 금융기관 등 우대사항

정부나 금융기관으로부터 지정받은 우량 중소기업, 적격업체, 중견 수출기업 등의 선정내용을 기재한다.

⑨ 주거래은행

주거래은행은 금융기관들의 대출개시 일자별로 대출과 예금의 금액이 큰 기관부터 기재한다.

나) 업체 연혁

창업일로부터 발생되는 경영관계상의 핵심내용을 기재하는 것이다. 기업설립, 인수합병, 자본증감, 상호변경, 대표이사 변경사항, 업종변경 및 신제품개발 사항 등이 주요 내용이 된다.

표 5-9 업체연혁

연월일	주요 내용

다) 창업동기 및 향후 계획

① 창업동기 및 향후 전망

창업하게 된 동기, 그리고 창업업종과 관련하여 보유하고 있는 핵심 역량과 그 가치를 집약해서 기재한다. 추진하려는 사업이 왜 존재해야 하고, 누가, 어떻게 실행하며, 그렇게 함으로써 사업을 성공시킬 수 있다는 향후 전망을 분명하고 설득력 있게 기술해야 한다.

② 사업아이템 기대효과

사업아이템이 경제 및 산업에 미치는 효과, 수출기여 및 수입대체 효과, 농어촌 소득향상과 고용창출 기여도, 기술향상 교육과 부족 자원 활용 효과 등을 기재한다.

③ 사업전개 방안 및 향후 계획

연도별 시설투자계획, 마케팅 강화 방안으로서 영업조직의 활성화 및 증설 계획, 스마트공장 및 스마트사무 계획, 신제품개발계획, 조직 및 인력 확대 계획, 창업일정 및 추진계획 등을 구체적으로 기술한다.

(2) 조직 및 인력 현황

창업을 처음 시도하는 창업자들은 사업계획서를 준비하고 투자를 유치하고 회사를 이끄는데 필요한 사업경험을 갖고 있지 못한 경우가 많다. 이런 경우 창업을 하고 향후 회사를 운영하는데 도움을 줄 수 있는 강력한 경영팀을 구성해야 한다.

이를 위해서는 창업자를 포함한 경영진 및 기술진에 대한 업계 경험과 전문분야를 반드시 기술하고, 상세한 이력서를 첨부해야 한다. 경력에 맞는 임원의 구성과 직무별·직위별 적정 인원의 산출근거를 조직도와 함께 제시해야 한다.

가) 경영 조직도

회사의 예상 조직도를 제시하고 부문의 역할 및 그 책임자를 소개한다.

나) 대표이사 및 경영진 현황

이사회의 규모와 구성에 관한 회사의 철학, 예정된 이사회의 구성원과 인적 사항을 기재한다.

표 5-10 경영진 인적 사항 현황

직 위	성 명	연 령	학 력	경 력	교육훈련	특기사항

다) 주주현황

주주현황은 회사가 보유하고 있는 주식수 및 출자액 등을 주주명부에 기록한 것이다. 주주 변경이 있을 때마다 작성 기준일을 정확히 기재하여 회사의 주식이동이나 거래 등 최근에 발생한 중대한 사실을 검토자가 기업의 내용을 평가할 때 반영할 수 있도록 작성되어야 한다. 그리고 각 주주의 상호관계와 실제 경영주체에 관한 내용을 쉽게 파악할 수 있도록 작성되어야 한다.

표 5-11 주주현황

성명	주민등록번호	보유주식수	주당액면가	금액	지분율	취득일	대주주와 관계	특기사항

라) 조직 및 인력 구성상의 특징(강·약점)

주요 핵심 관리자의 이력과 노하우, 직무능력, 과거의 실적, 정확한 임무와 책임 등을 동종업체 또는 경쟁사와 비교하여 강·약점을 상세하게 기술한다. 그리고 주어진 역할을 수행할 수 있는 능력을 기술한다.

마) 충원계획

인원 충원은 직무별·직위별로 해당 인원을 창업 당해연도와 이후 연도를 연도별로 구분하여 적절한 충원계획을 제시한다.

| 표 5-12 | 직원 현황 및 충원계획 |

구분	직원 현황 및 충원계획				
	전연도	당해연도	1차연도	2차연도	3차연도
관리직					
기술직					
생산직					
영업직					
합 계					

(3) 기술현황 및 기술개발 계획

기술현황 및 기술개발 계획에는 사업아이템의 내용, 기술현황, 기술개발투자 및 기술개발계획 등을 기재한다.

가) 사업아이템의 내용

창업자 시장에 출시하고자 하는 제품 및 서비스에 대해 구체적으로 기술한다. 이 때 특히 주의할 사항은 제품 및 서비스 관련 기술 전문가들만 알 수 있는 전문 용어를 사용하는 것을 가급적 피해야 한다는 것이다. 전문용어를 사용하여 설명할 경우 투자자를 비롯한 외부인들에게 부정적인 영향을 미칠 수 있으므로 가급적 누구나 쉽게 이해할 수 있는 용어를 사용하는 것이 중요하다.

나) 기술현황

사업아이템에 대한 제조기술 내용, 기술인력 보유현황, 지적재산권 등의 등록 현황, 규격표시획득 내용, 기술집약형 사업유형 및 신기술 현황 등과 관련해서 주요 내용을 상세히 기재한다.

표 5-13	기술현황표
기술현황	주요내용
제조기술 내용	
기술인력 보유현황 및 특징	
지적 재산권 등의 등록현황	
규격표시획득 내용	
기술집약형 사업유형 및 신기술 현황	

다) 기술개발투자 현황 및 계획

기술개발투자 내용은 시험연구비, 기술개발비, 교육훈련비, 견본비 등의 개발비 투자액이 연간 매출액에서 차지하는 비율로 계산한다. 그리고 이것을 토대로 투자효율이 어느 정도 되는지를 분석한다. 기술개발투자 계획은 투자비율 증가 계획 및 개발비 투자계획 등을 기술한다.

표 5-14	기술개발투자 계획서			
기술개발 투자현황	연간매출액(A)	개발투자액(B)	투자비율(%) (B÷A×100)	투자효율
기술개발 투자계획				

(4) 생산 및 시설계획

생산 및 시설계획에는 공장입지, 생산전략과 계획(생산시설 등 생산 관련 내용을 포괄적으로 포함), 설비 투자계획 등을 기재한다.

가) 공장입지

계획사업의 지리적인 입지분석의 결과를 제시한다. 노동력을 이용할 수 있는 정도 및 질, 고객이나 공급자의 접근 용이성, 교통편의, 물류비용, 원부자재 조달 조건, 해당 입지분석 지역의 세금과 법규 등의 관점에서 입지의 장·단점 등을 설명한다.

나) 생산전략과 계획

제품의 생산과 관련된 생산비용, 생산능력, 자금조달, 이용 가능한 노동력, 기술적인 문제의 관점에서 제조과정 및 운영계획을 기재한다.

이용가능한 원자재, 노동력, 부품, 생산경비 등에 분석과 함께 다양한 매출 수준에서의 생산비 및 생산량에 관한 정보를 제시한다.

그리고 품질관리, 생산관리, 재고관리 방법과 서비스 문제와 관련된 고객 불만족을 최소화하는 방법에 대해서도 설명한다.

다) 설비 투자계획

생산에 필요한 설비를 언제 어떻게 도입할 것인지를 설명하고, 설비 도입에 따른 경적 효과를 제시한다. 또한 향후 3년 동안 도입할 예정인 설비와 관련해서 설비확장 방법과 시기 등을 기재한다.

표 5-15 설비 투자계획서

종류별	시설명	규격	설치 예정년도	설치 및 제작		설치 구분	제작 구분
				소요금액	제작회사		

시장성 및 판매전망에서는 주로 목표고객, 일반적 시장현황, 동업계 및 경쟁회사 현황, 예상 시장점유율과 매출액, 마케팅 전략 등을 기재한다.

가) 목표고객

제품과 서비스에 대한 예상 목표고객을 구체적으로 기재한다. 목표고객에 대한 접근 난이도, 구매결정까지 걸리는 시간 등을 살펴보고 품질, 서비스 등 구매 결정에 영향을 미치는 요인을 기초로 고객의 구매과정을 기술한다.

나) 일반적 시장현황

시장변화 상황 및 최근 동향 분석을 통해 향후 3~5년 동안의 전체시장의 수요와 공급 규모를 추정하여 기재한다. 제품과 서비스에 대한 부문별, 지역별 시장 점유율을 물량과 금액 면에서 전망하여 기술한다. 그리고 산업동향, 사회경제적 추이, 인구이동, 유통구조 등 시장변동에 영향을 미치는 요소들을 바탕으로 최소한 향후 3년 동안의 연간 성장률을 예상하여 기재한다.

다) 동업계 및 경쟁회사 현황

동업계 및 경쟁회사 현황에서는 경쟁기업은 물론 유사제품 또는 대체품을 만드는 업체와 잠재적 경쟁업체까지 포함하여 분석하고 기재한다.

업체별 재무상태, 시장 점유율, 품질, 가격, 유통방법, 서비스 등에 기초해서 경쟁적인 혹은 대체 가능한 제품 및 서비스를 비교한다. 최근에 어떤 회사가 진입하고 이탈했으며 그 이유가 무엇인지에 대해 살펴보고 기술한다. 특히 3~4개의 주요 경쟁사를 선정해서 시장진입의 성공과 실패요인을 분석하여 적는다.

라) 예상 시장점유율과 매출액

현재 혹은 장래에 예상되는 경쟁에 직면해서 팔 수 있는 제품과 서비스에 대해 정리한다. 제품과 서비스의 시장 규모와 전망, 목표고객, 경쟁사의 매출 추이에 기초해서 최소한 3년 동안의 시장점유율과 매출액을 수량과 금액 면에서 추정한다.

마) 마케팅 전략

시장세분화에 의한 목표시장 선정 방법과 이유, 목표시장에 접근하기 위한 가격체계와 유통경로, 수익모델 등에 대한 차별화된 전략을 제시한다.

잠재고객이 누구이며 이들과 어떻게 접근하고, 품질, 가격, 서비스 수준을 어느 정도로 책정할 것이며, 수익 활성화 활동들을 시장진입 시 기별로 어떻게 전개해 나갈 것인지 구체적으로 상술한다. 또한 언제라도 시장이나 상황의 변화에 따라 유연하게 대처할 수 있는 내용도 포함한다.

(6) 재무계획

재무계획에서는 현재의 재무상태, 추정재무제표의 작성을 통해서 계획사업의 향후 재무상태와 경영성과 등을 제시한다.

가) 재무현황

실적이 있는 기업의 경우 요약된 재무상태를 대차대조표와 손익계산서를 기준으로 기재하여 회사의 가치를 나타낸다.

나) 재무추정

미래 추정치를 근거로 추정재무제표를 작성한다. 창업 준비 중이거나 창업을 시작한 지 얼마 되지 않은 경우, 실적 평가 시 창업자와 주요 경영진에 대한 비중이 매우 높으므로 상세한 인물 정보도 함께 제공해야 한다.

앞으로의 재무계획에는 추정손익계산서, 추정대차대조표, 추정현금표, 손익분기점 분석 등이 포함되어야 한다.

① 추정손익계산서

추정손익계산서는 수익과 비용의 측면에서 계획사업의 경영성과를 파악하는데 사용된다. 최소 3~5년 동안의 추정손익계산서를 작성한다.

② 추정대차대조표

추정대차대조표는 앞으로의 자산과 부채, 그리고 자본의 상황을 추정하여 작성한다. 최소한 향후 3년 정도를 기준으로해서 작성한다.

③ 추정현금흐름표

추정현금흐름표는 미래의 현금의 유입과 유출을 추정하여 작성한다. 계획사업의 현금운용과정을 보여준다. 사업 첫해에는 매달, 다음 2년 동안은 적어도 매분기마다 현금의 유입과 유출을 추정하도록 한다.

표 5-16 추정손익계산서

항 목	실적연도	추정연도			
		년	년	년	년
매 출 액					
매출원가					
기초상품재고액					
(+)당기상품매입액					
(-)기말상품재고액					
매출총이익					
판매비와 관리비					
영업이익					
영업외수익					
영업외비용					
경상수익					
특별이익					

특별손실					
법인세 차감전 순이익					
법인세비용					
당기순이익					

표 5-17 추정대차대조표

항 목	실적연도	추정연도			
		년	년	년	년
유 동 자 산					
당 좌 자 산					
재 고 자 산					
고 정 자 산					
투 자 자 산					
유 형 자 산					
무 형 자 산					
자 산 합 계					
유 동 부 채					
외상매입금					
기타 유동부채					
고 정 부 채					
정기차입금					
기타 고정부채					
부 채 합 계					
자 본 금 잉 여 금 (당기순이익)					
자 본 합 계					
부채와 자본합계					

표 5-18 추정현금흐름표

구 분		기준연도 당해연도 (년)	현금흐름추정 1차년도 (년)	2차년도 (년)	3차년도 (년)	추정 근거
자금의 원천	자 본 금					
	당기순이익					
	감가상각비 (유형자산) (무형자산)					
	시설자금					
	운전자금					
	주 주 차 입					
	기타 자금의 원천					
	이월 현금,예금					
합 계						
자금의 운용	토지취득					
	건물취득					
	기계취득					
	기타 유형자산취득					
	투자자산취득					
	무형자산취득 (창업비, 개업비, 기술개발비 포함)					
	차입금상환					
	사채의 상환					
	배 당 금					
	기타 자금의 운용					
합 계						
과부족(기말현금잔액)						

TIP 창업가의 '냉장고를 부탁해'

요리를 하는 데는 두 가지 방법이 있다. 레시피에 따라 필요한 재료를 장만해 음식을 만드는 것이 첫 번째다. 두 번째는 유명 예능 프로그램처럼 냉장고 안에 있는 재료를 가지고 이것저것 시도해 보는 것이다.

'창업'세계에서도 비슷한 일이 벌어진다. 일반적으로 우리나라 창업가들은 불확실한 미래를 예측해 마치 요리 레시피와 같은 훌륭한 사업계획서를 작성한다. 그리고 사업자금 유치를 위해 투자자들에게 부단히 영업한다.

… (중략) …

'창업가 정신의 전도사'라 불리는 칼 슈람(Carl. J. Schramm) 시러큐스대(Syracuse University) 교수는 "사업계획서가 창업에 필수적인 요소라고 하는 경우가 많은데, 이는 실전에 맞지 않는다"고 지적한다. 대신 창업을 준비하는 이들에게 사업계획서를 버리고 현장에서 실질적인 업무를 통해 역량과 인맥을 쌓아 가면서 아이디어를 구체화하는 "냉장고를 부탁해"형 사고방식이 더욱 중요하다고 강조한다.

… (중략) …

에어비앤비도 그런 식으로 만들어졌다. 샌프란시스코에서 유명한 콘퍼런스가 열리는 기간에 숙소가 부족하다는 것을 알게 된 두 친구는 생활비를 조금 더 벌어 보려는 요량으로 자기 집 거실을 숙박용으로 빌려주겠다고 블로그에 올렸다.

자신들이 가진 수단, 즉 거실이라는 공간 그리고 블로그 등을 가지고 "현재 내 수중에 있는 것들로 나는 어떤 일을 해낼 수 있는가?"라는 질문을 통해 창업을 한 것이다. 그 다음엔 잘 알다시피 갖고 있는 호텔이 하나도 없으면서 세계에서 가장 크고도 촘촘한 숙박네트워크로 성장했다.

이건호, 창업가의 '냉장고를 부탁해', 서울신문, 2022. 5. 4.

부록 노인 간호창업 간이 사업계획서 사례

창업개요, 전략수립, 조직설계, 마케팅조사, 재무분석 등 5단계로 간략하게 작성한 노인 간호창업 사업계획서를 소개한다.27)

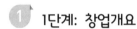 1단계: 창업개요

1) 사업체 명명

(노인) 동반자 노인요양원, or 사랑으로 돌봄요양원

2) 사업 분야 및 주요 사업 내용

(노인)

사업 분야	동반자 노인 요양원
주요 사업 내용	1. 노인의 건강관리 서비스
	2. 노인의 well-aging 서비스 관리
	3. 노인의 재활치료 서비스
	4. 취약 계층 노인을 위한 무료 방문 건강관리

3) 간호창업 배경 및 목적

- 은퇴 후 제2의 인생을 위한 커리어를 위해서
- 간호사로서 평생 쌓은 경험과 노하우를 이를 필요로 하는 사람에게 더 잘 전달하기 위해서
- 사회에 봉사하기 위해서

---

27) 임지영 외, 간호사를 위한 알기 쉬운 창업관리, HN 미디어, 2019. 5. 25., pp.268-272.

2 2단계: 전략수립

1) 전략체계도 수립

(노인) 동반자 노인요양원

비전: 우아한 노년과 행복한 건강백년

미션: 최상의 간호로 정직한 돌봄을 실현하는 요양원

목표: 어르신 중심의 간호서비스 체계 구축, 어르신과 가족이 신뢰할
　　 수 있는 환경 조성, 간호 및 노인 돌봄서비스의 공공성 강화

수행사업: 어르신 맞춤형 간호서비스 제공, 어르신 재활프로그램 운
　　 영, 어르신 삶의 질 향상을 위한 well-aging 서비스 제공, 어르
　　 신 맞춤형 복지서비스 연계

2) 창업 기관의 SWOT분석

(노인) 동반자 노인요양원

구분		요소	세부 전략
SO 전략	강점	- 반경 3km내에 경쟁업체가 없음 - 최신 시설 및 기자재 완비 - 유동 인구가 많은 역세권에 입지 - 3년 이상의 노인병동 임상 경험 - 지역사회 노인주간보호센터 근무 경험	1. 노인병동 임상 경험을 바탕으로 요양원 노인 건강수준에 따른 차별화된 맞춤형 건강관리 매뉴얼 개발 2. 연금대상 노인 인구의 증가를 타깃으로 프리미엄 실버 well-aging package 개발
	기회	- 노인인구의 급속한 증가 - 연금대상 노인 인구의 배출 - 돌봄의 사회화에 대한 관심 증가	

WT 전략	약점	- 사업체 운영경험 없음 - 다소 부족한 자금 - 경영에 대한 교육 경험 부족 - 낮은 이익률 - 창업과 경영 문제 해결을 위한 멘토시스템 부족	1. 사업체 운영 경험이 없고 설립 및 운영관련 규제가 강화되고 있으므로 사업 내용을 주제별로 세분한 후 핵심 사업 한 가지를 우선 런칭한 후 이를 바탕으로 점차 사업 영역을 넓혀감
	위협	- 설립 및 운영관련 규제 강화 - 간호창업 준비자의 증가 - 정부의 저수가 정책 - 기관 평가 및 인증 강화 - 타 전공자의 창업 진출자 급증 - 대기업 노인 프랜차이징 증가	2. 기관 평가 및 인증이 강화되고 있으니 같은 분야의 창업자간 협의체를 구성하여 상호간에 경쟁보다는 상생할 수 있도록 정보와 경험을 공유하는 자체적 멘토링 시스템을 구축함

3 3단계: 조직설계

1) 조직도 작성

(노인) 동반자 노인요양원

관리자: 요양원장

사업부: 간호팀, 재활팀, 연계팀, 총무팀

사업내용: 간호팀−간호 및 돌봄 제공, 가족 교육 및 상담

　　　　　재활팀−가정 재활 및 물리치료 제공

　　　　　연계팀−지역사회 자원 연계

　　　　　총무팀−재무회계 및 시설관리

2) 인력 채용 계획 수립

(노인) 동반자 노인요양원

사업팀	직위	명수	요구 경력 및 자격	채용 시기
간호팀	팀장	1	- 노인 전문간호사 면허 소지자 - 노인병동 혹은 노인시설 관련 경력 3년 이상 - 수간호사 이상 조직관리자 경력자 우대	창업과 동시
	팀원	1	- 간호사 면허 소지 - 노인병동 혹은 노인시설 관련 경력 1년 이상	창업 후 안정기 이후
재활팀	팀장	1	- 물리치료사 자격증 소지 - 물리치료센터 관련 경력 3년 이상 - 물리치료실장 경력자 우대	창업과 동시
	팀원	1	- 물리치료사 자격증 소지 - 물리치료 경력 1년 이상	창업 후 안정기 이후
연계팀	팀장	1	- 사회복지사 자격증 소지 - 사회복시설 관련 경력 3년 이상	창업과 동시
	팀원	1	- 전문대 졸업자 이상 - 행정 사무 능력소지(문서작성 등)	창업 후 안정기 이후
총무팀	팀장	1	- 전문대 졸업자 이상 - 재무회계 관련 자격증 소지 - 수가청구 업무 경력자 우대	창업과 동시
	팀원	1	- 전문대 졸업자 이상 - 재무회계 능력 소지(회계 프로그램 관리 등)	창업 후 안정기 이후

4단계: 마케팅 조사

1) 고객 분석

(노인) 동반자 노인요양원

특성	자료분석	시사점	전략 수립
지역 특성	1. 청장년 인구에 비해 노인 인구가 월등히 많은 편임 2. 해당 지역 주민들의 소득 및 의료비 지출수준이 높은 편임 3. 해당 지역의 노인요양원은 대체로 수요에 비해 공급이 낮은 편에 속함	1. 핵심 고객인 노인 인구 비율이 높음 2. 의료비 지출이 높음 3. 요양원 공급이 낮음	1. 요양원 입소 일순위인 독거 노인을 일차 목표고객으로 하여 적극적인 홍보를 계획함 2. 소득 및 의료비 지출 수준이 높은 편이므로 프리미엄 서비스 패키지를 개발하여 제공 3. 노인가구 대상 방문 무료 돌봄 서비스를 제공하여 요양원홍보 및 잠재 고객 확보
인구 특성	1. 전체 인구 70만 명 중 수요인구는 9만5천 명으로 약 13.6%에 해당함 2. 독거노인 혹은 노인가구로 구성된 편이 많음		
지불 능력	연 평균 소득이 5천만 원으로 중 수준		

2) 경쟁사 분석

(노인) 동반자 노인요양원

시사점	전략 수립
1. 신해요양원이 본 요양원과 가장 가까운 거리에 위치하면서 편의시설이 많아 경쟁 강도가 높음 2. 성동노인요양원도 꽤 가까운 거리이면서 직원 친절도가 높아 경쟁 강도가 높음 3. 일신노인요양원은 시설이 평범하고 거리가 멀어 경쟁 강도가 비교적 낮음	1. 노인이 주 고객인 만큼 직원의 친절도가 매우 중요함. 지속적인 직원교육과 모니터링 실시 2. 가족이 또한 의사결정자이므로 입소 노인 뿐 아니라 가족을 대상으로 한 입소 안내 및 상담 매뉴얼 개발 적용 3. 편의시설 확충은 현실적으로 어려우므로 대신 기존의 공간을 집 같은 환경으로 꾸며 최대한 시설 이미지가 느껴지지 않도록 함

5 5단계: 재무분석

1) 자금조달계획

(노인) 동반자 노인요양원

1안	2안	3안
중소벤처기업부 등의 벤처 캐피탈 지원서를 제출하여 초기 자금 부족분을 마련함	노인 복지 정책과 관련하여 노인복지시설을 위한 시, 군, 구의 민간시설 지원 사업을 확인하여 초기 자금 부족분을 마련함	엔젤 캐피탈과 같은 신뢰할 수 있는 투자자를 유치하여 초기 자금 부족분을 마련함

2) 손익계획

손익분기 분석	손익계획 수립
1. 1차년도와 2차년도에 각각 3천과 1천 5백만 원, 총 4천 5백만 원의 손실이 발생함	1. 벤처 캐피탈 신청시 초기 창업자금 외에 손익분기점까지의 결손금액을 포함하여 총 1억 5백만 원을 지원받음
2. 그러나 3차년도부터는 각각 2천 2백, 3천 9백 총 6천 1백만 원의 이익이 발생함	2. 혹은 벤처 캐피탈에서 1차로 창업자금 부족분 6천만 원만 지원받은 후 1차년도와 2차년도의 결손금은 엔젤 캐피탈을 이용해 지원 받음
3. 따라서 3차년도에 손익분기점을 넘어 이익이 발생하게 됨	3. 어느 쪽을 택하더라도 3차년도와 4차년도에는 총 6천 1백만 원의 수익이 발생하므로 1차년도와 2차년도의 결손금 4천 5백만 원을 상환하고도 1천 6백만 원의 이익금이 남아 초기 창업 자금인 6천만 원의 일부를 상환해갈 수 있음
4. 창업자금 6천만 원 외에 2차년도까지 추가로 4천 5백만 원의 손실이 발생하여 창업 후 2년도를 넘어가기까지 총 1억 5백만 원의 추가 자금이 필요함을 알 수 있음	4. 손익계획 추세에 따르면 5차년도에는 5천 6백, 6차년도에는 7천 3백의 이익금의 발생을 기대할 수 있으므로, 창업자금 6천만 원은 5차년도에 모두 상환할 수 있고, 6차년도부터 발생하는 이익은 순수 이익금이 됨

📖 참고문헌

1. 강금식, 품질경영, 오래, 2016. 2. 25.
2. 강기찬 외, 기업가정신과 창업, 두남, 2014. 8. 25.
3. 강한수, 성공적인 비즈니스 모델의 조건, SERI경영노트 제108호, 삼성경제연구소, 2011. 6. 23., p.2.
4. 권기덕, 모바일 빅뱅 시대의 비즈니스 모델 진화, SERI경영노트, 2010. 2. 18.
5. 김병도, 경영학 두뇌, 해냄, 2018. 3. 5.
6. 김민조, 착한 기업의 불편한 진실, 21세기북스, 2012. 10. 29.
7. 김민주, 로하스 경제학, 미래의 창, 2006. 11. 10.
8. 김선, 교육의 차이, 혜화동, 2018. 1. 15.
9. 김아랑, 기업의 지속적인 가치창출을 위한 비즈니스 모델 혁신 전략: 경쟁 기업의 비즈니스 모델 사례연구, 한양대학교 대학원, 2013. 2, pp.12-15.
10. 김지헌, 가치를 사는 소비자 공감을 파는 마케터, 갈매나무, 2016. 2. 25.
11. 김희철, 실전창업경영론, 두남, 2021. 1. 15.
12. 박준기 외, 스타트업 레시피, 생각과 사람들, 2017. 2. 25.
13. 박준기 외, 지식창업자, 쌤엔파커스, 2016. 5. 27.
14. 삼성경제연구소 엮음, 리더의 경영수업, 삼성경제연구소, 2015. 7. 3.
15. 송경수 외, 창업경영론, 피앤씨미디어, 2014. 8. 30.
16. 안치용, 착한 경영 따뜻한 돈, 인물과 사상사, 2011. 12. 14.
17. 윤상호 외, 우리나라 기업가정신의 평가와 창조경제의 미래, 한국경제연구원(KERI) Insight, 2015. 4. 15., p.9.
18. 윤원배 외, 창업실무론, 두남, 2018. 2. 25.
19. 이대희, 가치론의 문제와 역사, 정림사, 2001. 1. 29.
20. 이득희, 윤리경영수압과 개방체제실험(Ⅱ), 건국대학교 학술지 제14집, 1972.
21. 이보영, 한국보다 한 수 위! 교육 강국 핀란드의 급식논쟁, 우먼동아, 2011. 11.
22. 이순용, 생산관리론, 법문사, 1992. 1. 20.

23. 이홍, 비즈니스의 맥, 삼성경제연구소, 2013. 3. 11.

24. 이홍, 초월적 가치경영, 더숲, 2016. 11. 22.

25. 이홍규 외, 뉴미디어 시대의 비즈니스 모델, 한울 아카데미, 2011. 5. 23.

26. 임지영 외, 간호사를 위한 알기 수운 창업관리, HN 미디어, 2019. 5. 25.

27. 장세진, 경영전략, 박영사, 2012. 8. 30.

28. 전성현, 뉴 비즈니스 모델, 집문당, 2002. 12. 5.

29. 정영복 외, 사업정의와 경영전략, 한스컨텐츠, 2006. 11. 30.

30. 정창화 외, 창업의 이해, 창민사, 2021. 2. 25.

31. 조성기, 가격의 경제학, 책이있는마을, 2009. 8. 17.

32. 조영탁 외, 행복경영, 김영사, 2007. 11. 26.

33. 중소벤처기업부 보도자료, '국내 기업가정신 수준, '태도와 인식'에서 강점 보여', 2018. 1. 31.

34. 중소벤처기업부·한국청년기업가정신재단, 2019 기업가정신 실태조사 기술통계, 2019. 11. 27.

35. 차부근 외, 창업과 경영의 이해, 삼영사, 2014. 8. 20.

36. 최덕규, 원가회계, 경문사, 2001. 8. 25.

37. 최송목, 사장의 품격, 유노북스, 2019. 1. 28.

38. 한국무역협회 국제무역연구원 Trade Brief, 한·중·일 청년 창업, 2015. 12. 3.

39. 한국벤처창업학회 창업진흥원 보고서, 「창업자 사업역량 및 사업아이템 자가진단 키트 개발 연구」, 2015. 5.

40. 홍성학, 삶과 가치를 남기는 비즈니스 모델, 법문사, 2020. 8. 10.

41. 홍성학, 산업의 가치계발력 향상과 윤리경영, 충북보건과학대학교 논문집 제21집, 2012. p.45, p.47.

42. 황광우, 철학 콘서트, 웅진지식하우스, 2006. 6. 28.

43. 황정희 외, 창업경영의 이해, 범한, 2017. 1. 9.

44. 미타니 고지(三谷 宏治), 전경아 옮김, 세상을 바꾼 비즈니스 모델 70, 더난출판, 2015. 9. 25.

45. 스즈키 마츠오(鈴木三雄), 한국능률협회 옮김, 마음을 움직이는 4차원 경영 감동의 법칙, 한국능률협회, 1996. 7. 13.

46. 이시하라 가쓰요시(石原勝吉), 한국표준협회 역, 현장의 VE 텍스트,

1987. 9. 30.

47. 제프리 페퍼, 윤세준 외 옮김, 휴먼이퀘이션, 지샘, 2001. 9. 27.

48. 제프리 페퍼, 이재적 옮김, 제프리 페퍼 교수의 지혜경영, 국일증권경제 연구소, 2008. 11. 6.

49. Alexander Osterwalder 외, 유효상 옮김, 비즈니스 모델의 탄생, 타임비즈, 2011. 10. 1.

50. A. H. Maslow, 왕수민 옮김, 인간 욕구를 경영하라, 리더스북, 2011. 6. 7.

51. Clayton M. Christensen, 김태훈 옮김, 파괴적 혁신 4.0, 세종서적, 2018. 7. 31.

52. David Vogel, 김민주 외 옮김, 기업은 왜 사회적 책임에 주목하는가, 2006. 5. 18.

53. Robert B. Stewart, 임종권 외 2명 역, 가치공학의 원리, 2006. 4. 21.

54. Russell Roberts, 이현주 옮김, 내 안에서 나를 만드는 것들, 세계사, 2015. 10.

55. D. J. Teece, Business Models, Business Strategy and Innovation, Long Rang Planning, 43(2-3), 2010, pp.172-194.

56. Joan Magretta, What Management Is, New York, NY: The Free Press, 2002.

57. Joan Magretta, Why Business Models Matter, Harvard Business Review, 80(5), 2002, pp.86-92.

58. Stabell, Charles B., and Oystein D. Fjeldstad, "Configuring Value for Competitive Advantage: On Chains, Shops, and Networks", Strategic Management Journal, V.19, 1988, pp.413-437.

59. Michael E. Porter, "What is Strategy?", Harvard Business Review, Nov. 1996, pp.61-77.

60. Phillips Kotler, Kotler on Marketing: How to create, win and dominate markets, The Free Press, 1999.

61. F. E. Kast & J. E. Rosenzweig, Organization and Management. A Systems and Contingency Approach, 4th ed, (N.Y.: McGraw-Hill), 1985, pp.234-235.

62. Clayton M. Christensen, Erik A. Roth and Scott D. Anthony, Seeing What's Next: Using the Theories of Innovation to Predict Industry Change, Harvard Business School Press, 2004.

63. Robin Cooper and Regine Slagmulder, "Achieving Full-Cycle Cost management," Sloan Management Review, Fall. 2004, pp.45-52.

64. https://ko.dict.naver.com/#/entry/koko/2634aa2ea99d4e51a03d391082d26c64

65. https://www.law.go.kr/

66. http://terms.naver.com/entry.nhn?docId=1164996&cid=40942&categoryId=31433

67. http://blog.naver.com/kmacsales/150642095

68. https://terms.naver.com/print.nhn?docId=2062105&cid=50305&categoryId=50305

69. https://terms.naver.com/entry.nhn?docId=12385&cid=43659&categoryId=43659

70. https://terms.naver.com/entry.nhn?docId=5912275&cid=43667&categoryId=43667

71. https://terms.naver.com/entry.naver?docId=5760962&cid=40942&categoryId=31910

72. https://zoo6873.tistory.com/131

73. https://dbr.donga.com/article/view/1203/article_no/5236

74. https://terms.naver.com/entry.naver?docId=2075373&cid=42107&categoryId=42107

75. https://kssc.kostat.go.kr:8443/ksscNew_web/index.jsp

76. https://terms.naver.com/entry.naver?docId=3657625&cid=42131&categoryId=42131

77. https://blog.naver.com/hyeonse77/222448253568

78. https://www.salesforce.com/kr/hub/marketing/swot/

79. https://terms.naver.com/entry.naver?docId=1203458&cid=40942&categoryId=31915

80. https://terms.naver.com/entry.naver?docId=3431569&cid=58438&categoryId=58438

81. https://terms.naver.com/entry.naver?docId=3379357&cid=47332&categoryId=47332

82. https://terms.naver.com/entry.naver?docId=3571895&cid=58780&categoryId=58780

83. https://terms.naver.com/entry.naver?docId=931985&cid=43667&categoryId=43667

84. https://terms.naver.com/entry.naver?docId=5703698&cid=40942&categoryId=

31821

85. https://terms.naver.com/entry.naver?docId=3580835&cid=59088&categoryId= 59096

86. https://terms.naver.com/entry.nhn?docId=1080502&cid=40942&categoryId= 31787

87. https://terms.naver.com/entry.nhn?docId=3433853&cid=58393&categoryId= 58393

88. https://terms.naver.com/entry.nhn?docId=3353509&cid=47305&categoryId= 47305

89. https://terms.naver.com/entry.nhn?docId=1204116&cid=40942&categoryId= 31614

90. http://www.reportworld.co.kr/reports/1299632.

91. https://terms.naver.com/entry.nhn?docId=1214639&cid=40942&categoryId= 31822.

92. https://terms.naver.com/entry.nhn?docId=1115853&cid=40942&categoryId= 31823.

93. https://terms.naver.com/entry.nhn?docId=3609934&cid=58598&categoryId= 59316.

95. https://brancosblog.co.kr/21

94. https://blog.naver.com/PostPrint.nhn?blogId=jaehoon−&logNo=221110350 606.

96. https://iamking.tistory.com/2

97. http://blog.naver.com/goodreview7/220033260650

98. http://terms.naver.com/entry.nhn?docId=1114457&cid=40942&categoryId= 31914

99. 경향신문, 소비 부추기는 블랙프라이데이, 지구를 위해 멈춰라, 2019. 12. 2.

100. 뉴스1 보도자료, "韓 기업가정신지수, 주요국보다 낮아… 재기 돕는 방안 필요", 2018. 5. 20.

101. 매일경제, 10월 온라인쇼핑 거래액 16.9조원 '역대 최대'… 모바일도 최대치, 2021. 12. 3.

102. 매일경제신문, 식품산업 새바람 푸드테크 2.0, 2018. 3. 16.

103. 매일경제신문, "우린 친환경 입어요"… 폐플라스틱이 의류 소재로 재탄생, 2022. 6. 10.

104. 서울신문, 쑥쑥 크는 모바일 쇼핑… 3월 거래액 5조 돌파, 2018. 5. 4.

105. 서울신문, 이건호, 창업가의 '냉장고를 부탁해', 2022. 5. 4.

106. 월요신문, 열정을 꿈으로 만드는 글로벌 CEO 이야기 – 페덱스 CEO, 프레드릭 스미스, 2016. 10. 27.

107. 중앙일보, '스팀청소기' 신화 쓴 한경희 대표 "선택과 집중으로 재도약", 2018. 3. 20.

108. 한국경제신문, 추가영, "리더는 평가하기보다는 직원 잠재력 끌어내는 코치 역할해야", 2015. 9. 14.

ㄱ

가격 결정 210
가격 민감성 213
가격 설정 210
가격 차별화 215
가격 책정 210
가격 32
가격정책 214
가맹자 89
가맹점 63
가맹조건 92
가입비 207
가정간편식 124
가치 26, 27, 29
가치공학 37, 44, 45, 158
가치 기반 가격 설정 210
가치분석 35
가치사슬 166
가치 서열 27
가치 숍 171
가치수용 162
가치인식 161
가치제안 151, 161
가치창출 151
가치창출 관계구조 166
간이 사업계획서 236, 238
개념적 능력 57

개인기업 64, 75, 97
개인중심 창업 66
개인 창업 64, 97
객관적 환경 116
갤브레이스 188
거래효용 33
거시적 환경 115, 119
건강한 이기심 40
게스(Guess) 30
경영 24
경쟁적 포지셔닝 전략 179
경제성 226
경제성 분석 230
경제적 환경요인 120
경험적 혜택 30, 31
계약경영 87, 88
계획입지 78
고객가치 26, 28, 29, 37, 134
고객의 전환 비용 213
고객의 지불 시기 214
고객 중심 156
고객 중심 비즈니스 모델 43
고정비 185
공개모집 101
공동진화 174
공익 연계 마케팅 31
공장설립 78
공장입지 78, 249

공증인의 인증 104
공헌 가격 212
관리사이클 25
광고료 208
교섭력 131
교환가치 35
구글 183
권장소비자가격 33, 212
귀중가치 36
글로벌 기업가정신 지수 51
금리 121
기능별 전략 180
기능적 혜택 30
기본기능 36
기술개발투자 248
기술성 226
기술성 분석 228
기술적 환경요인 123
기업가 46, 48
기업가정신 20, 48, 50, 53
기준 가격 210

ㄴ

내부환경 115, 116
노바티스 182

ㄷ

다양성 기반의 포지셔닝 179
닷컴 비즈니스 모델 148
대여료 207

대체재 132, 214
데밍 25
델 187
도그TV 32
도매업 81
도·소매업 81
독립 인터넷 쇼핑몰 96
독립 인터넷 쇼핑몰 창업 95
독립경영 87
독립사업 63
드러커 46
디지털 경제 123
디지털 비즈니스 123
디지털 플랫폼 비즈니스 123

ㄹ

라이센싱 207
라쿠텐 이글스 184
레진 슬래그멀더 218
렌탈방식 135
로빈 쿠퍼 218
리처드 브랜슨 191
리포지셔닝 179

ㅁ

마이크로소프트 182
마이클 포터 128, 166
마일즈 35
마켓플레이스 173
매몰 비용 212

매슬로 39
모집설립 101, 106, 108
목표가격 219
목표고객 250
목표원가 219
무역업 81
무인편의점 83
무점포 사업 65
무형성 85
무형자산 183
물적 자원 182
물질중심 인본주의 43
미닝아웃 124
미시적 환경 115, 128
미타니 고지 150

ㅂ

반스앤드노블스 184
발기설립 101, 106
발기인 103
발기인조합 101, 103
밴더 파이낸싱 183
버전의 차별화 216
번들링 216
법인기업 64, 75, 99
법인 창업 64, 97
베이비 모니터 30
베인 130
변동비 185
변태설립 106, 109
본원적 경쟁전략 179

본원적 활동 167
브래들리 타임피스 31
비분리성 85
BCG 매트릭스 197
비용 구조 216
비용의 형태 217
비즈니스 14, 23, 150
비즈니스 모델 23, 74, 147, 148, 153
빅이슈 32

ㅅ

사업계획서 작성 21
사업계획서 75, 231, 232, 236
사업계획 요약서 238
사업부제 조직 188
사업아이템 22, 72, 247
사업자등록 76, 98
사업장 22
사업지원업 126
사업타당성 분석 21, 75, 138, 223, 224
사업형태 74, 75
사용가치 34
사우스웨스트 항공사 183
사회·문화적 환경요인 124
사회적 가치 제공성 226
산업단지 78
산업환경 116
산출물류 171
삶 중심 비즈니스 모델 157

상대적 기재사항 104
상·물 분리 82
상징적 혜택 30
상표충성도 130
상품 중개업 81
생계형 창업 62
생명본위 42, 43
생활생명계 25, 29, 43, 156
서비스업 84
선매품점 83
세계기업가정신발전기구 50
세이 46
셸러(Max Scheler) 27
소매업 81
소멸성 85, 86
소비자잉여 33, 211
소비자 포지셔닝 전략 179
소셜커머스 거래 96
소싱 167
소유와 경영의 분리 100
소유자지배 100
손익분기점 185, 186
손익분기점 분석 230
숍 172
수익 모델 151, 191
수입원 206
수직적 통합 169
수평적 통합 169
수행능력 분석 227
슘페터 46, 53, 55
SWOT 분석 116
스타모델 188

스타트업 62
슬론 28
시장가격 33, 211
시장성 226, 250
시장성 분석 227
시장성장률 197
시장세분화 163, 180
시장점유율 197
실용가치 36

아마존 66
아마존닷컴 182
아웃소싱 167
아웃소싱 대행업종 125
알프레드 슬론(Alfred Sloan) 28
애덤 스미스 40
앤소프 198
앨런 아푸아 149
약식 사업계획서 236
업종(業種) 58, 77
업태(業態) 58, 77
에코시스템 174
연고모집 101
예비사업성 분석 225
오스터왈더 150
오프라인 창업 65
오픈 마켓 95
오픈프라이스 제도 34
온라인 쇼핑 93
온라인 창업 65

완전 사업계획서 236, 238
외부환경 115
외식업 86
욕구 기반의 포지셔닝 179
웅진코웨이 135
원가가치 35
원가 기반 가격 설정 210
원가 동인 217
월마트 181, 183
유보가격 33, 211
유한책임제도 100
유한회사(有限會社) 64, 101
의사소통능력 56
이기 이타 39
이기주의 38
이기 해타 39, 43
e-마켓 플레이스 95
이용료 207
이윤 창출 공식 193
이질성 85
2차적 기능 36
이타 이기 39
이타 해기 39
이타적 혜택 30, 32
이타주의 38
인가 76
인간관계능력 56
인간존중 인본주의 43
인구통계적 환경요인 126
인소싱 168
인적 자산 182
인터넷 쇼핑몰 92, 93, 94, 95

인텔 184
인플레이션 122
일반 도매업 81
일반 소매업 82
임대형 쇼핑몰 95
임대형 창업 95
임의적 기재사항 104
임의 체인 63

자금조달 운용계획 237
자기실현 42
자본의 증권화제도 100
자유입지 78
자일리톨 164
잠재적 경쟁자 129
재무성 분석 229, 230
재무 자원 183
전략적 포지셔닝 178, 180
전문품점 83
전방 통합 129, 132
절대적 기재사항 104
절대적 비용우위 130
접근 기반의 포지셔닝 179
정관 104
정신능력 56
정합성 154, 159, 180, 182
제록스 147, 164, 216
제롬 메카시 181
제이 바니 183
제조업 78

제품수명주기 135, 141
제품-시장 매트릭스 198
제품 피라미드 203
제프리 페퍼 190
조안 마그레타 150
조지 윌리엄 머크 192
조직 설계 187
조직의 구성원 189
조직의 구조 189
조합형 체인 63
존재가치 34
졸탄 액스 50
종합몰 95
종합 소매업 82
주관적 환경 116
주식청약서주의 108
주식회사 64, 100
주주평등의 원칙 100
준거가격 33, 210
중개수수료 208
GM 자동차 188
지원적 활동 166
지적 자산 182
지프 164
지향가치 34
직영점 63
진입장벽 129

창업 13, 17
창업아이디어 133
창업아이템 133, 135, 136
창업아이템 선정절차 139
창업자 21
창업자본 22
창업환경 72, 115, 137
체인경영 87
체인본부 89
추정대차대조표 230, 252
추정손익계산서 230, 252
추정재무제표 251
추정재무제표 작성 237
추정제조원가명세서 230
추정현금흐름표 252

카이젠 219
칸트(Immanuel Kant) 27
칸티용 46
캐논 147, 164, 202, 208
캔 블랜차드 192
커뮤니티 174
코닥 163
콘텐츠 판매 방식 209
퀄컴 182
크라우드소싱 170, 176, 177, 178
크리스텐슨 191
크리스토퍼 투치 149

창략 160
창립총회 109

탄소중립 127
탐스슈즈 31
퇴출장벽 131
투입물류 171
투자비용 212
투자자금 회수기간 218
특수 소매업 82
티몬스 47, 48
티스 150
팀중심 창업 66
판매대금 207
판매방식 135
페덱스 164
페이스워치 31
편의품점 83
포드 자동차 118, 188
포지션 178
표적 시장 162
프랜차이즈 63, 88, 89
프랜차이즈 체인본부 91
프로세스 189
필립 코틀러 181

한경희 대표 134
한계비용 212
한국청년기업가정신재단 50
한국표준산업분류표 58

할리데이비슨 32
합명회사 64, 100
합자회사 64, 100
해기(害己) 38
해기 해타 39, 43
해타(害他) 38
해타 이기 39, 42, 43
핵심 성공요소 194
허가 76
허브 172
혁신형 창업 62
현금 소진율 218
현금수지균형 185
현금 흐름 185
홀푸드 66
환율 121
회원제 방식 209
후방 통합 129, 132
휴렛패커드 202
희소가치 35

기타

4C 181
4P 181
BCG 154
entrepreneur 46
ESG 127, 128
GM 118
IBM 155
VRIN 183

[저자약력]

홍성학(hmoosim@naver.com)

　　건국대학교 대학원에서 산업공학(생산관리) 박사학위를 취득하였고, 1992년부터 충북보건과학대학교 교수로 재직하였으며, 현재는 명예교수로 강의와 연구를 하고 있다.

　　한국생산관리학회 이사, 충북지방노동위원회 공익위원, 충청북도인권위원회 위원장 등으로 활동하였고, 현재는 충북교육연대, 충북참여자치시민연대, 청주노동인권센터 등에서 시민사회활동을 하고 있다.

　　주요 관심분야는 생산관리 인간학, 산업 가치개발, 윤리경영, 인권경영, 비즈니스 모델 등이다. 저서로는 '삶과 가치를 남기는 비즈니스 모델'이 있다. 수익창출만이 아니라 삶을 위한 가치(이타)와 수익창출(이기)을 함께 이루어내는 것이 비즈니스의 진정한 성공이라는 관점에서 구체적인 방법을 찾고 사례를 발굴하고 있다.

삶과 가치를 향한 도전과 성공 창업경영

2022년 7월 25일 초판 인쇄
2022년 8월 1일 초판 발행

	저　자	홍　　성	학
	발 행 인	배　　효	선

발행처　도서출판　**法文社**

주 소　10881 경기도 파주시 회동길 37-29
등 록　1957년 12월 12일 제2-76호(윤)
전 화　031-955-6500~6, 팩스 031-955-6525
e-mail (영업) : bms@bobmunsa.co.kr
　　　　(편집) : edit66@bobmunsa.co.kr
홈페이지 http ://www.bobmunsa.co.kr

조 판　광　　진　　사

정가 18,000원　　　　　ISBN 978-89-18-91324-7